Gerd E. Schäfer (Hrsg.)

Bildung beginnt mit der Geburt

Ein offener Bildungsplan
für Kindertageseinrichtungen
in Nordrhein-Westfalen

2., erweiterte Auflage

SCRIPTOR

Ihre Wünsche, Kritiken und Fragen richten Sie bitte an:
Cornelsen Verlag Scriptor, Redaktion Frühe Kindheit,
Willy-Brandt-Platz 6, 68161 Mannheim oder
Marketing, 14328 Berlin, Cornelsen Service Center,
Sevicetelefon 030/89 785 89 29

ISBN 978-3-589-25373-9

Redaktionsleiterin: Ulrike Bazlen, Mannheim
Lektorat: Eva Grüber, Berlin; Claudia von Zglinicki, Berlin; Sigrid Weber, Freiburg i.Br.
Herstellung: Anja Kuhne, Weinheim; Sandra Bennua, Mannheim
Satz: Barth Grafikdesign, Leipzig
Druck und Bindung: Druckhaus „Thomas Müntzer" GmbH, Bad Langensalza
Umschlaggestaltung: Claudia Adam Graphik-Design, Darmstadt
Titelfotografie: Ulla Gollmer-Kröbl
Fotos: Angelika von der Beek, Gerd E. Schäfer, Hans-Joachim Laewen, Maren Huck,
Kerensa Lee Hülswitt, Kita Schunter Siedlung

Printed in Germany

Weitere Informationen finden Sie im Internet unter
www.cornelsen.de/fruehe-kindheit

Inhalt

Vorwort

Das vorliegende Buch besteht aus vier Teilen: dem ersten Teil, der sich darum bemüht, zu klären, was Bildung in der frühen Kindheit bedeuten könnte; dem zweiten Teil, in dem versucht wird, frühkindliche Bildungsprozesse ab der Geburt zu beschreiben; dem dritten, der daraus Schlussfolgerungen für die Gestaltung von Bildungsprozessen in Kindertagesstätten für Kinder von drei bis sechs Jahren zieht, und Teil vier, der mögliche Bildungsaufgaben für dieses Alter vorschlägt. Die beiden letzten Teile bilden darüber hinaus den Entwurf einer Bildungsvereinbarung für Kindertageseinrichtungen in Nordrhein-Westfalen.

Die vier Teile bilden eine Einheit; die Bildungsaufgaben des letzten Teils folgen aus den vorangegangenen Überlegungen. Die Abschnitte sollten daher weder inhaltlich noch strukturell aus dem Zusammenhang gelöst werden. Der zweite, dritte und vierte Teil wurden als wissenschaftliche Grundlage für eine Vereinbarung zur Qualität und Gestaltung von Bildungsprozessen in Kindertagesstätten in Nordrhein-Westfalen erarbeitet. Sie sind nicht die Vereinbarung, die die Träger von Kindertageseinrichtungen in diesem Bundesland in einem Dialog mit dem Ministerium für Schule, Jugend, Kinder aushandeln. Diese Teile wurden von den Autorinnen und Autoren im Auftrag und mit Unterstützung des früheren Ministeriums für Frauen, Jugend, Familie und Gesundheit erarbeitet. Überlegungen zur Ausbildung von Fachkräften für Erziehung und

Bildung in der frühen Kindheit sind in dieses Buch nicht eingeflossen. Erwähnen kann ich hier, dass es an der Universität Köln einen Diplomstudiengang »Pädagogik der frühen Kindheit« gibt, der in Verbindung mit dem Schwerpunkt der frühkindlichen Bildungsforschung die universitäre Ausbildung von Fachkräften ermöglicht. Nähere Informationen dazu findet man auf der Homepage der Erziehungswissenschaftlichen Fakultät der Universität zu Köln: www.uni-koeln.de/ew-fak/paeda/hp/schaefer. Darüber hinaus führt das Institut für frühkindliche Bildung e.V. in Köln Fortbildungsveranstaltungen zu diesen Bildungsfragen durch (Kontakt: Antje Steudel, e-Mail: a.steudel.@web.de).

Ohne die intensive Mitarbeit von Angelika von der Beek, Ragnhild Fuchs und Rainer Strätz sowie ihre reichhaltigen Erfahrungen hätten der dritte und vierte Teil des Buches nicht entstehen können. Ich bedanke mich für die Diskussionen, die wir geführt haben, und die Toleranz, mit der unterschiedliche Auffassungen aufgenommen und so weit diskutiert wurden, dass Formulierungen gelangen, die von uns allen akzeptiert wurden. Angelika von der Beek danke ich darüber hinaus für viele Gespräche, in denen wir einzelne Gedanken des Buches in ihren theoretischen und praktischen Bezügen durchgespielt haben. Das Buch verdankt ihr mehr, als sichtbar wird.

Viele Erzieherinnen, Fachberaterinnen und Fachberater, Zuhörerinnen und Diskutanten in den Fortbildungsveranstaltungen, an denen ich beteiligt war, müssen ungenannt bleiben. Sie haben nicht unwesentlich dazu beigetragen, die hier niedergeschriebenen Gedanken zu klären. Kritik hat mich in den meisten Fällen auf Probleme hingewiesen, die noch zu klären waren.

Köln, April 2003

Vorwort zur Neuauflage

Die Reaktionen von Öffentlichkeit und Politik auf die Ergebnisse der PISA-Studie haben zu einer Beschleunigung der Bildungsdiskussion geführt. Mit schnell verfassten Plänen und Absichtserklärungen wollte man die jahrzehntelange Untätigkeit der Bildungspolitik im Bereich der Früherziehung ungeschehen machen. Tatsächlich haben wir jedoch noch nicht genügend wissenschaftliche Vorarbeiten geleistet, welche die praktische Umsetzung einer am Kind orientierten Bildungspraxis auf ein solides Fundament stellen könnten. In dieser Situation kann sich jeder für kompetent erklären und mit Vorschlägen den Markt bedienen. Gehört zu werden ist umso einfacher, je mehr diese Vorschläge die Vorerfahrungen bestätigen, die jeder aus seinem eigenen Kindsein als Grundlage seiner erzieherische Fachkompetenz mit bringt.

Dieses Buch hat sich von Anfang an als Orientierung in einer Diskussion verstanden, in der noch viele Fragen offen sind und Begriffe ohne viel Nachdenken gebraucht werden. Es verfolgt die klare Perspektive eines Bildungsansatzes für Kinder zwischen null und sechs Jahren, ausgehend von dem, was Kinder können. Dabei nimmt es zum einen Erfahrungen aus der Praxis auf, in der viele Ideen weiter entwickelt wurden, die in der Bildungsdiskussion der 70er Jahre entstanden sind. Zum anderen möchte es die Impulse pädagogisch wenden, die durch die neuen Ergebnisse der Kognitionswissenschaften, der Säuglings- und Kleinkindbeobachtung sowie der Hirnforschung unter dem Einfluss konstruktivistischer Denkmodelle in den letzten beiden Jahrzehnten wirksam wurden. Vieles von dem, was gegenwärtig an praktischen Vorschlägen für den frühen Bildungsbereich propagiert wird, bleibt hingegen unberücksichtigt. Einige Ansätze genügen nicht den Ansprüchen eines Bildungsdenkens – nicht überall, wo Bildung drauf steht, ist auch Bildung drin. Andere Überlegungen oder Handlungsvorstellungen sind nicht mit den Grundzügen des hier vertretenen Bildungsansatzes vereinbar.

Es war mir wichtig, es nicht allein den Leserinnen und Lesern zu überlassen, widersprüchliche Ansätze, Gedanken oder Handlungsvorschläge zu ordnen und auseinander zu sortieren. Ideen und Vorschläge aus aller Welt und unterschiedlichste Denkrichtungen ergeben zusammen noch keine umsetzbaren Konzepte. Auch darf der Begriff postmodern nicht als Ausrede dafür stehen, die widersprüchlichsten Gedanken nebeneinander zu setzen, ohne sie kritisch zu hinterfragen. Aufgabe des Wissenschaftlers wäre es, hier eine Orientierung zu geben, die in sich schlüssig ist. Deshalb wird in diesem Buch auf Vollständigkeit verzichtet zugunsten eines nachvollziehbaren Zusammenhangs zwischen dem hier vertretenen Bild vom Kind und den sich daraus ergebenden pädagogischen, systematischen Überlegungen beziehungsweise praktischen Handlungen. Denken und Handeln stehen dabei in einem unauflösbaren Zusammenhang. Dies ist umso wichtiger, will man Erziehungswissenschaft nicht zu einer Rechtfertigungsideologie herabwürdigen, die sich nicht dafür interessiert, welche Art von Pädagogik in einzelnen Handlungsweisen verborgen ist.

Die Neuauflage wurde um einige Themenstellungen erweitert. Diese Veränderungen sind nicht mehr Teil des ministeriellen Auftrags, der der Erstfassung zugrunde lag. Aber auch diese Fassung wird zwangsläufig nicht alle Themen abdecken und in manchen Punkten verkürzt bleiben. Sie bleibt offen, auch für weitere Ergänzungen, Erweiterungen und Veränderungen.

Ein mögliches Missverständnis kann hier nur angesprochen, jedoch nicht wirklich vermieden werden. Vieles von dem, was hier diskutiert wird, scheint von den Begriffen und den Inhalten her recht vertraut zu sein. Das machen wir ja alles schon, ist eine häufige Reaktion. Es wäre wunderbar und würde die gegenwärtige öffentliche Diskussion um den frühkindlichen Bildungsbereich eigentlich überflüssig machen, wenn das meiste von dem, was hier vertreten wird, tatsächlich Wirklichkeit rundum in der Bundesrepublik wäre.

Aber nicht jeder, der sagt, dass er die Kinder dort abhole, wo sie stehen, folgt dabei dem hier entwickelten Bildungsverständnis. Schon dieses Bild passt nicht wirklich; denn das Kind, von dem hier gesprochen wird, steht nicht irgendwo und wartet, bis es abgeholt wird, sondern es bewegt sich mit seinen Fähigkeiten selbständig in seiner Welt und macht sich Bilder davon. Wir können also die Kinder nicht an einer bestimmten Stelle abholen, sondern wir müssen ihnen in ihren Welten begegnen. Das heißt, wir müssen einiges von uns aus tun, damit wir etwas von ihrer Welt erfassen, um sie auch tatsächlich irgendwo anzutreffen. Wir können die Kinder also allenfalls da abholen, wo sich unsere Wege kreuzen. Aber holen wir sie denn auch ab? Zu welchem Zweck? Wo soll es hingehen? Bestimmen wir das Ziel und bringen das Kind dann dahin? Begegnen wir mehr oder weniger listig oder spielerisch dem Kinde und nutzen dann die Gelegenheit, es dorthin zu (er)ziehen, wo wir es haben wollen? Das jedenfalls läge nicht in der Absicht dieses Buches. Es wird vielmehr von der Vorstellung geleitet, dass Kinder und Erwachsene sich für begrenzte Zeitabschnitte gemeinsam auf einen Weg begeben, den sie miteinander ausgehandelt haben. Verständigung – auch mit dem Baby – steht an der Stelle von Ko-Konstruktion. Also: Das Kind befindet sich weder an einer Haltestelle noch wird es dann irgendwohin gebracht.

Manche Ideen dieses Buches sind nicht wirklich neu. Teilweise sind sie mehr als zweihundert Jahre alt. Es sind vor allem die Konsequenzen für die praktische Pädagogik, die es lohnend machten, diese Überlegungen zu Papier zu bringen. Natürlich weiß ich, dass es eine zunehmende Anzahl an Einrichtungen gibt, die sich mit allem Nachdruck um die Umsetzung des Bildungsgedankens bemühen. Solche Erfahrungen im Hintergrund haben an vielen Stellen geholfen, meine eigenen Vorstellungen und Gedanken zu klären.

Insbesondere sind Gedanken eingeflossen, die in Gesprächen mit den MitarbeiterInnen des Thüringenprojekts »Wirklichkeit und Phantasie« und des NRW-Projekts »Professionalisierung frühkindlicher Bildung« durchdacht wurden. Die beiden Projekte und ihre MitarbeiterInnen sind eine ständige Herausforderung zur Klärung von Gedanken und Handlungsvorstellungen. Ich danke für diese überarbeitete Neuauflage – neben den vielen Erzieherinnen, die ich nicht aufzählen kann – besonders Angelika von der Beek, sowie Katrin Betz, Erika Burzel, Holger Dehnert, Ragnhild Fuchs, Renate Militzer, Sonja Leo, Antje Steudel, Rainer Strätz. Kerensa Lee Hülswitt hat zu dieser Neuauflage ein Kapitel über frühe Wege zur Mathematik beigetragen, das hervorragend zu den Intentionen dieses Buches passt. Ich danke auch für die gedankliche und freundschaftliche Unterstützung von Beate Andres und Hajo Laewen.

Köln, August 2004

Teil 1

Was ist frühkindliche Bildung?

Es gab einmal eine Zeit, da hatten die Tiere einen Kindergarten. Das Bildungsprogramm bestand aus Rennen, Klettern, Fliegen und Schwimmen, und alle Tiere wurden in allen Fächern gebildet.

Die Ente war gut im Schwimmen, besser sogar als die Erzieher. Im Fliegen war sie durchschnittlich, aber im Rennen war sie ein besonders hoffnungsloser Fall. Da sie in diesem Bereich so schlecht war, musste sie immer wieder rennen, um das Rennen zu üben, und durfte nicht mit zum Schwimmen gehen. Das tat sie so lange, bis sie auch im Schwimmen nur noch durchschnittlich war. Durchschnittlich war aber akzeptabel, deshalb machte sich niemand Gedanken darüber, – nur die Ente.

Das Kaninchen war zuerst im Laufen an der Spitze der Gruppe, aber es bekam einen Nervenzusammenbruch und musste vom Kindergarten abgemeldet werden – wegen der vielen Förderstunden im Schwimmen.

Das Eichhörnchen war Bester im Klettern, aber der Erzieher ließ die Flugstunden des Eichhörnchens am Boden beginnen statt im Baumwipfel. Das Eichhörnchen bekam Muskelkater durch Überanstrengung bei den Startübungen und wurde immer schlechter im Klettern und im Rennen.

Die mit Sinn fürs Praktische begabten Präriehunde gaben ihre Jungen zum Dachs in die Gruppe, als die Bildungskommission es ablehnte, das Buddeln in die Bildungsvereinbarung aufzunehmen.

15

Am Ende des Jahres hielt ein anormaler Aal, der gut schwimmen und etwas rennen, klettern und fliegen konnte, die Schlussansprache in zwei Sprachen.

(Verfasser unbekannt)

1.1 Abgrenzungen

1.1.1 Bildung ist keine Ware

Man kann Kinder als Kompetenzbündel betrachten, ihnen Kompetenzen vermitteln, scheinbare oder belegbare Defizite ausgleichen. Die darauf aufbauenden Förderverfahren funktionieren, d.h., es lassen sich verbesserte Ergebnisse aufweisen, wenn man solide arbeitet. Aber solche Ergebnisse zeigen sich überall, wo man etwas intensiv tut. Positive Ergebnisse besagen nicht, dass man es nicht besser machen könnte.

In der Bildung geht es um keine Waren und Bildungsprozesse funktionieren nicht nach dem Modell des Warentransports. Die meisten pädagogischen Fachleute werden dieser Aussage zustimmen. Seit Jahrhunderten ist es ein vertrauter Gedanke, dass Kinder keine Gefäße sind, in die man etwas hineinfüllen kann. Wenn ich aber sage, man kann niemandem etwas beibringen, niemand hat seinen Kindern wirklich das Laufen beigebracht (die Misserfolge von »Gehfrei« – einem fahrbaren Gestell, in dem die Kinder sitzen, während ihre Füße auf den Boden reichen, von dem sie sich abstoßen können – belegen das), dann ernte ich Skepsis und Widerspruch vom Mann auf der Straße bis zum Bildungsforscher im Max-Planck-Institut. Dabei enthalten beide Aussagen doch die gleiche Idee: nämlich, dass niemand unmittelbar bewirken kann, dass ein anderer etwas lernt. Ich kann Materialien bereit stellen, ich kann locken und strafen, kritische Impulse geben, Lehrfeuerwerke entfachen. Aber lernen muss jeder selbst. Jeder muss sich selbst aufmachen, das Laufen, das Sprechen und alles andere zu lernen.

Meine Einwirkungsmöglichkeiten enden am Kopf des anderen und wenn der mir nicht entgegenkommt, dann laufen Lehrprozesse buchstäblich ins Leere. Die Gestalter von Lern- und Bildungsprogrammen sollten sich diese Hürde lieber klar machen, als sie zu verschleiern, zu ignorieren oder zu übergehen.

Wenn in allen Schichten der Bevölkerung davon gesprochen wird, dass Bildung vermittelt wird, dann will keiner bemerken, dass Vermitteln nichts anderes ist, als etwas, was ich habe, an jemanden weiterzugeben, der das noch nicht hat. Die Rede von Bildung, die vermittelt wird, enthält in sich – ob man das nun für richtig hält oder nicht – das Modell von der Bildung als Ware. Das gleiche Bild verbirgt sich im Begriff der Bildungsgüter: Bildungsgüter werden vermittelt. Der Warencharakter tritt noch stärker zutage, wenn man statt Bildung von Kompetenzen spricht und meint, dass wir als Pädagogen Kindern Kompetenzen vermitteln müssten, die von Pädagogen, Psychologen, der Gesellschaft, dem Forum Bildung oder irgendeinem Wirtschaftsverband definiert werden. Sowohl von der fachlichen als auch von der Tagespresse wird dieser Begriff fast schon inflationär benutzt. In der pädagogischen Diskussion finden sich aber noch mehrere solcher Begriffe, die – ohne dass es bewusst gemacht wird – ein Bildungsmodell aussprechen, das wissenschaftlich nicht tragfähig ist: weitergeben, übertragen, einwirken, beibringen, fähig machen, ein Bildungsangebot machen oder, ganz alltäglich: »Kinder müssen lernen«.

Insbesondere bildungspolitische Entscheidungen werden von diesem Denken geleitet. Bildung als Ware zu begreifen, zeigt sich auch darin, wenn sie nach dem Modell von Dienstleistungen organisiert wird. Wenn ich – z. B. nach dem Hamburger Kita-Card-Modell – die Dienstleistungen der Kita stundenweise abrechne, dann bedeutet dies, Bildungsangebote im Stundentakt weiter zu vermitteln. Bildung wird als lieferbare Ware behandelt, die von Eltern – mit entsprechender Berechtigung oder gegen entsprechende Bezahlung – angefordert und von den Kindern abgeholt werden kann. Wie diese mit dem Angebot umgehen, ist nur von sekundärem Interesse. Es ist auffällig, dass durchaus auch ernst zu nehmende pädagogische Institutionen, denen Bildung eigentlich am Herzen liegt und die sich sicherlich gegen den Warencharakter von Bildung aussprechen würden, dann aber widerspruchslos bildungspolitische Entwicklungen mittragen, die der Warenförmigkeit des Bildungsprozesses in die Hände spielen.

Die Begriffe und Redewendungen, die wir benutzen, sind nicht neutral, sondern enthalten Denkmodelle. Es ist Aufgabe einer wissenschaftlichen Diskussion, diese Denkmodelle freizulegen, auf Widersprüche aufmerksam zu machen und Begriffsverwendungen zu kritisieren, die dem wissenschaftlichen Erkenntnisstand nicht entsprechen. Deshalb muss man das Verhältnis von Reden und Tun in der Pädagogik genau untersuchen. Wer das Warenmodell für Bildung und Bildungstransport als Handlungsvorstellung ablehnt, der wird nicht davon sprechen dürfen, dass Bildung oder Kompetenzen vermittelt werden. Wer aber das Warenmodell vertreten will, der soll es z.B. nicht hinter den Reden vom »kompetenten Kind« verstecken, sondern auch konsequent von Instruktion und nicht von Bildung sprechen.

Wer Begriffe verwendet, vertritt damit auch die darin eingebauten Denkmodelle. Das Modell von Bildung als Warentransport wirkt weiter, selbst wenn es bewusst dementiert wird, solange die entsprechenden Begriffe den Meinungsmarkt beherrschen.

1.1.2 Bildung ist Lernen im Kontext

Um zu verstehen, was ein chinesisches Schriftzeichen bedeutet, muss man eine chinesische Sprache und ihre Schreibweise kennen. Ohne dieses Kontextwissen bedeutet ein solches Zeichen entweder nichts oder etwas, was nichts mit einer chinesischen Sprache zu tun hat. Für einen Europäer hat es vielleicht eine ästhetische Bedeutung oder ist Repräsentant einer Bilderschrift.

Was bedeutet »Haiga«? Vermutlich kann kaum jemand mit diesem Begriff etwas anfangen. Wenn man hinzufügt, dass »Haiga« etwas Ähnliches wie »Haiku« ist, wird manchem vielleicht eine Ahnung dämmern. Wer auch diesen Begriff nicht kennt, wird weiterhin die Schultern zucken. Erst Kenntnisse über die japanische Dichtkunst werden den Begriff des »Haiku« klären. Wenn man dann sagt, dass »Haiga« eine bildliche Form von »Haiku« ist, eine Malerei, die eine besondere Situation in schlichter aber treffender Weise einfängt, dann wird dieser Begriff immer sinnvoller werden.

Oder – was ist ein »Schwarzes Loch«? Geht man vom Alltagskontext aus, dann gibt es schwarze Löcher überall da, wo etwas tief und dunkel ist: ein Kellerloch z. B. oder ein dunkler Winkel in einer Wohnung oder – im übertragenen Sinn – eine Depression, in die man fällt. Sage ich aber dazu, dass es sich um einen Begriff aus der Astronomie handelt, wird man sich vielleicht daran erinnern, gehört zu haben, dass es im Weltall anscheinend Ereignisse gibt, die alle Materie einschließlich des Lichts, in sich aufsaugen, so dass nichts, was ihre Existenz direkt verraten könne, zu uns dringen kann. So ist es auch hier der Kontext, der dem Text »schwarzes Loch« einen Sinn verleiht.

Das gilt auch für ein Lernen, das beansprucht, Bildungsprozesse hervorzubringen. Wenn ich Kindern in der Physik etwas über eine schiefe Ebene erzähle, dann brauchen sie als Ausgangspunkt für ein Verständnis eine Vorstellung aus ihrem Alltag, von der sie ausgehen können. Gesetzt den Fall, es gäbe jemanden, der noch keine Erfahrung mit schiefen Flächen, mit Rutschen auf schrägen Ebenen oder mit dem Problem des Gleichgewichts auf einer Rutsche gemacht hat, wie sollte er etwas von den physikalischen Phänomenen und den damit verbundenen mathematischen Modellen einer schiefen Ebene verstehen?

Wenn man über bestimmte Phänomene spricht, sind die (kulturellen) Kontexte oft allgemein bekannt. Mutter, Vater sind vertraute Phänomene, noch bevor überhaupt das Wort Mama oder Papa verstanden wird. Was Radfahren bedeutet, weiß hierzulande jedes Kind. Aber was wissen wir über Botschaften, die nicht in Worten oder in Gesten übermittelt werden, die nicht als Schrift überdauern, nicht als Bild, sondern z. B. als komplexe Gebilde aus Schnüren und Knoten, wie es bei den Inkas üblich war. Wir haben keinen Kontext, mit dem wir Botschaften entziffern könnten, die in Schnüren und Knoten »gesagt« werden, im Gegensatz zu den Inkas, bei denen einer Reihe von (bestimmten) Leuten der Kontext vertraut war, der die »Sprache« der Schnüre und Knoten erschloss.

Wenn ein kleines Kind eifrig an der Tischdecke zieht und schließlich das gesamte Geschirr zu Boden reißt, dann deshalb, weil es den Kontext nicht kennt, weil es noch nicht weiß, dass in vielen Fällen Tischdecke und Frühstücksgeschirr einen Zusammenhang bilden.

Nicht verstehen, etwas nicht lernen hat sehr viel mit der Frage zu tun: Hat jemand einen Kontext, der ihm verständlich macht, worum es bei dieser Sache geht? So machen alle Begriffe und Redewendungen der Muttersprache nur dann einen Sinn, wenn jemand den Alltag der Kultur kennt, in der diese Sprache gesprochen wird. Weil Kinder von klein an in diesen Alltag hineinwachsen und dabei durch Erfahrung lernen, was Tischdecken, Mütter, Hunde, Weihnachtsbäume oder Rolltreppen sind, brauchen wir es ihnen nicht erklären, wenn wir Tischdecke, Mama, Hund, Weihnachtsbaum oder Rolltreppe sagen. So lange wir uns auf einen von allen geteilten Kontext beziehen können, brauchen wir darüber nicht zu sprechen. Wenn Kinder aber Schwierigkeiten haben, etwas zu lernen oder zu begreifen, dann stellt sich nicht nur die Frage, ob man sich beim Erzählen oder Erklären klar genug ausgedrückt hat, sondern auch, ob das Gesagte im Erfahrungshorizont des Kindes überhaupt irgendeinen Sinn ergibt. Trifft es auf einen Kontext, der dem Kind hilft, das Erzählte zu begreifen? Lern- und Bildungsprozesse haben also sehr viel mit den subjektiven Erfahrungshorizonten der Kinder zu tun. Sie sind ebenso wichtig wie das, was man inhaltlich erzählen möchte.

Lernen besteht nicht nur aus dem, was das Kind noch nicht kennt, sondern gleichermaßen aus den Vorerfahrungen, die es als Kontext mitbringt, um neue Erfahrungen zu entziffern und einzuordnen. Damit man sinnvolle Bildungsangebote machen kann, muss man also etwas von diesem individuellen Kontext wissen, den Kinder mitbringen, und nicht nur von Inhalten etwas verstehen. Die wesentliche Frage bei Lernprozessen ist dann nicht, wie man dem Kind etwas beibringen oder erklären kann, sondern welchen Kontext an Wissen und Erfahrung es braucht, damit es den Sinn dessen, was ihm da erzählt oder beigebracht wird, verstehen kann. Ein Fragebogen, wie z. B. das Schulfähigkeitsprofil in Nordrhein-Westfalen, sagt mir nur, welchen Inhalt Kinder können oder nicht können – z. B. bis zwanzig zählen. Er sagt nichts über den Kontext, den Kinder brauchen, damit sie z. B. Mengenbegriffe entwickeln. Deshalb lässt sich mit einem solchen Verfahren auch nichts Wesentliches davon erkennen, wie Kinder Mengenbegriffe überhaupt entwickeln. Man macht allenfalls eine Prüfung, erfährt aber nichts darüber, was man als Pädagoge tun muss, damit Kinder diese »Prüfung« bestehen. Ein Armutszeugnis für die Pädagogik.

Aus der hier vertretenen Sicht meint Bildungsprozess weder Informationsweitergabe noch Instruktion. Ein Bildungsprozess kommt erst dann zustande, wenn jemand auch Kontexte hat, mit denen er sich wenigstens ansatzweise das Problem sinnvoll erschließen kann, welches zu erfassen wäre. Von Bildung und von Beteiligung des Kindes an seinem Bildungsprozess kann man erst dann sprechen, wenn nicht nur auf das geblickt wird, was zu lernen ist, sondern genauso auf den Lebens-, Erfahrungs-, Könnens- und Wissenskontext, den ein Kind mitbringt, um sich Inhalte zu erschließen. Eine Didaktik, die keine Verfahren entwickelt, wie man auf die individuellen Horizonte der Kinder eingehen kann, wie man das Können und Wissen der Kinder an den Lernaufgaben einbezieht, wie man sich mit Kindern über das verständigt, was sie an Kontexten zu ihren Bildungsprozessen einbringen, kann nicht wirklich behaupten, dass sie die Eigentätigkeit der Kinder bei ihrem Bildungsprozess berücksichtigt. Daran werden sich die neuen Bildungspläne für Kinder zwischen null und sechs Jahren messen lassen müssen.

1.1.3 Lernen des Lernens

Das Lernen lernen ist zum Modethema auch des frühkindlichen Lernens geworden. Wie bei allen Modeerscheinungen wird hier ein einleuchtender Gedanke aus seinem sinnvollen Zusammenhang heraus gehoben. Indem dann alle anderen Teilaspekte für nicht bedeutsam gehalten werden, entsteht der Eindruck, als wäre das Problem aus dieser einen Perspektive ganz einfach zu lösen. So lernt man etwa das Lernen, wie es von Gisbert[1] für die frühe Kindheit dargestellt wird, dadurch, dass man sich bewusst macht, wie man was gelernt hat. Dieses Bewusstmachen durch Nachdenken wird Metareflexion genannt.

Das Konzept der Metareflexion wird vom Bereich der Erwachsenen und älteren Kindern nun auf den der frühen Kindheit übertragen. Gisbert gibt allerdings zu, dass es an empirischen Arbeiten fehlt, »die es erlauben würden, die Effizienz der vorgeschlagenen Maßnahmen in Bezug auf die kognitive Entwicklung der Kinder zu bewerten und insbesondere ihre Wirkung auf das kindliche Verständnis der eigenen Lernprozesse zu beurteilen.«[2] Sie stützt sich deshalb einzig auf die Arbeiten Pramlings.[3]

Doch gleichgültig, welchen empirischen Status dieses theoretische Konzept hat, es lassen sich mehrere Überlegungen anstellen, die es als ein verkürztes und für den frühpädagogischen Bereich in dieser Form nicht besonders bedeutsames Konzept erweisen.

- Das Konzept der Metareflexion geht davon aus, dass etwas schon erfolgreich gelernt wurde, sonst könnte man ja nicht darüber nachdenken. Es sagt aber nichts darüber aus, wie man überhaupt erfolgreich lernt. Es könnte also sein, dass der Lernprozess, über den man nachdenkt, selbst gar kein besonders guter Lernprozess war. Was bringt es dann, wenn man darüber nach-

---

[1] Gisbert, K.: Wie Kinder das Lernen lernen. In: Fthenakis, W. (Hrsg.): Elementarpädagogik nach PISA. Freiburg 2003, S. 78–105. Dies.: Lernen lernen. Berlin, Düsseldorf, Mannheim 2004.

[2] Gisbert 2004, S. 156.

[3] Vgl. hierzu Literaturangabe bei Gisbert.

denkt? Woher stammen eigentlich die Kriterien für einen guten Lernprozess?[4]

- Das Bewusstmachen von Lerninhalten und Lernstrategien ist durchaus ein möglicher Aspekt des Lernen-lernens. Die gegenwärtige Diskussion isoliert aber den Aspekt überprüfter Lernstrategien und erklärt ihn ohne weitere Begründungen zu seinem Kerngedanken. Damit rückt die bewusste Anwendung von Lernstrategien ins Zentrum der Aufmerksamkeit. Gleichzeitig wird damit unterstellt, dass erfolgreiches Lernen und die bewusste Anwendung bestimmter Lernstrategien identisch seien. Aspekte eines Lernprozesses, die stattfinden müssen, bevor man bewusste Lernstrategien einsetzen kann (z.B. Motivation und Beteiligung der Gefühle, Konzentration, ästhetische Aspekte des Lernens) bleiben randständig oder unberücksichtigt.

- Diese Verkürzung der Diskussion vom Lernen lernen auf die Metareflexion wird umso fragwürdiger, je kleiner die Kinder sind und je weniger bewusste Strategien ihre Lern- und Bildungsprozesse voranbringen. D.h. die Übertragung eines Lernmodells, das bei Erwachsenen und Jugendlichen vielleicht wirksam sein mag, auf immer kleinere Kinder funktioniert nur, wenn man kleine Kinder zu Wesen erklärt, deren Handeln und Denken weitgehend durch rationales Bewusstsein gesteuert wird. Eine solche Annahme steht aber nicht im Einklang mit dem realen Verhalten von Kindern im Alter zwischen drei und sechs Jahren – von Erwachsenen vermutlich auch nicht. Der Verdacht lässt sich nicht von der Hand weisen, dass die Theorie von der Metareflexion im Bereich der frühen Kindheit auf einem wissenschaftlich konstruierten Bild vom Kind beruht, das nur wenig von dem einfängt, was Kinder in diesem Alter tun, wenn sie erfolgreich lernen.

- Unzureichende wissenschaftliche Modelle machen blind: Wer kleine Kinder im Alter zwischen drei und sechs bei ihren Tätigkeiten beobachtet, findet sie oft hoch konzentriert in ein Spiel

---

4 Vgl. auch nächster Abschnitt über Metareflexion als Notwendigkeit beim Instruktionslernen.

versunken. Diese Fähigkeit, sich in einem Spiel, in einer Tätigkeit konzentriert zu verlieren, ist ein wesentlicher Aspekt erfolgreichen, frühkindlichen Lernens, so wichtig, dass Montessori ihn sogar zum zentralen Aspekt des frühkindlichen Lernens erklärt hat. Als »Polarisation der Aufmerksamkeit« und »absorbierenden Geist« hat sie ihn als eine spezifische Möglichkeit des Kindes herausgehoben, zu der Erwachsene (angeblich) keinen Zugang mehr hätten. Wenn ich frühkindliches Lernen lernen auf den Aspekt der Metareflexion einschränke, dann entgeht mir z.B. ein wichtiger Prozess, der den »absorbierenden« Charakter tiefgreifender Lernprozesse ermöglicht.

Eine Videoszene zeigt ein ca. zweieinhalbjähriges Mädchen, das etwa fünf Minuten lang versucht, auf einen kleinen Karton mit Spielzeugen den Deckel zu drücken.[5] Das gelingt ja nur, wenn man erstens die Seiten des Deckels parallel zu den Kanten der Schachtel ausrichtet und zweitens den Deckel parallel zum Boden der Schachtel auf die Schachtel aufsetzt. Man muss also zwei räumliche Dimensionen – Richtung der Kanten und Lage des Bodens – so aufeinander abstimmen, dass alle wichtigen Winkel von Deckel und Schachtel in etwa übereinstimmen. Und dann muss man noch den richtigen Dreh und Druck finden, den Deckel auf die Schachtel zu drücken, ohne dabei die genannten Winkel wieder zu verlieren. Das Mädchen hat dieses Problem in zahllosen Versuchen, ohne aufzugeben, bewältigt. Was hat das mit Metareflexion zu tun? Für das Lernen des Lernens hat dieses Kind sicherlich einen wichtigen Schritt gemacht: zuversichtlich eine Sache auszuprobieren und sich nicht entmutigen zu lassen. Würde man also die pädagogische und wissenschaftliche Aufmerksamkeit allein auf die Metareflexion konzentrieren, kämen die wesentlichen Aspekte dieser Lernsituation und ihrer erfolgreichen Lösung überhaupt nicht zutage.

---

5   Antje Steudel, Video aus dem Projekt »Wirklichkeit und Phantasie«, Thüringen.

Ist das Lernen des Lernens durch »Metareflexion« ein Problem des Instruktionslernens? [6]

Es scheint so zu sein, dass Lerninhalte und Lernstrategien vornehmlich dann durch Nachdenken überprüft werden müssen, wenn Kinder etwas nachvollziehen, was ihnen jemand anderes als Problem vorgestellt hat. Sie bekommen gesagt, was sie zu tun haben und sie tun, was sie gesagt bekommen. Wo Kinder selbst keine Idee entwickeln können, wie und wo es lang geht, wird es wichtig, sie auf die Inhalte hinzuweisen, die sie gelernt, sowie auf die Strategien, die sie dabei angewandt haben bzw. anwenden sollten. Das Beispiel vom Wetterprojekt, das Gisbert den Arbeiten Pramlings entnimmt, ist dafür ein Beleg:[7]

Das Wetterprojekt soll drei verschiedene Ebenen verdeutlichen, auf denen das Nachdenken über das Gelernte erfolgversprechend sei: eine inhaltliche, eine strukturelle Ebene und die Ebene des Lernprozesses selbst.

- Nachdenken über bestimmte Inhalte: »Die Kinder in der Gruppe erhalten jeweils ein Blatt Papier und werden aufgefordert, es in der Mitte zu falten. Dann bekommen sie den Arbeitsauftrag, auf der einen Seite gutes und auf der anderen Seite schlechtes Wetter zu zeichnen« (96). Diese kleine Übung wird als Anlass benutzt, die Kinder dazu zu bringen, darüber nachzudenken, warum verschiedene Menschen so unterschiedliche Vorstellungen von gutem oder schlechtem Wetter haben.
- Nachdenken über vergleichbare Strukturen: »Die Kinder haben den Auftrag erhalten, sich die Schneeflocken genau anzusehen und sie dann zu zeichnen. Sie vergleichen die Flocken und finden heraus, dass alle Schneeflocken sechseckig sind, dass sie sich aber dennoch genauso unterscheiden, wie alle Menschen verschieden sind« (96f.). Die Erzieherin lenkt die Aufmerksam-

---

6 Zum Begriff des Instruktionslernens vgl. w.u. »Was kennzeichnet den Bildungsansatz?«

7 Vgl. Gisbert 2003, S. 96ff.

25

keit der Kinder auf die Parallelität des Kreislaufs von Regen und Schnee. Sie betrachten »ein Wandbild, das sie über den Regenzyklus hergestellt haben« (97). Die Kinder sollen sich die Ähnlichkeit der Kreisläufe von Regen und Schnee bewusst machen.

- Nachdenken über den Lernweg: »In dem Wetterprojekt haben die Kinder Experimente mit Wasserdampf durchgeführt, wobei sie angeregt wurden, darüber nachzudenken, warum sie diese Experimente gemacht haben und wie man sie anders hätte gestalten können, um etwas über Wasser und Regen herauszubekommen« (97). Die Kinder denken nach, wie sie gelernt haben.

Es ist klar, dass alle diese sogenannten Projekte von Fragestellungen ausgehen, die sich die Erzieherin ausgedacht hat. Mit jeder dieser Fragestellungen verfolgt sie ein bestimmtes Ziel, das die Kinder nicht kennen, und auch eine bestimmte Lernstrategie, der die Kinder folgen sollen. Damit handelt es sich bei den Beispielen um eine traditionelle Angebotspädagogik, ein Instruktionslernen, mit dem bestimmte Lernziele erreicht werden sollen, die die Erzieherinnen, nicht die Kinder gesteckt haben. Die Kinder dürfen handelnd zu dem beitragen, was sich die Erzieherin vorgestellt hat. Sie gibt einen Lernweg vor, dem die Kinder mehr oder weniger bereitwillig folgen. Es ist folgerichtig, dass sie dann auch darauf aufmerksam gemacht werden müssen, was sie und wie sie gelernt haben. Wo Kinder einen vorgezeichneten Lernweg nachvollziehen (müssen), ist es verständlich, dass sie auch darüber nachdenken müssen, was und wie sie gelernt haben.

In einem forschenden Lernprozess jedoch, der sich an Fragen orientiert, die den Kindern selbst zum Problem geworden sind, ist das Nachdenken über das, was man tut, Teil der Lösungsstrategie selbst. Hierzu ein Beispiel aus der Reggiopädagogik, das Projekt »Schuh und Meter«.[8]

Das Problem, von dem die Kinder ausgehen, stellt sich im Alltagszusammenhang: Ein zusätzlicher Tisch wird gebraucht. Der Tischler soll ihn anfertigen. Aber kann man ihm erklären, welchen

---

[8] Reggio Children: Schuh und Meter. Berlin, Düsseldorf, Mannheim 2002.

Tisch er schreinern soll? »Könnt ihr denn messen?«, fragt der Tischler. »Kannst du denn einen solchen Tisch bauen?«, fragen die Kinder zurück.

Wie misst man nun? Man könnte den Tisch mit den Fingern abmessen, indem man einen neben den anderen legt. Aber da weiß man ja noch nicht, wie er aussieht. Also muss man ihn wohl erst einmal zeichnen. Von einigen Kindern werden Tische gezeichnet. Doch damit löst man nicht die Frage, wie groß der Tisch werden soll. Am besten, man probiert an einem Tisch aus, wie man ihn messen könnte. Er wird mit den Fingern gemessen, der Faust, dem Kopf, den Handflächen, den Beinen. Doch da kommt bei jedem was anderes heraus. Man braucht etwas, was gleich bleibt, vielleicht eine Schöpfkelle oder ein Buch. Schon bei diesen ersten Schritten erfahren Kinder Grundprinzipien des Messens:

- Die Maßeinheit muss kleiner sein als der Gegenstand.
- Das Ergebnis der Messung ist abhängig von der Größe des gemessenen Gegenstands.
- Der Messgegenstand muss einen konstanten Wert ergeben, deshalb werden immer konventionellere Gegenstände gewählt.
- Mit der Zeit wird allen klar: Ein für alle zugängliches und gebräuchliches Maß wird benötigt.

Was geschieht nun bei den Kindern, nachdem sie das Problem erfasst und sich darüber verständigt haben, es zu lösen? Sie stellen sich eine Möglichkeit vor, wie man das Problem angehen könnte und setzen sie um. Dann überprüfen sie, was sie damit erreicht haben und wie der nächste Schritt aussehen könnte.

Auch hier wird über den Problemlösungsweg nachgedacht, aber nicht nachträglich, um Inhalte oder eine Lösungsstrategie durch Bewusstmachen zu vertiefen, sondern im direkten Prozess, weil die Kinder ihre bisherigen Lösungsstrategien mit ihren Vorteilen und Einschränkungen kennen müssen, um den nächsten Schritt zu einem erfolgreichen Lösungsweg zu finden.

Die beiden Beispiele zeigen: Wo beim Lernen ein Denkweg *vorge*geben wird, den man zu gehen hat, muss man darüber *nach*denken,

wie man gegangen ist, damit man weiß, was man und wie man gelernt hat. Versucht man aber ein gegebenes Problem mit eigenen
Fragestellungen forschend zu ergründen, dann muss man sich *vor*
jedem Schritt bereits überlegen, wie man vorgehen will und, nachdem man eine Möglichkeit ausprobiert hat, ob und inwieweit diese
erfolgreich war. Das *Vor*-Denken über die Schritte, die man unter-
nimmt, und das *Nach*-Denken über die Schritte, die man bereits getan hat, ist ein notweniger Teil des Problemlösungsprozesses selbst.
Man lernt das Lernen offensichtlich, indem man Probleme löst,
weil man sich beim selbständigen Problemelösen seine Denk- und
Handlungswege klar machen muss.

Wenn die psychologische Forschung der Metareflexion einen
hohen Stellenwert für das Lernen des Lernens einräumt, dann hat
sie offensichtlich zuallererst ein Instruktionslernen im Sinn und
nicht forschendes Lernen. Man sollte daher beim Nachdenken über
frühkindliche Bildungsprozesse deutlich zwischen Instruktionslernen und forschendem Lernen unterscheiden. Das Thema des Lernen-lernens in der derzeit diskutierten Form scheint ein Problem zu
lösen, das durch eine traditionelle Angebotspädagogik überhaupt
erst geschaffen wird.

Fazit

Das Lernen lernt man, indem man es tut und zwar von Anfang an.
Es baut sich ausgehend von den Lernerfahrungen des Säuglings
und des Kleinkinds auf. Durch die Möglichkeiten späterer Alters-
stufen differenziert es sich. Zum Lernen gehören sinnliche Erfahrung, Gedächtnis, Emotionen, Vorstellung, Imagination, Phantasie,
Spiel und Gestaltung ebenso wie rationale Kontrolle und kritisches
Nach-Denken. Wer aus allen Prozessen nur die Metareflexion her-
aushebt und zum Zentrum des Lernen-lernens macht, überdehnt einen einzigen Aspekt. Als isolierter Aspekt im pädagogischen Handeln macht er für die anderen Dimensionen blind und behindert
dadurch möglicherweise sogar kindliches Lernen.

Lernen und Lernen des Lernens sind ein und dieselbe Aufgabe. Sie wird dadurch erfüllt, dass jemand das, was er lernt, auf gute Weise lernt, dadurch, dass er forschend lernt. Das ermöglicht eine Intensität und Tiefe von Lern- und Bildungsprozessen, die das Nachdenken über Inhalte und Wege der Problemlösung bereits mit enthält. In diesen Bildungsprozessen fallen Lernen und Lernen des Lernens in eins.

Es wäre nun wichtig, Genaueres darüber zu erfahren, was ein intensives, vertieftes und dauerhaftes forschendes Lernen möglich macht, das so in der Person verankert ist, dass es zu einem Werkzeug für das persönliche Verstehen der Wirklichkeit geworden ist. Diese Frage reicht weiter als die nach erfolgreichen Lernergebnissen. Sie wird in den folgenden Überlegungen angeschnitten. Es sind Fragen, die mit dem Begriff der Bildung umschrieben werden. Deshalb meint hier Bildung mehr als Lernen.

1.1.4 Erste Vorverständigung über Bildung [9]

Wenn man den Begriff der frühkindlichen Bildung benutzt, sollte man sich darüber bewusst sein, was man damit meint, und zum Beispiel nicht Lernen statt Bildung sagen. Dass in der gegenwärtigen Debatte um frühkindliche Bildung wahllos alles als Bildung bezeichnet wird – gleichgültig ob es sich um eine spezifische Förderung (zum Beispiel der Muttersprache) handelt, um eine Technik, die Kinder beherrschen sollten (vielleicht den Umgang mit Computern), um soziales Einfühlungsvermögen oder »Kompetenzen« in einem Lernbereich, – macht deutlich, dass es kein wissenschaftlich gesichertes Selbstverständnis darüber gibt, was Bildungsprozesse von anderen Lernprozessen unterscheiden könnte. In dieser

---

[9] Eine systematische und historische Herleitung des Begriffs der Bildung für den Bereich der Frühpädagogik wird hier nicht unternommen. Sie soll in einem anderen Zusammenhang gesondert ausgeführt werden. Dort wird auch die Anbindung der gegenwärtigen Diskussion an frühere, insbesondere die der sechziger und siebziger Jahre erfolgen. Ein solches Unternehmen würde den hier gegebenen Rahmen sprengen. Dabei wird auch deutlich werden, wie sich die hier skizzierten Überlegungen in vorhandene Denktraditionen einreihen. Es sei nur angemerkt, dass sie ohne die Diskussion vor dreißig Jahren so nicht zustande gekommen wären.

Beliebigkeit möchte das vorliegende Buch Position beziehen. Bildung wird als ein Begriff benutzt, der eine bestimmte Qualität von Lernprozessen beschreibt.

Was Bildung nicht ist:
- Sie hängt nicht von bestimmten Inhalten ab, durch die man angeblich gebildet wird;
- sie ist kein anderes Wort für Kompetenzvermittlung;
- sie bezeichnet keinen spezifischen Förderbedarf;
- genauso wenig kann Bildung vermittelt werden.

Stattdessen weist der Bildungsbegriff darauf hin,
- dass man sich letztlich nur selbst bilden kann;
- dass Bildungsprozesse mit sozialen Verständigungsprozessen verquickt sind;
- dass Lernen einen persönlichen Sinn ergeben muss – das gilt auch für Säuglinge;
- dass in Bildungsprozessen Handeln, Empfinden, Fühlen, Denken, Werte, sozialer Austausch, subjektiver und objektiver Sinn miteinander in Einklang gebracht werden müssen;
- dass Bildungsprozesse Selbst- und Weltbilder zu einem mehr oder weniger spannungsvollen Gesamtbild verknüpfen.

1.2 Das (neue) Bild vom Kind

1.2.1 Das nicht mehr neue Bild vom Kind

Die Kinderforschung der letzten zwei Jahrzehnte hat das Bild eines aktiven, sich aus eigener Initiative und mit eigenen Mitteln bildenden Kindes entwickelt. So gesehen eignet sich bereits das Neugeborene seine Um- und Mitwelt durch die Möglichkeiten an, die ihm mit der Geburt zur Verfügung stehen. Erste Erfahrungen differenzieren die Ausgangspunkte seiner Weltwahrnehmung und -verarbeitung. Daraus entwickeln sich verschiedene Formen des Welt- und des Selbstverständnisses, die die Grundlage des kindlichen Bildungsprozesses ausmachen. Dabei benutzt das Kind die Mittel, die ihm seine Umwelt vorgibt, wie ein Bastler die Materialien in seinem Sinn verwandelt, die ihm zur Hand sind. Selbstbildung erfolgt daher im Rahmen der Möglichkeiten, die dem Kind von außen zugetragen werden.

Dieses Bild des aktiven, sich im Rahmen seiner Lebensbedingungen selbst entwickelnden Kindes setzt voraus, das Kind von Anfang an als ein auswählendes und damit seine Welt- und Selbsterfahrung (be)deutendes und gestaltendes Individuum zu betrachten – auch wenn diese (Be-)Deutungen nicht im Sinne eines begründenden Denkprozesses verstanden werden können. So bietet beispielsweise ein strenger Vier-Stunden-Rhythmus des Fütterns dem Säugling eine andere Grundlage für sein erstes Bild von der Welt als die gemeinsame Suche von Mutter und Kind nach einem Rhythmus, der für beide verträglich ist.

Die Welt ist dem Neugeborenen erst einmal neu. Es ist gänzlich damit beschäftigt, Muster in dieser Welt zu entdecken, die es wieder erkennen, auf die es sich verlassen kann. Auch das heranwachsende Kleinkind erschließt sich Schritt für Schritt neue Erfahrungsbereiche. Es sollte uns daher nicht verwundern, wenn kleine Kinder viel mehr mit Situationen zu tun haben, die unerschlossen, nicht vorgedacht sind, die es zu entdecken und zu erschließen gilt, als das im späteren Leben je wieder der Fall sein wird.

Ein neues Bild vom Kind?

Dieses Bild vom Kind, das sich seine Wirklichkeit durch eigene Initiative und mit eigenen Mitteln aneignet, ist so neu nicht. Es hat sich über Jahrzehnte allmählich entwickelt. Daran beteiligt waren zunächst einzelne Persönlichkeiten in der Geschichte der Pädagogik, für die Früherziehung vor allem Maria Montessori. Heute sind es weniger einzelne Personen als Forschungsrichtungen wie die kognitive Entwicklungspsychologie, die Tiefenpsychologie, die

Säuglings- und die Wahrnehmungsforschung – vor dem Hintergrund eines sich verändernden Wissenschaftsverständnisses: Wissenschaft sagt uns nicht mehr, wie die Welt ist; sie bietet uns lediglich Denkmodelle an, wie wir bestimmte Facetten der Wirklichkeit besser begreifen. Man nimmt Abschied von der Wahrheit und begnügt sich mit Vorstellungen von brauchbaren Annäherungen.

Maria Montessori

Die ersten Quellen für das Bild vom Kind finden sich in der Geschichte der Pädagogik. Eine Denklinie zieht sich von Rousseau über Pestalozzi und Fröbel bis zum Anfang des 20. Jahrhunderts, dem »Jahrhundert des Kindes« in Ellen Kays programmatischer Formulierung. Es war Maria Montessori, die das Bild eines aktiven, sich selbst die Welt erschließenden Kindes für die Pädagogik des Kindergartens erstmals konsequent ausgearbeitet hat. »Hilf mir, es selbst zu tun« war die entscheidende pädagogische Konsequenz, die sich aus diesem Denken ergab. Ihre Auffassung vom Kind hatte Montessori vor allem dadurch gewinnen können, dass sie die Kinder in ihrem Tun aufmerksam beobachtete (etwas, das heute wieder in den Mittelpunkt pädagogischen Handelns gerückt wird, wenn man das neue, alte Bild vom Kind im Bildungsprozess umzusetzen versucht). Aus dem, was sie als kindliche Tätigkeit wahrnahm, zog sie Schlüsse über die Natur des Kindes und seine Entwicklung. Diese Erkenntnisse waren die Grundlage von Überlegungen, wie man Kinder in ihrem Bildungsprozess wirksam unterstützen könne. Ihre Antwort bestand darin, den Kindern eine »wohlvorbereitete Umgebung« zu bieten, in der sie ihre Lernprozesse selbstständig und ihrem Können gemäß selbst organisieren und vorantreiben sollen. Lehrerinnen waren den Kindern in erster Linie dabei behilflich, ihren Lern- und Bildungsprozess in einer geeigneten Umgebung selbst zu gestalten. Ein wesentliches Hilfsmittel sollte das Material sein, das sich eignete, einzelne Lernschritte selbsttätig zu vollziehen und ihren Erfolg zu kontrollieren. Es war also nicht nur das Bild eines eigenständig sich aus seiner

Natur heraus bildenden Kindes, das Maria Montessori umfänglicher formulierte, als es bei Rousseau, Pestalozzi oder Fröbel bereits geschehen war. Vielmehr konkretisierte sie dieses Bild in einer Art Lern- und Entwicklungspsychologie, die auf konkreten Beobachtungen beruhte. Vor allem mit diesem empirisch verankerten Entwicklungs- und Lernverständnis, das in Materialien und Handlungsstrategien umgesetzt wurde, gab sie der Diskussion über die frühkindliche Bildung einen neuen Impuls, der ihre Schlüsselstellung für die Weiterentwicklung einer Pädagogik der frühen Kindheit rechtfertigt.

Dabei formulierte sie anthropologische Aussagen über das Kind, die uns in ihrer Begrifflichkeit heute sehr fremd vorkommen, die aber Merkmale kindlichen Denkens benennen, an die zu erinnern sich lohnt: Die Polarisation der Aufmerksamkeit, eine Konzentration des Kindes, die eintritt, wenn die Sensibilität der Kinder auf Gegenstände trifft, die ihrem inneren Interesse entgegenkommen; der absorbierende Geist, der aus diesem Zusammenspiel von kindlichen Interessen, Sensibilität und passender Umgebung den geistigen Embryo bildet. Die Horme, die als aktive Lebenskraft diesen Prozess vorantreibt; die sensiblen Phasen, die durch die heutige Hirnforschung wieder Bedeutung erlangen. Auch wenn diese Beschreibungen zuweilen recht blumig oder mystisch wirken und uns relativ fern von empirischer Nachvollziehbarkeit erscheinen, wird daraus doch deutlich, dass der kindliche Bildungsprozess mehr ist als nur funktionales Lernen; dass sich das kindliche Individuum aus diesem Prozess selbst aufbaut; dass es geeigneter Bedingungen bedarf, die es in diesem Prozess unterstützen.

Dies alles sind Folgerungen, die uns auch heute noch beschäftigen. Speziell der Begriff des geistigen Embryos nimmt einen Gedanken vorweg, der erst durch die heutigen Erkenntnisse über die frühe Entwicklung des Zentralen Nervensystems genauer gedacht werden kann: Das Gehirn strukturiert sich durch das, was es konkret wahrnimmt. Die Umwelt ist also nicht nur Auslöser der menschlichen Wahrnehmungs-, Verarbeitungs- und Denkprozesse. Vielmehr sind die ersten Lebensjahre entscheidend für die Wahrnehmungs- und Denkstrategien, die ein Kind im Zusammenspiel mit seiner sozialen und kulturellen Umwelt entwickelt. Im Hinblick auf das Denken und Verarbeiten kann man daher die ersten Lebensjahre durchaus mit einem geistigen Embryo vergleichen, in dem sich die Instrumente bilden, mit denen das Kind sein geistiges Leben lebt.

Es ist nicht nur die Fremdartigkeit der Beschreibungen, in denen sich subtile Beobachtungen und ein stark christlich geprägtes Menschen- und Kinderbild zu einer allgemeinen Natur des Menschen verdichten, die uns von Montessoris Blick auf das Kind trennen. Wenn wir heute von einem Kind sprechen, das sich in der Auseinandersetzung mit seiner Umwelt in einer gewissen Weise selbst bildet, dann unterscheiden wir uns bedeutsam von ihrer Auffassung:

Maria Montessori hat zwar mit Recht gefordert, dass man die empirische Wirklichkeit der Kinder kennen müsse, bevor man ihnen bei ihren Bildungsprozessen behilflich sein könne. Aber sie interessierte sich nur für eine Art Allgemeinkind, das als Natur des (allgemeinen) Kindseins formuliert werden konnte. Daraus waren Grundsätze für die Lern- und Bildungsstrategien der Kinder abzuleiten, die ebenfalls für allgemein gültig erachtet wurden. »Hilf mir, es selbst zu tun« zielte zwar beim pädagogischen Handeln auf einzelne Kinder, sah in ihnen jedoch nur das aus den Beobachtungen erschlossene Standardkind. Das darf man Montessori nicht vorwerfen. In einer Zeit, in der die Entwicklungspsychologie erst begonnen hatte, allgemeine Gegebenheiten der kindlichen Entwicklung herauszufinden, war das eine wichtige und feste Basis auch für pädagogisches Denken. Heute hingegen, nach einem guten Jahrhundert der Erforschung kindlicher Entwicklungswege, ist klarer geworden, dass diese Beschreibungen durchschnittliche Beschreibungen für Kinder sind, die in einer durchschnittlich gegebenen sozialen und kulturellen Umwelt leben, und keine Beschreibungen einer Natur des Kindes oder des Menschen. Wir müssen erkennen, dass die Gemeinsamkeiten zwischen den Menschen nicht nur das Produkt der Natur sein müssen, sondern ebenfalls Produkt einer gemeinsamen Umwelt sein können, in der Kinder in bestimmten Gesellschaften aufwachsen. Das bedeutet, wir können nicht einfach die Natur als Richtschnur nehmen, an der wir unser pädagogisches Handeln ausrichten. Vielmehr müssen wir einbeziehen, was sich innerhalb unserer Kultur als wesentlich erweist.

Aber es könnte sein, dass wir kulturelle Entwicklungen nicht für gut heißen können, um sie zur Leitlinie unseres Handelns zu machen. Die zunehmende Entsinnlichung unseres Denkens, die Zerstörungen der Umwelt, die mit unserer wissenschaftlichen Entwicklung einhergegangen sind, die Ökonomisierung oder Bürokratisierung unseres Lebensalltags sind keine kulturellen Standards, auf die wir Kinder einschwören müssten. Wenn wir dennoch die These aufgreifen, dass Kinder sich aus eigenem Antrieb, aus eigenen Fragen, mit Hilfe eigener Denkstrategien bilden, unterscheiden wir uns von Maria Montessori:

1. Wir können uns dabei nicht auf eine Vorstellung von der Natur des Kindes verlassen.
2. Wir können uns nicht auf eine oder mehrere allgemeine Strategien verlassen, bei deren Berücksichtigung der Bildungsprozess schon funktioniert. Vielmehr gibt es zahlreiche individuelle Varianten, die wir mehr oder weniger berücksichtigen müssen, wenn wir die Bildungsprozesse aller Kinder im Auge haben und nicht nur die eines bestimmten soziokulturellen Durchschnitts. Das ist eine Aufgabe, die die Pädagogik erst in Ansätzen praktisch bewältigen kann. Daraus folgt, dass es bei den Bildungstätigkeiten des Kindes nicht nur um eine eigene, tätige Aneignung dessen geht, was unsere Kultur dem Kind vorgibt, sondern auch um individuelle Abweichungen, die im individuellen Bildungsprozess eines Kindes begründet sind. So geht es beim sich selbst bildenden Kind auch darum, hinter den Gemeinsamkeiten von Lern- und Bildungsprozessen die individuellen Aktivitäten, Strategien, Vorlieben und Begabungsschwerpunkte zum Zuge kommen zu lassen. Es hat etwa hundert Jahre gedauert, bis begriffen und formuliert werden konnte, dass die Aktivität der Kinder bei ihren Bildungsprozessen nicht nur darin bestehen kann, dass sie das aktiv tun, was wir von ihnen erwarten, sondern dass wir ihre eigenen Theorien von der Welt zur Kenntnis nehmen, ihre Denkstrategien ernst nehmen, ihre scheinbaren

Umwege als mögliche produktive Lösungen erkennen müssen, wenn wir von kindlicher Bildung und nicht nur von der Ausbildung kindlicher Kompetenzen sprechen wollen. Vielfältigkeit zu unterstützen scheint für kreative Lösungsstrategien wichtiger zu sein als nach einheitlichen Kompetenzen zu streben. Umgekehrt: Wer nur auf die Ziele einheitlicher Kompetenzen blickt, läuft Gefahr, das wesentliche Zukunftspotenzial des kindlichen Bildungsprozesses zu übersehen, nämlich die Fähigkeit, bislang unbekannte Fragen aufzuwerfen und dafür Lösungen zu entwickeln, also das, was man Kreativität nennt.

Der Weg ist von Montessori bis heute über einige Stationen gegangen, die dazu beigetragen haben, den eigenständigen Bildungsweg der Kinder zunehmend besser zu begreifen. Einige davon will ich nachzeichnen, um damit deutlich zu machen, dass dieses Bild vom Kind nicht von wirklichkeitsfernen Erziehungswissenschaftlern am Schreibtisch ausgedacht wurde, sondern sich auf empirische Forschungen stützt.

Aktivität des Kindes

Im Hinblick auf das veränderte Bild vom Kind nehmen die *Untersuchungen von Piaget* eine Schlüsselstellung ein. Er hat durch seine Beobachtungen und nachgehenden Befragungen von Kindern drei Grundfiguren kindlichen Denkens herausgearbeitet:

1. Man muss seine bereits vorhandenen Begriffe und Vorstellungen nutzen, um etwas Neues zu verstehen. Das bedeutet aber

---

1 Zum einen die Anpassung der Wirklichkeit an die Muster des subjektiven Denkens (Assimilation), zum anderen eine Anpassung der subjektiven Erkenntnismuster an die Muster der Wirklichkeit (Akkomodation). Im Erkennen werden die Muster des bisherigen Denkens der Wirklichkeit so angepasst und die Muster der Wirklichkeit dem Denken so anverwandelt, dass sie zu einer Überschneidung kommen können. Man erkennt Neues in dem Maße, in dem man sich und das Bild der Wirklichkeit solange verändert, bis sie sich einander brauchbar angenähert haben. Wir erkennen jedoch die Wirklichkeit umso »richtiger« und »besser«, je mehr wir in der Lage sind, uns selbst den Mustern der Wirklichkeit anzupassen.

auch, man kann kein Wissen in Kinder »hineinfüllen«. Sie erfahren nur, was sie mit ihren eigenen Mitteln und Werkzeugen auch begreifen können.

2. Ein weiterer wichtiger Beitrag von Piaget zum Bild des sich selbst entwickelnden Kindes besteht darin, dass er zeigen konnte, dass die Aneignung von Wirklichkeit einen wechselseitigen Anpassungsprozess verlangt.[1]

3. Kindliches Denken beginnt bereits mit dem (sensomotorischen) Handeln des Säuglings und besteht zu einem großen Teil aus solchen verinnerlichten Handlungen (Operationen). Die Folgen dieser Auffassung für unser Verständnis von kindlichem Lernen: Wir können zwar etwas dafür tun, dass Kinder ihre Denkwerkzeuge gebrauchen, für sie denken können wir jedoch nicht.

Die Sinne gebrauchen

Das Bild vom Kind, das sich aktiv seine Umwelt aneignet, wurde dann durch die moderne *Säuglingsforschung* erweitert. Wir wissen heute, dass bereits Neugeborene all ihre Sinne gebrauchen, um damit Erfahrungen über ihre Umwelt zu sammeln, auch wenn noch nicht alle Sinneskanäle voll entwickelt sind. Indem der Säugling seine Sinne nutzt, entwickelt und differenziert er sie. Ohne entsprechende Möglichkeiten des Ausprobierens bleiben seine sinnlichen Erfahrungswege stumpf. Eine wichtige Erkenntnis der Säuglingsforschung besteht auch darin, dass das kleine Kind von Geburt an in eine interessierte Kommunikation eingebunden ist. Nicht nur, dass die Mutter mit dem Säugling spricht; auch der Säugling sendet Signale, die die Mutter versteht oder zu verstehen sucht. Diese Kommunikation zwischen Mutter und Kind erfolgt zum geringeren Teil über die Sprache, mehr hingegen über körperliche Gesten und Signale. Der Säugling drückt seinen Zustand durch die Haltungen oder Bewegungen seines Körpers aus. Alles, was das kleine Kind mit seinen Sinnen wahrnimmt, ist in eine solche Sprache der Körper eingebettet, bekommt so für Säugling und Pflegeperson einen (emotionalen) Sinn.

Die Welt wahrnehmen

Dritte Quelle des Bildes vom sich aktiv selbst entwickelnden Kind ist die moderne *Wahrnehmungsforschung*. Sie konnte bis in die Details sinnlicher Wahrnehmungsprozesse hinein belegen, dass wir beim Wahrnehmen nicht ein äußeres Bild der Wirklichkeit mit den Mitteln des Kopfes und seiner Denkprozesse in uns erzeugen. Die Sinnessignale werden in einem weit verzweigten Prozess im Zentralen Nervensystem aufgeteilt, analysiert und wieder zusammengefügt. Daraus entsteht in unserem Kopf ein Bild von Wirklichkeit, das für uns bedeutsame Merkmale der äußeren Wirklichkeit erzeugt. Aus der Wahrnehmungsforschung wissen wir ebenfalls, dass unsere Sinne nicht getrennt voneinander funktionieren. Zwar hat jedes Sinnessystem seine eigenen Verarbeitungsnetze. Aber diese Netze stehen miteinander in enger Verbindung. Dabei erfolgt die Verknüpfung bereits auf allen Ebenen des gesamten Verarbeitungsprozesses. Die verschiedenen Wahrnehmungsweisen (Sehen, Hören, Riechen, Tasten usw.) beeinflussen einander bereits während des Wahrnehmungsprozesses. Sinn dieser engen Verbindung scheint zu sein, dass sich Informationen gegenseitig ergänzen können: Wenn ich etwas aus vielen Quellen weiß, weiß ich es besser, als wenn ich es nur aus einer Quelle weiß.

Schließlich sind einzelne Wahrnehmungsweisen nicht nur mit anderen sinnlichen Wahrnehmungssystemen verbunden, sondern ebenfalls mit unseren emotionalen Verarbeitungsweisen. Diese bestimmen über die Auswahl des Wahrgenommenen den Grad der Aufmerksamkeit oder die Auswahl des Wahrgenommenen und seine subjektive Bedeutung. Isolierte Wahrnehmung gibt es also nicht. Wahrnehmung umfasst ein weit verzweigtes Verarbeitungsnetz, in dem nicht nur die verschiedenen Sinnessysteme zusammengefasst sind, sondern ebenfalls alle weiterverarbeitenden Denkprozesse einschließlich Emotionen und Gedächtnis. Das Wahrnehmen erzeugt also keine Abbilder, sondern ist bereits ein hochkomplexer Denkprozess.

Die Fantasie spielen lassen

Schließlich hat die moderne *Tiefenpsychologie* das Bild des kindlichen Denkens um eine wesentliche Facette erweitert. Während die bisherigen Überlegungen erbracht haben, dass Wahrnehmen und Denken in einem engen Zusammenhang stehen, gibt die Tiefenpsychologie – und hier besonders die Psychoanalyse – den Hinweis, dass Denken und Fantasieren nur künstlich voneinander zu trennen sind. Nach ihrer Vorstellung ist Fantasieren ein wichtiger Teil des Denkens.

Ähnlich wie in Piagets doppelter Sicht des Denkprozesses betrachtet auch die Psychoanalyse das Erfassen von Wirklichkeit als einen zweidimensionalen Prozess: Zum einen wird die Wirklichkeit als Wirklichkeit in ihren Sachbezügen möglichst objektiv erfasst. Zum anderen hat Wirklichkeit immer auch eine Bedeutung für das Subjekt. Der Mond als astrophysikalisches Phänomen ist das eine; die Bedeutung, die der Mond in einer lauen Sommernacht für ein Liebespaar annimmt, ist das andere. Aus dem Beispiel wird klar: Funktion der Fantasien ist es, die subjektive Bedeutung, die die Wirklichkeit für einen Menschen hat, zum Vorschein zu bringen und sie in die zwischenmenschliche Kommunikation einzufügen. Bestimmte Ausschnitte der Wirklichkeit mögen eine hohe politische, wissenschaftliche, soziale oder kulturelle Bedeutung haben. Subjektive Bedeutung gewinnen sie jedoch erst, wenn wir sie ins Spiel unserer Fantasien hineinlassen.

Das zu wissen ist im Umgang mit Kindern wichtig. Wo wir ihnen den Zugang zu einer persönlich bedeutsam werdenden Wirklichkeit – über Fantasie und Spiel – verstellen, laufen wir Gefahr, den Zugang zur Wirklichkeit überhaupt zu versperren. Piaget hat zwar verstanden, das kindliche Denken als einen wechselseitigen Anpassungsprozess von Subjekt und Wirklichkeit zu beschreiben. Er konnte auch eine gewisse Stufenfolge solcher Denkprozesse herausarbeiten. Er überblickte aber noch nicht die komplexen Querverbindungen, die zwischen Denken, Kommunikation, Wahrnehmung und kindlicher Fantasie bestehen. Um kindliches Denken zu verstehen, genügt es heute nicht mehr, sich auf die von Piaget beschriebenen Denkprozesse zu beziehen. Man benötigt dazu auch ein genaueres Bild der zwischenmenschlichen Kommunikations-, Wahrnehmungs- und emotionalen Verarbeitungsprozesse.

1.2.2 Das postmoderne Kinderbild

Kennzeichen eines postmodernen Kinderbilds

In jüngster Zeit wurde der Begriff des postmodernen Kinderbildes durch Dahlberg, Moss und Pence in die frühpädagogische Diskussion eingeführt.[1] Auch wenn man ihn vielleicht für problematisch halten mag, lohnt es sich doch zur Kenntnis zu nehmen, was mit diesem Begriff gemeint sein kann. Die Autoren nehmen bei ihren Überlegungen einerseits ausführlich Bezug auf verschiedene wissenschaftliche Hintergründe der Postmoderne-Diskussion, andererseits auf die Reggiopädagogik, die exemplarisch ihre Argumentation in eine pädagogische Praxis übersetzt. Fügt man diese beiden Argumentationslinien zusammen, dann ergibt sich folgendes als postmodern bezeichnetes Bild vom Kind:

- Kindheit ist einerseits eine biologische Realität. Auf der anderen Seite ist es jedoch die soziale Gemeinschaft, welche die Leitlinien vorgibt, was Kindheit hier und heute tatsächlich bedeutet. So gesehen sind Kindsein und Kindheit gesellschaftliche Konstruktionen.
- Aus diesem Grund kann es auch keine Natur des Kindes geben, an der abzulesen wäre, was Kinder für ihre Entwicklung brauchen. Vielmehr spiegelt die »Natur« des Kindes das wider, was eine Gesellschaft für wichtig hält. Diese sowohl verdeckten als auch offensichtlichen Erwartungen werden nicht kollektiv verbindlich und einheitlich umgesetzt. Vielmehr orientiert sich je-

[1] Vgl. insbesondere Dahlberg, G., Moss, P., Pence, A.: Beyond Quality in Early Childhood Education and Care – Postmodern Perspectives. London, Philadelphia, 1999.

des Kind auf seine Weise am Rahmen dieser Vorgaben und setzt
sie auf eine individuell und biografisch einmalige Weise um.

- Ausgangspunkt und Zentrum kindlichen Lernens sind die Beziehungen zwischen Kindern, Erwachsenen und der Gesellschaft sowie das Eingebundensein in Zusammenhänge der Natur und Kultur. Diese Beziehungen sind allgemein und
individuell zugleich.
- Gesucht wird daher nicht mehr ein wissenschaftliches Allge-
mein- oder Durchschnittskind; von Interesse sind vielmehr die
individuellen, geschlechtlichen, sozialen sowie kulturellen Variationen.
- Damit gibt es auch keine einheitlichen Lernwege mehr, sondern
vielfältige, jeweils abhängig von den gegebenen Voraussetzungen einzelner Kinder oder sozialer Gruppen.
- Ausgangspunkt für Bildungsprozesse sind nicht mehr nur definierte soziale oder gesellschaftliche Ziele, sondern die
Ressourcen, die ein Kind durch seine biografischen Erfahrungen bereits mitbringt.
- Ziele für Bildungsprozesse sind nicht allgemein definierte Normen, sondern Möglichkeiten, die Kinder aufgrund ihrer Voraussetzungen und unter Berücksichtigung differenzierter Bildungsprozesse erreichen können.
- Bildungsprozesse werden nicht nur in und durch Institutionen
angestoßen, sondern ereignen sich auch in alltäglichen Situationen. Es gibt jedenfalls keinen Grund mehr davon auszugehen,
dass allein in der Schule Bildungsprozesse stattfinden.
- Bildungsprozesse sind Teil von sozialen Prozessen.
- Allem zugrunde liegt ein Bild vom Kind, das reich und kompetent genug ist, seine Bildungsprozesse selbst voranzutreiben,
wenn wir ihm dazu interessante Anlässe, soziale Unterstützung
und sachliche Herausforderung anbieten.
- Aufgabe der Pädagogik ist es, Spielräume zu schaffen, in denen
neue Möglichkeiten entwickelt und ausprobiert werden können.
Dort werden Können und Wissen nicht durch die Reproduktion
von Wissen hervorgebracht, sondern durch eigenständiges Fragen, Nachdenken und Entdecken von Lösungsmöglichkeiten.

Eine doppelte Perspektive auf das Kind

In der Interpretation von Dahlberg, Moss und Pence entwickelt die
postmoderne Diskussion eine doppelte Perspektive auf das Kind:
Zum einen sieht sie das Kind als Ergebnis seiner sozialen und gesellschaftlichen Einbindungen. Zum anderen legt sie ein Augen-
merk auf die Subjektivität des Kindes vor dem Hintergrund seiner
Biografie sowie auf seine Eigentätigkeit und Selbständigkeit im
Verlauf seiner Bildung. Bildung vollzieht sich im Zusammenspiel
von Selbstbildung und sozialen Prozessen (die nicht immer ko-
konstruktive sein müssen). Die Prozesse der Selbstbildung bezeichnen solche Vorgänge, in denen sich das Subjekt selbst entwirft
oder »konstruiert«. Die sozialen Prozesse bieten einerseits die Muster an, von welchen Selbstbildung ausgehen kann. Andererseits
reagieren sie eigenständig auf diese, unterstützen sie oder veranlas-
sen sie zu subjektiven Veränderungen und Variationen. Auch die
Reggiopädagogik, auf die sich die Autoren immer wieder beziehen,
versteht den Bildungsprozess als ein solches Zusammenspiel. Carla Rinaldi beschreibt ihn als eine Verbindung von »sozialer Konstruktion« und »Selbstkonstruktion«, die im Zusammenspiel von
individuellem und von Gruppenlernen konkretisiert wird. [2]

Ein dritter Gesichtspunkt allerdings findet keine ausführliche
Würdigung: Die kindliche Entwicklung vollzieht sich nicht nur im
Schnittpunkt von subjektiver Selbstkonstruktion und sozialer Konstruktion. Die Sprache bildet eine dritte Dimension, die den kindlichen Bildungsprozess strukturiert. Sie folgt eigenen Strukturen:
Es ist eine Grammatik, die für jede Sprache mehr oder weniger
unterschiedlich ist, durch die sie gestaltet wird. Sie spricht in Begriffen, die sich auf Konventionen und definierte Sinnhorizonte beziehen. Außerdem artikuliert sie sich in Sprachrhythmen und -me-
lodien, die für jede Sprache charakteristisch sind. Bildungsprozesse vollziehen sich also erstens auf der Basis subjektiver

---

[2] Vgl. Rinaldi, Carla: Infanttoddler Centers and Preschools as Places of Culture. In:
Reggio Children: Making Learning Visible. Children as individual and group learners.
Reggio 2001, S. 39.

Denk- und Handlungsmöglichkeiten, zweitens im Zusammenspiel mit den Regeln der sozialen Welt und drittens in den Eigengesetzlichkeiten von Sprache(n).

Die deutsche frühpädagogische Diskussion – »Das Kind als Akteur seiner Entwicklung«

Eine historische Linie

Das, was Dahlberg, Moss und Pence mit dem »postmodernen Kinderbild« beschreiben, hat in der deutschen Diskussion seine eigene Geschichte. Sie beginnt mit dem Begriff des »Kindes als Akteur seiner Entwicklung«[3] in den siebziger Jahren. Dieses Bild vom Kind begründete bereits damals einen Gegenpol zu funktionsorientierten Tendenzen in der Frühpädagogik und untermauerte eine kindorientierte Perspektive der Pädagogik der frühen Kindheit. Seine historischen Wurzeln reichen bis zu Rousseau, Pestalozzi und Fröbel zurück. Zu Beginn des 20. Jahrhunderts wurde es von Reformpädagogen neu formuliert, im frühpädagogischen Bereich insbesondere von Maria Montessori und der Waldorfpädagogik.

Durch die Psychoanalyse, die in besonderem Maße die grundlegende Bedeutung der frühen Kindheit für die menschliche Entwicklung hervorhob, erfuhr dieses Bild eine erste, empirisch-wissenschaftliche Begründung. Dabei muss festgehalten werden, dass die psychoanalytische Diskussion bereits ab den Dreißigerjahren des 20. Jahrhunderts begann, das statische Bild kindlicher Entwicklung in Frage zu stellen und diesem ein dynamisches Bild vom Kind in Beziehungen gegenüber stellte. In der Bildungsdiskussion der sechziger und siebziger Jahre erlebte der Einfluss der Psychoanalyse auf die (früh)pädagogische Diskussion eine Hochzeit. Aus der Begegnung reformpädagogischen Denkens mit der Psycholo-

---

3 Insbesondere war es die Arbeit von Kautter, H., Klein, G., Laupheimer, W., Wiegand, H.-S.: Das Kind als Akteur seiner Entwicklung. Heidelberg 1992, 2. Aufl., die diesen Begriff in die deutsche Diskussion einführte.

gie Piagets und der psychoanalytischen Pädagogik entstand dann auch die Vorstellung vom »Kind als Akteur seiner Entwicklung« bei Kautter, Klein et al. Bereits dieses Bild vom Kind ist ein Bild vom Kind in Beziehungen.

Durch die Ergebnisse der beobachtenden Säuglings- und Kleinkindforschung, durch Entwicklungspsychologie, Hirnforschung und Sprachforschung hat die Idee vom Kind, das etwas kann und das seine Entwicklung, eingebettet in soziale und kulturelle Bezüge, in hohem Maße mitbestimmt, in den Neunzigerjahren neue Unterstützung bekommen. Damit wird die Aufmerksamkeit der Erwachsenen einerseits auf die Selbstbildungspotenziale gelenkt, welche die Kinder in ihre Bildungsprozesse einbringen. Zwei davon seien beispielhaft an dieser Stelle hervorgehoben:

- Die Möglichkeiten, sich durch sinnliche Erfahrungen ein eigenes Bild von der Welt zu machen, bilden den Ausgangspunkt kindlicher Welterforschung (Selbstbildungspotenzial: sinnliche Wahrnehmung).
- Die Möglichkeiten, sich mit der sozialen Umwelt auszutauschen, sind rudimentär bereits mit der Geburt gegeben. Sie zu nutzen – mit Gleichaltrigen und auch mit Erwachsenen – ist eine wichtige kindliche Ressource, um Bildungsprozesse voranzubringen (Selbstbildungspotenzial: soziale Verständigung).

Andererseits wird durch Neurobiologie und Säuglingsforschung hervorgehoben, dass Gehirnstruktur und Denken des Kindes nicht einfach einer individuellen oder kollektiven Entwicklungslinie folgen, sondern die Erfahrungen widerspiegeln, die ein Kind in seiner konkreten soziokulturellen Umwelt macht. Damit wird auf die besondere Bedeutung der Herausforderungen der Mitwelt für den kindlichen Bildungsprozess hingewiesen.

Bildung ist weder ein Prozess, der sich allein aus den Potenzialen der Kinder entfaltet, noch einfach der Niederschlag soziokultureller Verhältnisse in Körper und Geist des Kindes. Indem man einerseits Kinder in ihren Ressourcen wahrnimmt, diese anderseits im Kontext gegebener Möglichkeiten ausdifferenziert, ergibt sich eine

Vielfalt individueller kindlicher Denk- und Handlungsweisen. Deren Anerkennung bildet die Grundlage und den Ausgangspunkt für alle weiteren Bildungsprozesse.

Konstruktivistische Wende

Es war insbesondere die »konstruktivistische Wende« innerhalb der Wissenschaften, die es heute nicht mehr möglich macht, über pädagogisches Handeln nachzudenken, ohne das Kind als ein selbständig denkendes und handelndes Wesen dabei zu berücksichtigen.

Die Biologen Maturana und Varela[4] hoben hervor, dass jeder Organismus in sich eine Einheit bildet. Diese Einheit muss sich in jedem Augenblick selbst erzeugen; tut sie das nicht, stirbt der Organismus. Darüber hinaus muss der Organismus eine dauerhafte Verbindung zur Umwelt eingehen, um sich von dort das zu holen, was er zum Leben braucht. So gesehen gestaltet sich der Organismus selbst, zum einen aufgrund einer gegebenen biologischen Organisation, zum anderen dadurch, dass diese Organisation einen Austausch mit der vorhandenen Umwelt ermöglicht. Der Organismus wird also nicht von außen gemacht, sondern er erzeugt sich immer wieder selbst mit den Mitteln, die ihm durch seine (biologische) Organisation und seine Umwelt zur Verfügung stehen. Er ist autonom, indem er sich selbst aufbaut, und gleichzeitig auch abhängig, weil er dazu auf das angewiesen ist, was seine Umwelt ermöglicht und beiträgt. Überträgt man dieses Denkmodell auf die geistige Entwicklung des Menschen, dann bildet sich der Mensch selbst, aber eben in der Auseinandersetzung mit den Einflüssen der gegebenen Umwelt.

Die Hirnforschung hat diesen Gedanken weiter geführt. Sie konnte, wenigstens für die ersten Lebensjahre des Menschen, zeigen, dass wir nicht nur mit bestimmten Programmen geboren werden, die uns ermöglichen, aus dem soziokulturellen Vorrat zu ler-

---

4 Maturana, H. R., Varela, F. J.: Der Baum der Erkenntnis. Bern, München, Wien 1987.

nen. Vielmehr programmiert sich das Gehirn – ausgehend von den vorhandenen Programmen – selbst weiter, entsprechend der Anforderungen der soziokulturellen Umwelt. Die Programme wachsen also mit den Anforderungen mit. In gewisser Weise spiegelt damit das individuelle Gehirn die Möglichkeiten wider, die es im Laufe seiner Geschichte erfahren hat.

Diese Wissenschaftsauffassung, die davon ausgeht, dass sich ein mit Basisprogrammen ausgestattetes Individuum entlang der Erfahrungen bildet, die eine soziale und eine kulturelle Umwelt bieten, nennt sich Konstruktivismus. Der Begriff des Sozialkonstruktivismus hebt dabei besonders die Rolle der sozialen Umwelt bei diesen Bildungsprozessen hervor.[5]

Diese historische Skizze macht deutlich, dass die Idee von der Eigenständigkeit des Kindes bei seiner Entwicklung nicht neu ist. Ihre Umsetzung jedoch hat einen starken historischen Wandel erfahren. »Hilf mir es selbst zu tun« sah bei Maria Montessori anders aus, als wir es heute – unterstützt von neuem Wissen – in die Tat umsetzen[6], beispielsweise in der Reggiopädagogik oder in offenen Ansätzen der Arbeit mit kleinen Kindern. Insbesondere sind dabei die Formen der Kooperation des Kindes mit seiner Umwelt in den Vordergrund gerückt.

Die Rolle der Ästhetik

Ein wesentliches Merkmal der postmodernen Diskussion ist die Wertschätzung ästhetischer Erfahrungen und ästhetischen Den-

---

[5] In einer wissenschaftlich zu sehr vereinfachten Form wird der Begriff des Sozialkonstruktivismus allerdings auch so gebraucht, als würden Menschen durch ihre soziale Umwelt »konstruiert«. Vgl. die Auseinandersetzung mit dem Sozialkonstruktivismus, wie ihn Fthenakis und Gisbert auffassen, später in diesem Kapitel. Diese vereinfachte Auffassung ist aber mit dem Grundgedanken des Konstruktivismus nicht vereinbar, der ja gerade darin besteht, dass jedes Individuum ein Wesen ist, das eine Organisation besitzt, mit der es sich selbst bildet oder konstruiert.

[6] Vgl. Schumacher, Ute: Montessoripädagogik als Konzeptionsansatz für Kindertagesstätten im Kontext aktueller Grundlagen zur frühkindlichen Bildung; Universität zu Köln 2004, unveröff. Diplomarbeit.

kens. Die Diskussion um die Postmoderne ging von Architektur und Kunst aus und führte zu einer Neubewertung des Ästhetischen in Kultur und Wissenschaft[7]. Das betraf insbesondere die Loslösung von den in der Kunst geltenden Wertmaßstäben vor dem 20. Jahrhundert. Ästhetik bezeichnet nunmehr nicht mehr bestimmte Ideale der Harmonie oder der Schönheit, sondern umfasst alle Ordnungen der Wirklichkeit, die mit Hilfe der Sinne geschaffen werden. Diese Perspektive ist – abgesehen von der Reggiopädagogik – in die gegenwärtige frühpädagogische Diskussion nicht ausreichend einbezogen worden. Dies zu tun, scheint jedoch aus mehreren Gründen bedeutsam:

- Zum einen hat die frühpädagogische Tradition von Fröbel über Montessori- und Waldorfpädagogik bereits auf die Bedeutung sinnlicher Erfahrungen für die frühkindlichen Bildungsprozesse hingewiesen.
- Zum zweiten ist es die moderne Kognitionsforschung, die deutlich macht, dass die ersten Erfahrungen, die Kinder in dieser Welt machen, sinnliche Erfahrungen sind. Sie sind die Basis der frühkindlichen Welt-Bilder und Basistheorien kindlichen Forschens. Dabei wird deutlich, dass Wahrnehmen bereits eine Form des Denkens ist. Mit Hilfe der Sinne wird die Wirklichkeit so geordnet, dass man mit ihr umgehen, sich in ihr orientieren und schließlich über sie nachdenken kann. Je vielfältigere und differenziertere Wahrnehmungen gemacht wurden, desto genauer kann gehandelt und gedacht werden. Die Wahrnehmung der Wirklichkeit mit Hilfe der Sinne erzeugt ästhetische Ordnungen. Wahrnehmen ist also mehr als nur das Öffnen der Sinnesorgane.
- Dieses Erfahren, Ordnen und Gestalten von Wirklichkeit mit ästhetischen Mitteln hat die Reggiopädagogik zu einem ihrer Schwerpunkte entwickelt. Die Arbeit in den Ateliers mit den

---

[7] Wer sich über diese Hintergründe informieren will, sei auf die Arbeiten von Wolfgang Welsch hingewiesen; z.B. »Unsere postmoderne Moderne«, Freiburg 1987; »Ästhetisches Denken«, Stuttgart 1993.

verschiedensten Werkzeugen, Materialien und Gestaltungsmitteln bildet ein Zentrum der kindlichen Erforschung der Wirklichkeit. Durch die Vielfalt der ästhetischen Verarbeitungsweisen werden die Grundlagen für die Vielfalt kindlichen Fragens und Nachdenkens gelegt, die sinnlich-ästhetische Verarbeitung von Wirklichkeit gibt der Neugier und dem Forscherdrang Nahrung.

- Eine weitere Diskussionslinie macht auf die Bedeutung ästhetischer Erfahrung aufmerksam. Sie geht auf den Philosophen Gregory Bateson zurück [8]: Ästhetische Wahrnehmung erfasst die Wirklichkeit, ohne ihre Zusammenhänge zu zerstören. Wenn man beispielsweise eine Schnecke unter ästhetischen Aspekten betrachtet, dann bleibt sie zum einen als Lebewesen erhalten. Zum anderen kann man gleichermaßen auf alle Details dieser Wahrnehmungen eingehen, die man für wichtig erachtet. Untersucht man die Schnecke jedoch mit den Mitteln der Naturwissenschaft, so kommt man früher oder später an den Punkt, wo man sie zerlegen, das heißt, sie in ihrem lebendigen Zusammenhang zerstören muss. Beide Aspekte – der analytisch zergliedernde und der ästhetisch ganzheitliche – sind wichtig, wenn man beispielsweise Wissen über Natur gewinnen will: Man braucht die Einsicht in die Gesetzmäßigkeiten, die wirken. Dazu muss man Wirklichkeitsausschnitte analysierend untersuchen und sie gegebenenfalls in immer kleinere Teile zerlegen. Man braucht aber auch die Einsichten, wie die einzelnen Aspekte eines Organismus zusammenhängen und ein lebendiges Ganzes ergeben. Dazu muss man ihn in seinem Zusammenhang erfassen und gegebenenfalls vorstellen oder simulieren. Ein erster Schritt dazu ist die ästhetische Wahrnehmung.
Diese Wahrnehmung von Zusammenhängen bezieht sich aber nicht nur auf die Zusammenhänge einzelner Individuen, sondern auch auf die Zusammenhänge zwischen Individuen und ihren Umwelten.

---

[8] »Mit Ästhetik meine ich Aufmerksamkeit für das Muster, das verbindet.« Bateson, G.: Geist und Natur – Eine notwendige Einheit. Frankfurt/M. 1982, S. 16.

Die Rezeption des postmodernen Kinderbildes
durch Fthenakis und Gisbert

Fthenakis und Gisbert[9] wollen für ihre Begründung des Bayerischen Erziehungs- und Bildungsplans das postmoderne Kinderbild übernehmen, wie es von Dahlberg, Moss und Pence in die internationale Diskussion eingeführt wurde. Doch tun sie dies so holzschnittartig, dass sie einerseits die deutsche Diskussion verkürzt und verzerrt wahrnehmen, andererseits die Widersprüche nicht erkennen, die ihnen bei ihren Überlegungen zu frühkindlichem Lernen unterlaufen.

Zum ersten entgehen ihnen die Vorläufer des postmodernen Bildes vom Kind in der deutschen Diskussion der Kindergartenpädagogik, insbesondere diejenigen der sechziger und siebziger Jahre, deshalb können sie auch keine Parallelen der beiden Diskussionslinien wahrnehmen.[10] Das verleitet sie dazu, Widersprüche zwischen dem postmodernen Kinderbild und der Weiterentwicklung des »Kindes als Akteur seiner Entwicklung« zu konstruieren, die dem heutigen Stand der Diskussion nicht entsprechen. Wenn der Begriff der Selbstbildung, scheinbar kritisch, durch den Begriff des Sozialkonstruktivismus kontrastiert wird, dann geht das nur, wenn einerseits der Begriff der Selbstbildung in einem naiven Sinn – als ein sich aus sich selbst heraus bilden – unterstellt wird. Auf der anderen Seite wird der Sozialkonstruktivismus mit der Vorstellung gleichgesetzt, das Kind würde durch seine sozialen Bezüge »konstruiert«. Beides sind unzutreffende Vereinfachungen, wie im nächsten Abschnitt noch gezeigt werden wird.

Auch in ihren Darlegungen zeigen sich Widersprüche, die klar machen, dass die pädagogischen Konsequenzen, die sich aus dem

---

9 Fthenakis., W.: Zur Neukonzeptualisierung von Bildung in der frühen Kindheit. In: ders., (Hrsg.): Elementarpädagogik nach PISA, Freiburg 2003, S. 24 ff. Gisbert, K.: Wie Kinder das Lernen lernen. In: Fthenakis W. (Hrsg.): Elementarpädagogik nach PISA. Freiburg 2003, S. 88.

10 Bereits in der Bildungsdiskussion der Sechziger- und Siebzigerjahre wurde die Frage gestellt, ob die Bildungsprozesse der Kinder sich ihrer Eigentätigkeit verdanken, oder ob sie das Ergebnis materieller und gesellschaftlicher Bedingungen sind – eine Fragestellung, die durch den Sozialkonstruktivismus neu aufgeworfen wird.

postmodernen Kinderbild ergeben, von beiden Autoren nicht erkannt werden. Stattdessen werden wichtige Grundzüge des postmodernen Kinderbildes ins Gegenteil verkehrt. Dafür zwei Belege:

Erstens, die Folgerungen für frühpädagogisches Handeln in den Arbeiten von Fthenakis und Gisbert und damit auch im Bayerischen Erziehungs- und Bildungsplan werden allein durch wissenschaftlich konstruierte Modellkinder begründet. Man findet u.a. ein sozialkonstruktivistisches Modellkind, oder ein das Lernen lernendes Modellkind, ein resilientes Modellkind, ein kontrolliert instruierbares Modellkind, um nur die wichtigsten zu nennen. Diese wissenschaftlichen Bilder vom Kind stehen unkommentiert nebeneinander. Sie lassen sich nicht einfach addieren, sondern sind z.T. auch widersprüchlich (z.B. passen die Förderung von Resilienz und Lernen als Instruktion nicht zusammen). Vor allem sind alle diese Bilder durch ihre zugrunde liegenden Theorien begrenzt. Sie fassen nur das ins Auge, was diese Theorien interessiert. Doch reale Kinder sind nicht auf die Bereiche beschränkt, die eine oder auch mehrere Theorien von ihnen sichtbar machen. Kinder sind mehr, als wissenschaftliche Theorien von ihnen erfassen können. Pädagogen, die nur diese Theorien anwenden, bleiben blind gegenüber jenen Aspekten, die theoretisch nicht erfasst werden.[11] Fthenakis und Gisbert gehen aber genau so vor, wie es von Dahlberg, Moss und Pence kritisiert wird: Sie beziehen sich in den pädagogischen Umsetzungen nur auf die empirisch gesicherten, isolierten, in wissenschaftliche Modelle gegossenen Teilaspekte, die sie jeweils vereinzeln und so verallgemeinern, als würde jedes dieser Modelle eine letzte, bewiesene Wahrheit über das Kind enthalten. Indem sie sich auf die soziale Konstruktion und Ko-Konstruktion beziehen, übersehen sie die individuellen Selbstkonstruktions- oder Selbstbildungsprozesse; indem sie sich auf die Metareflexion des Lernen-lernens beziehen, übersehen sie all die anderen Prozesse, die zu einem erfolgreichen und vertieften Lernen beitragen; solange sie sich nur auf die plan- und kontrollierbaren Lernprozesse einlassen, übergehen sie die nichtplanbaren, subjektiven Lernwege; in-

---

11 Natürlich bleiben sie auch teilweise blind, wenn sie diese Theorien nicht wahrnehmen.

dem sie ausschließlich von Konstruktionen sprechen, vernachlässigen sie die Emotionen und das Ästhetische; wenn sie von der Förderung von Resilienz durch bestimmte Programme sprechen, blenden sie aus, dass »Selbstwirksamkeit« etwas ist, was nicht einfach von anderen im Kind erzeugt werden kann.

Zum zweiten schlagen sich die pädagogischen Konsequenzen aus dem postmodernen Kinderbild in nur wenigen Vorschlägen des Bayerischen Erziehungs- und Bildungsplans nieder. Das postmoderne Kinderbild, wie es Dahlberg, Moss und Pence entwerfen [12], ist das Kinderbild, das die Art und Weise eines pädagogischen Handelns bestimmt, wie es für die Reggiopädagogik charakteristisch ist. Nach den Vorgaben des Bayerischen Bildungsplans gibt es – anders als in der Reggiopädagogik – keine Vorstellungen darüber, wie man das individuelle Können von Kindern erfassen kann. Kinder werden kaum an Planungen von Vorhaben, Projekten oder anderen Bildungsaktivitäten beteiligt, denn sie sollen ja einem verbindlichen Lernweg folgen. Sie finden wenig Freiräume, um ihre eigenen Ideen zu entwickeln, umzusetzen und selbst oder mit anderen zu überprüfen, denn Umwege sind nicht zielorientiert. Lediglich Hochbegabten werden diese Möglichkeiten von vorne herein eingeräumt. Sie sollen Zugang zu einer »Vielfalt frei zugänglicher und ›unüblicher‹ Materialien« bekommen, »die sie untersuchen, zerlegen oder zusammenbauen, mit denen sie basteln, malen, musizieren, experimentieren, handwerken oder Kunstwerke erstellen können« [13]. Welchen wissenschaftlichen Grund gibt es für dieses Zwei-Klassen-System der Bildung: Zielführendes Lernen für die normal Begabten, Selbstbildung für die Hochbegabten?

---

12 Man kann das, was diese Autoren über das postmoderne Kinderbild sagen, nicht einfach mit dem gleich setzen, was Fthenakis oder Gisbert daraus machen.

13 Bayerisches Staatsministerium für Arbeit und Sozialordnung, Familie und Frauen, Staatsinstitut für Frühpädagogik München: Der Bayerische Bildungs- und Erziehungsplan für Kinder in Tageseinrichtungen bis zur Einschulung. Weinheim und Basel 2004, S. 132.

Selbstbildung und Verständigung

Die verzerrte Diskussion um den Selbstbildungsgedanken bei Fthenakis und Gisbert gibt Anlass, die Rolle der soziokulturellen Prozesse nochmals zusammenfassend herauszustellen. Sie waren in früheren Arbeiten bereits enthalten,

- durch die Bezüge zu Batesons Ökologie des Geistes, die die Grenzen zwischen Subjekten und Objekten, zwischen Mensch, Natur und Kultur überschreitet;[14]
- durch die Bezüge zur Säuglings- und Kleinkindforschung, die klären, dass Selbstbildungsprozesse von Anfang an in Verständigungsprozesse mit der Umwelt eingebettet sind;[15]
- durch die Bezüge zur Neurobiologie und Hirnforschung. Sie machen deutlich, dass die Programme, mit deren Hilfe sich Kinder ihre Welt erschließen, nur rudimentär vorgegeben sind und sich gerade durch den Gebrauch in einer aktuell gegebenen Umwelt gezielt auf deren Anforderungen hin entwickeln.[16]

Diese Überlegungen wurden in dem Gedanken zusammengefasst, dass Kinder in den ersten Lebensjahren die Erkenntnistheorien, die in ihrer soziokulturellen Umwelt gültig sind, so tief in sich aufnehmen, dass man von einer Verkörperung sprechen kann: Sie nehmen wahr, wie ihre Mitwelt wahrnimmt, sie übersehen, was von ihrer Umwelt nicht gesehen wird. Sie denken in einer Weise nach, wie es in ihrem sozialen Umfeld üblich ist und argumentieren so, wie es in ihren zwischenmenschlichen Bezügen anerkannt ist.[17]

---

14 Bateson, G.: Ökologie des Geistes. Frankfurt Main 1981.

15 Vgl. Schäfer, G. E. : Selbstbildung in der frühen Kindheit als Verkörperung von Erkenntnistheorie. In: Uhlendorf, H., Oswald, H. (Hg.): Wege zum Selbst. Soziale Herausforderungen für Kinder und Jugendliche. Stuttgart 2002, S. 75–98.

16 Vgl. Schäfer, G. E.: Sinnliche Erfahrung bei Kindern. In: Lepenies, A., Nunner-Winkler, G.,Schäfer, G. E., Walper, S.: Kindliche Entwicklungspotentiale – Normalität, Abweichung und ihre Ursachen. Materialien zum 10. Kinder- und Jugendbericht, Bd. 1 Deutsches Jugend Institut, Opladen 1999, S. 153–290.

17 Vgl. Schäfer, G. E.: Selbstbildung als Verkörperung präreflexiver Erkenntnistheorie. In: Datler, W., Eggert-Schmid Noerr, Winterhager-Schmid, L. (Hg.). Das selbständige Kind. Jahrbuch für Psychoanalytische Pädagogik, Nr. 12. Gießen 2002, S. 120–150.

Die Diskussion um Selbstbildung hat stets einbezogen, dass mit diesem Begriff nur der subjektive Anteil dessen erfasst wird, was das Kind im Austausch mit einem bestimmten soziokulturellen Umfeld verinnerlicht. Der soziale Kontext wurde mit dem Begriff der *Verständigung* berücksichtigt. Damit ist der Prozess gemeint, in dem sich zwei oder mehr Individuen darüber einig werden, was für ihr beiderseitiges Denken und Handeln bedeutsam sein soll[18]; insofern kann man diesen Begriff mit dem der Ko-Konstruktion vergleichen. Doch scheint der Verständigungsbegriff aus zwei Gründen geeigneter: Ursprünglich geht der Begriff der Ko-Konstruktion in der Sozialforschung von der Ko-Konstruktion unter Gleichaltrigen aus, d.h., er unterstellt eine prinzipielle Gleichwertigkeit der Partner. Ob Erwachsenen-Kind-Interaktionen unter diesem Begriff zu beschreiben sind, ist zumindest ungeklärt. Tut man dies dennoch, sollte man diese Übertragung wenigstens begründen. Zum zweiten denkt man beim Begriff »Konstruktion« vorwiegend an rationale und technische Konstruktionen. In den zwischenmenschlichen Beziehungen geht es um mehr als nur formallogische Konstruktionen, sondern gleichermaßen um Gefühle, Ästhetik, etc. Beziehungen gleichen eher Geschichten als gedanklichen Konstrukten. Dem entspricht, dass Verständigung nicht nur auf sprachlichen, sondern auch auf nichtsprachlichen, gestischen und mimischen Wegen erfolgen kann, dass sie ästhetische und emotionale Kommunikationsweisen mit benutzt. Dies ist die Voraussetzung, dass die frühkindlichen Formen der Verständigung mit einbezogen werden können, die ja gerade auf nichtsprachlicher Ebene erfolgen.

Soziokulturelle Prozesse der Verständigung bestimmen also die Wege und die Qualitäten, wie ein Individuum in Kontakt mit der Welt tritt. Selbstbildungsprozesse bezeichnen die Art und Weise, wie die Ergebnisse dieser Kontaktnahme vom einzelnen Individuum verarbeitet werden. Dabei muss bedacht werden, dass Selbstbildungsprozesse nicht mit biologisch vorgegebenen Denkstrukturen gleichzusetzen sind. Ausgehend von sehr einfachen Möglichkeiten, die bereits mit der Geburt gegeben sind, verändern sie sich vom

---

[18] Vgl. Schäfer, G. E.: Spiel, Spielraum und Verständigung. Weinheim 1985.

ersten Augenblick des nachgeburtlichen Lebens mit den konkreten Erfahrungen, die ein Kind macht.

Der Bildungsprozess erschöpft sich also weder in einer Art Selbstbildung aus eigener Kraft und ohne Mitwirkung der soziokulturellen Umwelt, wie zuweilen unterstellt wird.[19] Genauso wenig vollzieht er sich aber allein durch die Interaktionsprozesse, durch die ein Individuum seine Umwelt erfasst. Mit-Denken, was soziokulturell bereits vorstrukturiert wurde, ist die Voraussetzung und der Beginn eines inneren Auseinandersetzungsprozesses, in dem das Mit-Gedachte mit dem biografisch bereits Vorhandenen in Verbindung und in Auseinandersetzung gebracht wird. Die Gedächtnisforschung konnte zeigen, dass Erfahrungen erst dann ins Langzeitgedächtnis übergehen, wenn sie einen intensiven inneren Verarbeitungsprozess durchgemacht haben, an dem auch Emotionen mit beteiligt sind.[20]

Damit wird klar, dass die sozialkonstruktive Perspektive, in der Interpretation von Fthenakis oder Gisbert, für die pädagogische Beschreibung von Bildungsprozessen nicht ausreicht. »Im Sozialkonstruktivismus wird das Kind von Geburt an als in soziale Beziehungen eingebettet betrachtet, und Lernen sowie Wissenskonstruktion werden als interaktionale und ko-konstruktive Prozesse aufgefasst.«[21] Diese Aussage wird völlig akzeptiert. Problematisch ist es, wenn man nur diesen Aspekt des Bildungsprozesses wahrnimmt. Denkt man die individuellen Prozesse nicht mit, durch die Kinder auf die sozialen Konstruktionsangebote reagieren, dann erscheinen Kinder vereinfacht als Wesen, die nur nachkonstruieren, was ihnen ihre soziale Umwelt vorstrukturiert hat. Dies stimmt mit dem Bild, das die Wissenschaft vom Säugling und Kleinkind als einem Forscher in seiner Umwelt gezeichnet hat, nicht überein.[22]

---

[19] Vgl. Fthenakis, W.: Viel Lärm um nichts. In: klein und groß, 2001/2, S. 6-14 und 32–36. Gisbert, K.: Lernen lernen. Berlin, Düsseldorf, Mannheim 2004, S. 38 ff.

[20] Schachter, D. L.: Wir sind Erinnerung. Reinbek b. Hamburg, 2001. Spitzer, M.: Lernen. Heidelberg, Berlin 2002. Welzer, H.: Das kommunikative Gedächtnis. München 2002.

[21] Gisbert, K.: Lernen lernen. Berlin, Düsseldorf, Mannheim 2004, S. 40.

[22] Gopnik, A., Kuhl, P., Meltzoff, A.:Forschergeist in Windeln. München, 2003. Gopnik, A., Meltzoff, A.: Words, Thoughts, and Theories. Cambridge 1997.

Der Sozialkonstruktivismus ist ein wissenschaftliches Modell, das geeignet ist, die sozialen Dimensionen von Bildungsprozessen analytisch zu erfassen. Doch wenn man den Spieß herumdreht und sagt, Kinder bilden sich ausschließlich durch soziale Konstruktion, dann vereinseitigt man eine sinnvolle Perspektive und benutzt sie dazu, andere bedeutsame Aspekte aus der Analyse von Bildungsprozessen auszuschließen.

Die Pädagogik als Handlungswissenschaft, die es mit ganzen Kindern zu tun hat und nicht nur mit deren isolierbaren Funktionen, muss ihr Forschungsinteresse auf das Zusammenspiel aller erfassbaren Aspekte des Bildungsprozesses ausrichten, gleichgültig ob sie empirisch strengen Kriterien genügen oder nicht. Sie kann sich nicht auf die Anwendung oder Umsetzung einzelner, begrenzter, empirisch erfasster Daten beschränken.[23] Würde sie das tun, dann gäbe es empirisch nicht nachgewiesene oder (noch nicht) nachweisbare Phänomene und Prozesse auch nicht, sie könnten keine Berücksichtigung finden, kein Nachdenken hervorrufen, keine soziale Resonanz erfahren.[24] Pädagogik ginge dann vor wie ein Fischer, der seine Fische mit einem Netz von fünf Zentimeter Maschengröße fängt und behaupten würde: »Fische, die kleiner als fünf Zentimeter sind, gibt es nicht, denn ich habe noch keine kleineren gefangen!«

Eine sozialkonstruktivistische Position, die die Ergebnisse der Kognitions-, Säuglings- oder Hirnforschung zur Kenntnis nimmt oder die sich an der fortschrittlichen Position der Reggiopädagogik orientiert, wird daher soziale Konstruktionsprozesse mit subjektiven Konstruktionsprozessen koppeln.[25] Insofern fällt die heutige

---

[23] Sie ist also etwas anderes als angewandte Sozialwissenschaft oder Psychologie.

[24] Deswegen werden wohl künstlerische, philosophische, religiöse, emotionale Aspekte menschlicher Erfahrung in den Prozessen institutionalisierter Bildung vernachlässigt.

[25] Maturana und Varela nennen das strukturelle Koppelung. Das Problem dabei ist, dass es keine klare Abhängigkeitsbeziehung zwischen der inneren, konstruktiven Dynamik des Individuums und der äußeren, konstruktiven Dynamik sozialer und kulturelle Prozesse gibt. So lese ich z.B. auch den Sozialkonstruktivismus Nelsons. Vgl. Nelson, K.: Language in Cognitive Development. Cambridge 1996. Cambridge University Press. Sie konzentriert sich übrigens weder auf den sozialen Aspekt der Konstruktion, noch auf den individuellen, sondern untersucht die Struktur der kommunikativen Beziehung.

Diskussion um den Selbstbildungsbegriff – wenn man sie nicht aus Unkenntnis verkürzt – gerade nicht hinter eine sozialkonstruktivistische Position zurück, sondern bezieht sie mit ein und entwickelt sie unter pädagogischen Gesichtspunkten weiter. Sie unterstellt eine doppelte Dynamik: Auf der einen Seite gibt es die Dynamik der Interaktion des Subjekts mit den gegebenen Strukturen seiner Wirklichkeit (Aspekt der wechselseitigen Verständigung), auf der anderen eine interne, konstruktive, subjektive Dynamik, in der die Ergebnisse der Interaktionen des Subjekts bewertet und – entlang der Erfahrungen der eigenen Geschichte – weiter verarbeitet werden (Selbstbildungsaspekt). Diese beiden Aspekte bilden auch kein Nacheinander, sondern ein Miteinander.

Den Überlegungen von Fthenakis und Gisbert fehlt ein Konzept der inneren Verarbeitung. Was sie nicht bedenken wollen ist, dass Kinder eigene Köpfe haben, mit denen sie ihre Welt erfahren, auch wenn es andererseits gerade die Geschichte ihrer Auseinandersetzung mit der sozialen und kulturellen Umwelt ist, die sie zu autonomen Individuen heranwachsen lässt. Theoretisch kann man auf diesen Aspekt vielleicht verzichten. Das erleichtert die Theoriebildung ungemein. Praktisch jedoch haben alle, die pädagogisch tätig sind, die Erfahrung gemacht, dass sich Kinder nicht einfach ihren Beziehungserfahrungen fügen, sondern im Zweifel auch Widerstand leisten. Wer diesen Aspekt der Bildungsdynamik unterschlägt, verkürzt das Bildungsproblem unzulässig und lässt die Praxis in einem zentralen Aspekt im Stich.

Für die pädagogische Betrachtung sind deshalb die inneren Verarbeitungsprozesse ebenso wichtig wie die soziokulturellen Austauschprozesse. Deshalb gibt es für beide Dimensionen einen eigenen Begriff, den der Selbstbildung für das subjektive, innere Verarbeitungsgeschehen und den der Verständigung für die sozialen Bezüge, innerhalb derer sich jegliches Lernen vollzieht.

1.2.3 Vom postmodernen Kinderbild zum Bildungsansatz

Als Ergebnis dieser Überlegungen zum Kinderbild wird nun vorgeschlagen, das Bild des Kindes – in seiner doppelten Perspektive auf Selbstbildungsprozesse und soziale Verständigung – zur Grundlage des Bildungsansatzes zu machen. Seine Basisannahme besteht in der Anerkennung der Unabhängigkeit (je)des Subjekts und dem Verzicht darauf, die Aktivität des Kindes durch Druck, Einschränkung oder didaktische Überlistung (»Wir machen das Gleiche wie in der Schule, nur spielerischer!«) zu unterlaufen (Selbstbildungsaspekt). Prozesse der Verständigung zwischen Kindern und Erwachsenen stellen sicher, dass die Erwachsenen wahrnehmen und berücksichtigen, was Kinder in ihre Bildungsprozesse einbringen und ihre pädagogischen Handlungen darauf abstimmen (Verständigungsaspekt).

Damit wäre eine klare Unterscheidung zwischen Bildungsprozessen und Instruktionsprozessen möglich. Bildungsprozesse gehen zuvorderst von der Autonomie des Kindes aus, Instruktionsprozesse von den Lern- oder Kompetenzzielen, die erreicht und didaktisch garantiert werden sollen. Bei Bildungsprozessen müssen in erster Linie die Bildungsziele in Einklang mit den Möglichkeiten und Initiativen der Kinder gebracht werden. Bei Instruktionsprozessen müssen vor allem die Kinder in Einklang mit den vorgegebenen Zielen gebracht werden. Beides ist nicht gleichzeitig machbar. Man muss sich entscheiden, von welcher pädagogischen Perspektive man ausgeht.[26]

Die obigen Grundannahmen haben Folgen für die pädagogische Umsetzung: Im Bildungsansatz werden didaktische Formen bevorzugt, in denen die Kinder nicht belehrt werden, sondern die ihnen in erster Linie ein *forschendes Lernen* ermöglichen. Als mögliche Hilfen seien genannt: Gestaltung anregender Innen- und Außen-

---

[26] Hier geht es um die Hauptperspektive pädagogischen Handelns. Selbstverständlich können sich in Bildungsprozessen auch Anteile von Instruktion finden, wie auch Instruktionsverfahren nicht jeglichen Bildungsprozess unmöglich machen.

räume, Arbeit in Werkstätten und Ateliers, Projektarbeit, Formen offener Arbeit. Daraus ergeben sich dann Folgerungen für die Aufgaben der Erzieherin: Sie ist weder primär Beschützerin des kindlichen Lebensraumes noch Agentin der sozialen Anforderungen der Gesellschaft, auch nicht Transporteurin für Kompetenzen, die wir von Kindern erwarten, sondern Beobachterin, Unterstützerin und Herausforderin kindlicher Tätigkeiten, die geeignet sind, kindliche Bildungsprozesse im Rahmen sozialer und kultureller Möglichkeiten weiter zu entwickeln.

Vier Elemente des Bildungsansatzes

Den Bildungsansatz im Verständnis dieses Textes kennzeichnen also vier grundlegende Elemente:

- Ein Kinderbild, das die Selbsttätigkeit der Kinder anerkennt und zur Grundlage pädagogischen Handelns macht.
- Wege der Verständigung, durch die sowohl die Sinnperspektive der Kinder als auch die des sozialen Umfelds und der sachlichen Inhalte aufeinander abgestimmt werden.
- Eine Didaktik forschenden Lernens, welche die Fragestellungen der Kinder aufnimmt und Wege ausfindig macht, auf denen Kinder ihr Weltbild entwickeln, differenzieren und mit kulturellen Beständen erweitern können.
- Professionelle Erzieherinnen als kompetente Partnerinnen in kindlichen Forschungsprozessen.

Es versteht sich, dass diese Bildungsprozesse nur dann erfolgreich vorangebracht werden können, wenn sie auch mit dem weiteren sozialen und kulturellen Umfeld abgestimmt sind.

1.3   Von dem ausgehen, was Kinder können

Was ist der Schatten?

- *Der Schatten legt sich auf die Dinge wie ganz leichter Stoff, der aus Nichts gemacht ist*
- *Aber auf das Wasser legen sie (die Schatten; Verf.) sich nicht, sie gehen runter bis auf den Grund. Man sieht, dass sie nicht schwimmen können.*
- *Das Wasser kann den Schatten nicht tragen, natürlich, es kann uns auch nicht tragen.*
- *Wenn es Tag wird, ist der Schatten aus Licht, aus Sonne aber auch aus Hand, aus Fuß, aus Tisch.*
- *Er ist genau so, als ob du dich im Spiegel siehst, nur drinnen hat er nichts, er ist ganz schwarz und lacht nicht.*
- *Der Schatten sieht aus wie ein Kind, das uns nachmacht.*
- *Der Schatten ist wie ein projizierter Film, der dir folgt.*
- *Der Schatten ist wie ein Abend, der kommt, wenn die Sonne scheint.*

(Aus: Reggio Children: Alles hat einen Schatten, außer den Ameisen, Weinheim 2002, S. 30–32)

Das sind Antworten von vier- bis sechsjährigen Kindern. Nimmt man solche Beschreibungen als Zeichen von Bildungsprozessen, die in den Kindern ablaufen, dann geht es hier nicht um die physikalisch »richtige« Beschreibung dessen, was ein Schatten ist, sondern um die Beschreibung eines wahrgenommenen Phänomens mit Begriffen aus der Selbst- und Lebenserfahrung. Erkenntnisse, die Kinder nicht mit den Bildern und Erlebnissen ihrer Biografie verknüpfen können, bleiben ihnen fremd. Wie soll man die wissenschaftlichen »Wahrheiten« über die Wirklichkeit erfassen, ihnen Glauben schenken, sie neugierig verfolgen, wenn sie nur dazu dienen, die eigene, selbst erfahrene »Wahrheit« ins Unrecht zu setzen? Ist diese eigene Wahrheit nicht vielmehr der Anfang einer Erfahrung, die in weiteren Anläufen verändert werden kann, bis man immer mehr von einer Sache versteht?

Zwar ist es seit den Arbeiten von Piaget weitgehend akzeptiert, dass man Kindern nichts beibringen kann. Man kann sie aber dazu bringen, das, was sie können, so zu verändern, dass sie die Aufgaben, die sich stellen, immer besser bewältigen. Kinder lernen, indem sie ihr bisheriges Können benutzen, verändern und erweitern. Die Vorstellung, dass neue Erfahrungen die alten Erfahrungen umschreiben, variieren, differenzieren, erweitern, wird durch die neuere Hirnforschung nur noch stärker belegt, so dass es Zeit wird, daraus die Konsequenzen für die kindlichen Lern- und Bildungs- prozesse zu ziehen.

Die Kognitionsforschung – also der Wissenschaftszweig, der sich mit den Möglichkeiten des Erkennens und Denkens in all ihren Formen beschäftigt – und hier besonders der Beitrag der Hirnforschung, macht darüber hinaus noch klar, dass es keine isolierten Funktionen und Kompetenzen gibt. Wahrnehmen, Fühlen, Erkennen, Verarbeiten, Denken, soziales Verhalten, Sprechen – um nur eine Auswahl der gängigen Funktionen oder Kompetenzen zu nennen – sind keine einfachen Fähigkeiten, die man fördern oder vernachlässigen könnte. Sie sind vielfältig zusammengesetzt. Ihre Zusammensetzung kann sich verändern, d.h. die gleiche Leistung kann auf unterschiedlichen Wegen zu Stande kommen. Die derart variabel und komplex zusammengefügten »Kompetenzen« haben keinen Ort im Gehirn, an dem sie angesiedelt wären, sondern existieren nur als zeitlich begrenzte Muster von vielfach verzweigten Verbindungen. Als variabel zusammengesetzte Muster sind sie nicht von Geburt an vorhanden, sondern werden erst im Laufe der Entwicklung (innerhalb unseres kulturellen Umfelds) ausgebildet. Kompetenzen kann man daher nicht dadurch fördern, dass man sie übt. Vielmehr brauchen sie Gelegenheiten, in denen sie sich – unterschiedlich und flexibel – immer wieder neu bilden können.

Um welche »Kompetenzen« geht es bei dem Schattenprojekt? Gibt es ein festes Lernziel? Einen besten Weg, um dorthin zu steuern? Oder geht es um Fragen, die es den Kindern ermöglichen, ihre Erfahrungsbilder so zu verändern, dass sie die Zusammenhänge immer umfassender begreifen? Denn einzelne Zusammenhänge haben sie erfasst:

Schatten haben kein Gewicht, sind leicht wie Stoff aus Nichts. Aber sie sind auch schwer, können nicht schwimmen; das Wasser trägt sie nicht, wie es auch unsere Körper nicht trägt. Schatten sind aus Licht und gleichzeitig sind sie aus Materie, denn sie gleichen unseren Körpern. So machen sie uns nach oder zeigen uns ein schwarzes Spiegelbild, das leider verbirgt, wenn wir lachen. Schatten sind wie ein Film, beweglich und folgen uns nach. Schließlich – kann man es poetischer erfassen? – der Schatten, das ist der Abend im Tag.

Hier haben Kinder doch Wichtiges verstanden und in ihren Erfahrungsbildern ausgesprochen. Sie haben keine naturwissenschaftlich richtigen Erklärungen abgeliefert. Aber zeugt es nicht von viel mehr »Kompetenz«, wenn sie es schaffen, etwas mit den Mitteln zu erklären, die ihnen bereits zur Verfügung stehen? Können wir nicht von den Erfahrungen ausgehen, die sie bereits haben, ohne diese Erfahrungen für falsch zu erklären? Bilden sie nicht den Ausgangspunkt für weitere Fragen, die geklärt werden können?

Der Schatten ist aus Luft wie Sauerstoff, aber der Schatten ist aus schwarzem Sauerstoff, was Kohlensäure ist. Ja, weil Kohlensäure schwarz ist, und darum glaube ich, dass sie den Schatten macht. Nachts verschwinden die Schatten, weil die Pflanzen, die sich von Kohlensäure ernähren, sie essen. Die Schatten werden Nahrung für die Pflanzen ... glaube ich jedenfalls (ebenda, S. 45).

Gibt es ein Bildungsverständnis, das das kindliche Wissen und Können nicht ins Unrecht setzt? Wenn ja, dann wäre es wichtig zu erkennen, welche Möglichkeiten den Kindern zur Verfügung stehen, um ein Problem zu lösen. Wichtiger jedenfalls, als ihre Defizite zu diagnostizieren, um ihre Mängel auszugleichen. Dieses Bildungsverständnis enthielte auch einen Schlüssel für die Vielfalt möglicher Lernwege: Wenn jeder Vergleich mit der eigenen Erfahrung etwas Richtiges enthält, dann bringen viele Vergleiche durch viele Köpfe viel Richtiges. Jede Antwort wird damit zu einer Anregung zum Weiterdenken. Wenn es um die Produktivität des Problemlösens geht, ist es wichtig, aus einer Vielfalt von Möglichkeiten schöpfen zu können.

1.4 Fünfzehn Thesen zur frühkindlichen Bildung

1. Der Elementarbereich ist ein eigener Bildungsbereich

Wenn man über frühkindliche Bildung spricht, bedeutet dies zunächst einmal, den vorschulischen Bildungsbereich als eigenständigen Bildungsbereich mit eigenen Aufgabenstellungen, Institutionen und eigener Professionalisierung anzuerkennen. Die Aufgabe dieses Bereichs lässt sich nicht als Vorbereitung auf die Schule definieren, sondern als Unterstützung von kindlichen Bildungsprozessen ab dem Krippenalter, genauer noch, wenn man die Familie mit einbezieht, ab der Geburt. Um diese Aufgabe als öffentliche Aufgabe zu bewältigen, braucht elementare Erziehung und Bildung ihre eigene Zeitspanne, die nicht willkürlich zu Gunsten von Schule eingeengt werden darf. Sie zu beschneiden hieße, den Bildungsauftrag für diese Zeit nicht ernst zu nehmen. Damit der Bildungsauftrag erfüllt werden kann, muss die Professionalisierung der Arbeit für den gesamten Zeitraum der frühen Kindheit verbessert werden. Eine Vorverlegung des Schuleintritts würde keine verbesserte Professionalisierung für diesen Altersbereich bringen.

2. Orientierung am kindlichen Bildungsbedarf

Die Verbesserung von Erziehung und Bildung für Kinder zwischen einem und sechs Jahren muss sich an ihrem spezifischen Bildungsbedarf orientieren, nicht einfach an Erwartungen, die die Erwachsenenwelt an die Kinder richtet. Frühkindliche Bildung darf daher, wenn sie effektiv sein will, nicht nur die nach Bedarf wechselnden Anforderungen der Gesellschaft oder Schule an das Kind berücksichtigen, sondern muss sich zunächst am Kind und seiner Tätigkeit orientieren.

3. Frühkindliche Bildung ist in erster Linie Selbstbildung im sozialen Kontext

Kinder entwickeln die Strukturen, mit denen sie ihre soziale, sachliche und geistige Welt erfassen, aus ihren Erfahrungen heraus selbst. Sie gehen dabei von grundlegenden, einfachen Verhaltens- und Verarbeitungsmustern aus. Diese Muster prägen sich in überlebensfähigen, individuellen Variationen unterschiedlich aus. Durch die Erfahrungen aus der Begegnung mit anderen Menschen und mit der umgebenden Wirklichkeit erweitern und differenzieren sie sich. Zwar fügt auch die biologische Entwicklung neue Wachstumsimpulse hinzu oder legt zusätzliche Begrenzungen fest, doch formen sich auch diese in der konkreten Auseinandersetzung mit der gegebenen Wirklichkeit. Wenn man das Denken der kleinen Kinder mit dem Computer vergleicht, könnte man sagen, dass Babys und kleine Kinder von einem Programm ausgehen, mit dessen Hilfe sie einfache Probleme lösen, die sich ihnen stellen. Indem sie diese lösen, überarbeiten sie aber auch die Programme und verändern sie nach den Erfahrungen, die sie gemacht haben.[1] In diesem Sinne ist frühkindliche Bildung in erster Linie Selbstbildung und wird entlang den Ereignissen gewonnen, die Kinder in ihren Lebenszusammenhängen erleben. Diese Ereignisse werden bewertet; d.h., es wird ihnen eine Bedeutung gegeben. Diese Bedeutung wird im Prozess des sozialen Austausches erfahren: Deshalb ist Selbstbildung immer nur als Selbstbildung innerhalb sozialer Bezüge denkbar.

4. Auch kleine Kinder erleben Sinn und Bedeutung

Alles, was ein Kind tut, bedeutet zunächst etwas für dieses Kind. Wenn es nichts von Bedeutung findet, langweilt es sich. Dabei ist dieser Bedeutungshorizont erst einmal subjektiv, d.h. es ist egal, ob das, womit das Kind sich beschäftigt, für andere Menschen wichtig oder unwichtig ist. Hauptsache, es findet selbst Interesse und

---

[1] Gopnik, Alison, Meltzoff, Andrew, N., Kuhl, Patricia, K.: Forschergeist in Windeln – Wie ihr Kind die Welt begreift; Kreuzlingen, München 2000.

Gefallen daran. Indem es etwas tut, erfährt es aber auch, wie seine Umwelt das einschätzt, was es tut. Es wird also genötigt, die Bedeutung, die es selbst empfindet, mit dem zu vergleichen, was andere davon halten. Auf diesem Weg wird es lernen, dass es ein Wechselspiel gibt zwischen dem, was die Erwachsenen an es herantragen, und dem, was es selbst als bedeutungsvoll anerkennt. Man kann selbst Neugeborenen unterstellen, dass sie in der Lage sind, die Bedeutung, die Ereignisse für sie haben, zu erfassen. Nach dem augenblicklichen Kenntnisstand sind es die Emotionen, die – spätestens von Beginn des extrauterinen Lebens an – Kinder in die Lage versetzen, die Bedeutung einzuschätzen, die Verhaltens- und Vorgehensweisen, Sozial- und Sachbezüge für sie haben. Zum Beispiel verleiht die Art und Weise, wie ein Kind gehalten wird und wie es dieses Gehaltenwerden emotional empfindet, dem Gehaltenwerden eine subjektive Bedeutung, die zwischen den Polen Sicherheit und Geborgenheit, umklammerndes Ein- und Abgeschlossensein oder Empfinden des bodenlosen Fallengelassen-Werdens variieren kann.

5. Frühkindliche Bildung ist komplex

Erst wenn Kinder Probleme lösen müssen, die in einen Alltagszusammenhang eingebettet sind, wird ein Problem sichtbar, das auch Säuglinge in ihren Lebenszusammenhängen ständig lösen müssen, nämlich aus der Vielfalt aufgenommener Reize die Aufmerksamkeitszonen herauszufiltern, denen Bedeutung zukommt, und nach Mitteln zu suchen, die geeignet sind, die dabei auftretenden Probleme zu lösen. Teilen wir die Kinder in Kompetenzen auf – sinnliche, soziale, kognitive, emotionale, moralische usw. –, ignorieren wir, dass die Alltagserfahrungen nicht nach solchen Kompetenzbereichen geordnet vorliegen. Keine Alltagssituation trägt die Aufschrift: Hier handelt es sich um eine soziale, emotionale oder motorische Lernaufgabe. Jeder muss selbst herausfinden, welche Fähigkeiten er einsetzen kann, um Lösungen für alltägliche Aufgaben zu finden. Das Lösen von Problemen im Alltag nutzt zunächst alle zur Verfügung stehenden Kräfte eines Menschen und entwickelt einen

Prozess, in dessen Verlauf immer klarer wird, welche Kompetenzen dafür sinnvoll eingesetzt werden können und in welcher Kombination. Wenn man davon spricht, die kindlichen Lern- und Bildungspotenziale möglichst Erfolg versprechend zu stärken, dann brauchen wir Gelegenheiten, in denen Kinder Erfahrung auf der Grundlage eigener Wahrnehmungen und der Suche nach der persönlichen Bedeutung dieser Wahrnehmungen machen können. Der Prozess des Filterns, Wählens, Konzentrierens, Hervorhebens, Präzisierens, der der Wahrnehmung ihre besondere, subjektive Gestalt gibt, rückt dann in den Brennpunkt der Unterstützung von Bildungsprozessen.

6. Frühkindliche Bildung ist zunächst ästhetische Bildung

Frühkindliche Bildung ist auf die eigenen Wahrnehmungen des Kindes angewiesen. Die Wahrnehmungsforschung konfrontiert uns mit basalen biologischen und kulturell verfeinerten Mustern, die wie selbstverständlich in unsere Wahrnehmung eingebaut sind oder im Laufe der Sozialisation eingebaut werden, zum Beispiel unsere Vorliebe für Gesichter, Figur-Grundverhältnisse, Größenkonstanten, Farb- und Strukturdifferenzierungen, für Muster oder bildhafte Darstellungsstile usw. Speziell in der frühesten Kindheit finden solche Feinanpassungen an die jeweils gegebene Lebensumwelt statt. Darüber hinaus bilden konkrete Alltagserfahrungen typische Muster. Als erfahrene Gestalten prägen sie die nach ihnen kommenden Wahrnehmungen. Das bedeutet, dass diese Wahrnehmungen durch die Erfahrungen der Vergangenheit vorgeordnet werden. Dies gilt gleichermaßen für emotionale Wahrnehmungsmuster, welche die gegenwärtigen Wahrnehmungen im Licht früher erworbener Bedeutungen strukturieren. Ästhetische Bildung meint also die Ordnung der sinnlichen Erfahrung durch biologische, kulturelle und lebensgeschichtlich erworbene, vielfach bildhafte Ordnungen, die nicht unbedingt Schönheits- oder Harmonievorstellungen folgen müssen.

7. Kinder sind Erforscher ihrer sachlichen Umwelt und ihrer sozialen Mitwelt

Kleine Kinder sind in der Situation, dass man ihnen kaum etwas beibringen kann, weil sie all die Erklärungen noch nicht verstehen, die Leute, die es besser wissen, ihnen anbieten können. Sie sind zunächst einmal darauf angewiesen, sich aus den konkreten Erfahrungen, die sie machen, ein Bild darüber zu verschaffen, wie die Welt um sie herum gemacht ist und wie man mit ihr umgeht. D.h. sie lösen von Anfang an die Probleme, die sich ihnen durch ihren Aufenthalt auf der Welt stellen. Indem sie diese Probleme lösen, verändern sie ihr Bild von sich und von der Welt. Und sie sind dafür ausgestattet, dass sie diese Probleme lösen können. Allerdings schaffen sie das nicht allein. Sie brauchen einen Rahmen aus sachlicher und sozialer Unterstützung, der dafür sorgt, dass sie keine Probleme lösen müssen, die sie noch nicht lösen können. Darüber hinaus brauchen Kinder ein Umfeld, das ihre Neugier anregt und herausfordert. Dabei müssen sie Hilfe in Anspruch nehmen können, um ihre persönlichen Fragen herauszufinden sowie geeignete »Forschungsversuche« voranzutreiben, ohne ein ernsthaftes, persönliches Risiko dabei einzugehen. Erwachsene werden also von Anfang an gebraucht, aber nicht, damit sie den Babys und kleinen Kindern etwas »beibringen«, sondern damit sie die Lebensbedingungen und Alltagszusammenhänge, in denen kleine Kinder leben, so gestalten, dass die Kinder die Kräfte, die sie haben, neugierig forschend einsetzen können.

8. Frühkindliche Bildung beruht auf Beziehungen

Frühkindliche Bildung vermittelt nicht Kompetenzen, sondern beruht auf Beziehungen: Zum einen geht sie von sachlichen Beziehungen aus, die ein Kind zu seiner Umwelt herstellt. Ein solches Eingehen von Beziehungen weist in vielfacher Hinsicht über ein Lern- oder Aneignungsmodell kindlichen Denkens hinaus. Beziehungen sind umfassender als es einzelne, funktional betrachtete Lernfelder zulassen. Beziehungen kann man nur zu Dingen oder

Gedanken herstellen, die subjektiv etwas bedeuten. In die Beziehungen sind also die bedeutungsgebenden Emotionen einbezogen. Darüber hinaus zielen Beziehungen nicht nur auf das abstrakte Allgemeine von Gegenständen und Sachverhalten, sondern spielen mit dem Individuellen, dem Augenblickhaften, dem Besonderen in allen möglichen Ausprägungen. Das Besondere erfährt man, wenn man etwas kennen lernt. Beziehungen fördern das Kennenlernen. Das Kennenlernen besteht aus einer Art Sammeln von Sachbezügen, Erfahrungs- und Bedeutungsmustern in unterschiedlichen situativen Zusammenhängen. Kennen lernen erzeugt vielfältige Bilder, Spuren, szenische Verbindungen, erfahrene Gestalten, Geschichten. Schließlich bedeutet das Stiften von Beziehungen, dass es immer ein Subjekt auf der Basis seiner individuellen Geschichte ist, das diese Beziehungen knüpft. In einem Bildungsprozess, der als Beziehungsgeschehen verstanden wird, begegnet subjektive Geschichte sachlichen Geschichten. Vielfältige Beziehungen machen also den Reichtum frühkindlicher Bildung aus.

Zum anderen stützt sich frühkindliche Bildung auf soziale Beziehungen. Kinder brauchen Partner, die auf ihre Welt- und Selbsterfahrungen reagieren. Das kann darin bestehen, dass diese Partner die Kinder bei ihrem Tun interessiert begleiten. Manchmal werden sie sich in das Tun verwickeln lassen. Oder sie sprechen mit den Kindern über das, was ihnen bedeutungsvoll erscheint. Wichtig ist, dass die Kinder eine interessierte Resonanz durch die Erwachsenen erfahren. Das verlangt von den Erwachsenen, sich innerlich von dem ansprechen zu lassen, was Kinder tun.

9. Frühkindliche Bildung erzeugt innere Bilder

Unsere Köpfe enthalten nicht die Repräsentationen und Erinnerungen von isolierten Objekten und Ideen, sondern – auf einer ersten Ebene – die Repräsentationen unserer Beziehungen zu diesen Objekten und Ideen. Beziehungen jedoch sind lebensgeschichtlich organisiert, also nach erfahrenen Zusammenhängen, Ereignisgestalten oder Szenen. Bilder und erzählte Geschichten sind wichtige Formen, die diese lebensgeschichtlichen Zusammenhänge mitteilbar machen. Erst die weitere, denkende Verarbeitung grenzt daraus einzelne Objekte, überindividuelle Gedanken, abstrakte Ideen oder Argumente ab. Über diese Szenen, Bilder, Geschichten, Skripte sind auch unsere abstraktesten Gedanken mit uns und der sozialen Umwelt lebensgeschichtlich verbunden.

Aus der Entwicklungsperspektive des Kindes betrachtet, bedeutet dies: Wenn Kinder eigene Wahrnehmungserfahrungen denken wollen, wenden sie nicht abstrakte und scheinbar vorgegebene Denkkategorien auf einen sinnlichen »Inhalt« an. Dass sinnliche Reize erst einmal in individuell verständliche Wahrnehmungsmuster verwandelt werden müssen, davon war bereits die Rede. Außerdem brauchen Kinder vielfältig Gelegenheit, ihre konkreten Lebens- und Handlungserfahrungen in inneren Geschichten, Bildern, Imaginationen, Fantasien zu organisieren, die dann als Grundmuster auch für abstraktere Denkformen dienen können. Das ist für mich der Hauptgrund, dem Sammeln, dem Fantasieren, Spielen und Gestalten eine bedeutsame Rolle in den frühkindlichen Bildungsprozessen einzuräumen. Aus diesen inneren Bildern, ihrem Vergleich und ihrem Testen entstehen dann die Fragen, die die kindlichen Forscher an die Welt stellen, die sie umgibt. Fragen, die ihr Welt-Bild verändern können. Diese Fragen sind der Ausgangspunkt für die »hundert Sprachen der Kinder«, um die sich die Reggio-Pädagogik bemüht.

10. Nicht Kompetenzen vermitteln, sondern Problemlösen fördern

Kreativität beim Lösen von Problemen hat nicht nur mit der Ausbildung besonderer Begabungen zu tun, sondern mit der Fähigkeit, unbekannte und bislang nicht überschaubare Situationen oder Probleme so einzuschränken und zu ordnen, dass sie im Kopf denkbar gemacht und im Handeln durchgespielt werden können.

Kreativität der Kinder ist, so gesehen, keine romantische Vorstellung, sondern eine alltägliche Notwendigkeit. Denn die frühe Kindheit ist die Zeit, in der der größte Teil der Selbst- und Wirklichkeitserfahrungen für die Kinder tatsächlich neu ist, weil sie für sie nicht vorgeordnet oder vorgedacht, also eben nicht verständlich sind. Mehr als die Erwachsenen müssen Kinder die Bedeutung ihrer Erfahrungen selbst aus dem erschließen, was sie im eigenen Handeln erfahren. Menschen sind daher zu keiner späteren Zeit in ihrem Leben so sehr auf ihre eigene Findigkeit angewiesen, Fragen zu erkennen und zu beantworten, die sich ihnen in ihrem Lebensumfeld stellen. Diese Notwendigkeit nimmt in dem Maße ab, in dem Kinder in die Lage kommen, die Denk- und Bedeutungsvorschläge anderer einfach zu übernehmen, und je mehr tradierte Bedeutungsformen ihre eigenen Bedeutungsgebungen überformen oder ersetzen können. Wenn man den Kindern Antworten auf bereits definierte Probleme geben kann, brauchen sie die Fragen, die dazu gehören, gar nicht mehr zu entdecken.

Trotz vieler Antworten, die wir haben, trotz aller Zukunftsforschung, wissen wir nicht, welche Probleme Kinder in fünfzehn oder zwanzig Jahren lösen müssen. In jedem Fall werden es Probleme sein, auf die wir selbst noch keine Antwort gefunden haben, an die wir sie daher auch nicht heranführen können. Es reicht also nicht, die Kinder lediglich mit Antworten auf Fragen, die wir bereits kennen, zu füttern, um sie »kompetent« für die Zukunft zu machen. Wenn Kinder jedoch von Beginn ihres Lebens an als Wesen betrachtet werden, die mit den ihnen gegebenen Mitteln versuchen, die Welt um sich herum besser zu begreifen, dann unterstützen wir die vermutlich wichtigste Fähigkeit, die sie auch in ihrem späteren Leben immer wieder benötigen: bedeutsame Probleme in ihrem Leben aus eigener Kraft wahrzunehmen und so aufzubereiten, dass sie dafür Lösungen finden können.

Wie die PISA-Studie bislang nahe legt, ist dieses produktive Lösen von Problemen das, was die Schule in ihrer jetzigen Form nicht ausreichend unterstützt. Auch aus dieser Sicht brauchen Kinder mehr Pädagogik der frühen Kindheit, wie sie durch moderne, frühkindliche Bildungskonzepte ermöglicht wird, und nicht einfach eine noch früher beginnende Schule.

11. Frühkindliche Bildung stützt sich auf die Selbstbildungspotenziale der Kinder

Frühkindliche Bildung ist mehr als Aneignung. Damit Gelerntes oder Angeeignetes nicht nur zum Inhalt des Gedächtnisses wird, sondern zu einer Struktur des Handelns und Denkens, bedarf es einer inneren Verarbeitung, welche die gesamte Komplexität von Erfahrungsprozessen berücksichtigt: Sie geht von der *sinnlichen Erfahrung* aus. Dabei müssen kleine Kinder lernen, ihre Wahrnehmungsfähigkeiten zu gebrauchen und zu differenzieren, sowie ihre eigenen Wahrnehmungen und Erfahrungen so zu ordnen, dass sie daraus etwas erkennen können. Derart geordnete Wahrnehmungen können in einem Feld des *Fantasierens, Spielens und Gestaltens* ausprobiert, umgeformt oder neu zusammengesetzt werden. Das Ziel dabei ist ein zweifaches: Zum einen soll das persönliche Erleben mit dem Interesse an einer Sache verbunden werden. Dadurch wird es möglich, die Bedeutung einer Sache mit den persönlichen Wünschen, Vorlieben und Interessen zu verknüpfen. Zum anderen wird spielend und gestaltend ausprobiert, was man sich alles mit den neuen Wahrnehmungserfahrungen denken und ausdenken kann. Fantasieren, Spielen und Gestalten tragen zu problemlösendem Denken dadurch bei, dass sie ein Feld der Simulation öffnen, in dem man etwas handelnd und denkend durchspielen kann.

Hat sich eine sachliche Bedeutung mit einer persönlichen verbunden, sind diese Bedeutungen in sachlicher und persönlicher Hinsicht ausgelotet, sind *innere Bilder und Szenen* von diesen Erfahrungen entstanden. Sie bilden die Grundlage der Erinnerung.

Was man als Bilder oder Szenen verinnerlicht hat, kann in Symbole (bildliche, sprachliche, später auch naturwissenschaftlich-mathematische und andere) umgesetzt werden. Individuelles Erleben wird durch *Symbole* so ausgedrückt, dass es an die Erfahrungen anderer Menschen anknüpft und in sie eingebunden werden kann. Das ist notwendig, damit die subjektiv gewonnenen Erfahrungen anderen mitgeteilt und mit ihnen geteilt werden können.

Doch noch bevor Kinder sprechen können, reagieren sie auf die Menschen in ihrer Umgebung und stimmen das, was sie tun, mit ihnen ab. Diese *soziale Abstimmung* über das eigene Denken, Empfinden, Fühlen und Tun gehört von vornherein zu den Prozessen, mit deren Hilfe Kinder ihre Welterfahrungen verarbeiten.

Aus derart geklärten, getesteten, mit anderen abgestimmten und schließlich symbolisch geordneten Wahrnehmungen entstehen Fragen, über die man nachdenken kann; Fragen über das Woher, Wozu oder Wie der Dinge, die einem Kind begegnen. Sie bilden den Ausgangspunkt für *Forschendes Lernen.*[2] Aus den vergangenen Erfahrungen formen Kinder Erwartungen, »Theorien«, »Hypothesen«. Sie machen sich Vorstellungen über mögliche Zusammenhänge und überprüfen dies alles dadurch, dass sie die Dinge, die sie interessieren, genauer untersuchen. Es ist lediglich die Art und Weise, wie Fragen oder Hypothesen gebildet und überprüft werden, die kindliches Erkenntnisstreben von wissenschaftlichem unterscheiden.

Die sinnliche Erfahrung, Fantasieren, Spielen und Gestalten, soziale Abstimmung, die Umwandlung von sinnlichen Erfahrungen in symbolisches Denken – zunächst als Sprache, später auch in naturwissenschaftlich-mathematischen Symbolen – sowie das forschende Lernen, in dem all diese Bereiche zusammenwirken, kann man als Potenziale verstehen, mit deren Hilfe sich Kinder ihre Welt selbst erschließen. Ich nenne sie deshalb *Selbstbildungs-Potenziale.* Sie zu unterstützen, herauszufordern, zu differenzieren ist die wichtigste pädagogische Aufgabe frühkindlicher Bildung.

12. Frühkindliche Bildung ist in soziale Prozesse der Verständigung eingebettet

Der Situationsansatz – nahezu das einzige Konzept für den Kindergarten, das die Bildungsdebatte der sechziger und siebziger Jahre überstanden hat – konnte zeigen, dass kindliches Lernen nicht aus seinen sozialen Zusammenhängen ausgegliedert werden kann. Dies gilt umso mehr, je kleiner Kinder sind.

---

2   Gopnik, Alison, Meltzoff, Andrew, N., Kuhl, Patricia, K.: Forschergeist in Windeln – Wie ihr Kind die Welt begreift; Kreuzlingen, München 2000.

Die Frage nach den sozialen Zusammenhängen stellt auch die nach der Anerkennung und Überbrückung von Unterschieden – Unterschieden der Kulturen, der sozialen Herkunft – sowie nach den individuellen Differenzen zwischen den Kindern. Qualität der Bildung, Kompetenz oder Überwindung sozialer Unterschiede werden nicht dadurch erreicht, dass man Kinder von Anfang an auf die gleichen Ziele hin trimmt. Kinder werden mit sozialen und kulturellen Differenzen umso respektvoller und produktiver umgehen können, je respektvoller und produktiver es gelingt, mit ihren individuellen Unterschieden umzugehen. Je kleiner Kinder sind, desto mehr ist es notwendig, auf ihre Individualität einzugehen, um ihr Interesse an der Welt wach zu halten und in forschende Neugier zu verwandeln. Ein einjähriges Kind braucht individuellere Unterstützung als ein Dreijähriges und dieses wiederum mehr davon als ein Sechsjähriges. Lernen in sozialen und kulturellen Zusammenhängen braucht also eine Balance zwischen der Anerkennung und Respektierung individueller, sozialer und kultureller Besonderheiten. Dabei ist die Gruppe der Gleichaltrigen nicht erst im Schulalter eine Form des sozialen Miteinanders, die für die Regulierung individueller und allgemeiner Ansprüche wichtig ist.

Die derzeit im Elementarbereich diskutierten Konzeptansätze wie Projektarbeit, offene Arbeit, Arbeit in Werkstätten und Ateliers sind Konzepte, die einen solchen Prozess der Balance ermöglichen und damit zu Integration und Überbrückung von Differenz beitragen. Es macht daher wenig Sinn, Bildungskonzepte des Elementarbereichs, die soziale, kulturelle und individuelle Differenz berücksichtigen können, mit fünf Jahren aufzugeben, um sie durch schulische Bildungskonzepte zu ersetzen, die offensichtlich bislang die Rücksicht auf diese Differenz nicht ausreichend Gewähr leisten konnten.

13. Durch die frühkindliche Bildung entwickelt das Kind Vorstellungen davon, wie und was man in seinem Umfeld wahrnehmen, denken und aussprechen kann

Man sollte nicht glauben, dass wir alles wahrnehmen, was uns vor Augen tritt, alles aussprechen, was wir erleben, alles denken, was in unser Bewusstsein gelangt. Unsere Sinne sind nicht nur durch ihre Natur eingeschränkt. Unsere Aufmerksamkeit richtet sich darauf, was innerhalb unseres sozialen Umfelds und unserer Kultur für wichtig gehalten wird. Wir sprechen darüber, wofür es Wörter und Begriffe in der Sprache gibt und wofür wir jemanden finden, mit dem wir es teilen können. Wir denken darüber nach, wofür uns unsere Kultur (über Kindergarten, Schule oder Ausbildung) Vorstellungen, Bilder oder Theorien zur Verfügung stellt. Unser Wahrnehmen, Sprechen und Denken wird von Geburt an auf diese Vorlieben eingestellt. Diese sozialen und kulturellen Einschränkungen sind in der Regel nicht bewusst. Deshalb wird niemand sie dem Kind mitteilen. Es muss selbst in seinen frühesten Lebensjahren aus den eigenen Lebenserfahrungen herausfinden, wie man in seinem Umfeld wahrnimmt oder nicht wahrnehmen darf, worüber man sprechen oder nicht sprechen darf und wie man über Dinge nachzudenken hat bzw. welche Denkweisen tabu sind. Jeder kann für seine Familie, sein soziales Umfeld solche Themen finden; mancher hat solche Einschränkungen schmerzlich am eigenen Leib erfahren. Bis heute sind es – trotz einschlägiger Medienpräsenz – zum Beispiel aggressive oder sexuelle Szenen, die man in der Familie besser nicht wahrnimmt, wofür kaum oder wenig Worte gefunden werden, worüber im Detail nicht nachgedacht wird. In vielen Familien sind Gefühle etwas rein Subjektives oder Willkürliches. Sie werden für irreal oder extravagant gehalten. Deshalb kann man sich nicht auf Gefühlswahrnehmungen berufen, wenn man etwas begründen will. Auf diese Weise werden dann Konflikte nicht wahrgenommen und man kann über sie nicht sprechen. Lösungen dafür gibt es nur zufällig.

14. Die Erwartungen von Gesellschaft und Kultur

Wenn man die vorangegangen Überlegungen akzeptiert, ergibt sich daraus als wichtigster Schluss für pädagogisches Handeln, dass man nicht nur die Perspektiven der sozialen und gesellschaftlichen Erwartungen zum Ausgangspunkt von Bildungsprozessen macht, sondern ebenso die Einstellungen, Erwartungen, Vorstellungen und Fantasien, die die Kinder zu einer bestimmten Zeit, an einem bestimmten Ort, in einem bestimmten Umfeld mit der Welt verbinden, die sie umgibt. Das bedeutet nicht, dass man Kindern keine Ziele vorgeben oder von ihnen keine Leistungen erwarten kann, sondern dass man ihnen genügend Spielraum für ihre Eigentätigkeit einräumt. Es geht um das Wie der Umsetzung der Erwartungen aus der Erwachsenenwelt. Dieses Wie erfordert eine pädagogische Haltung, die später unter dem Begriff der Verständigung genauer beschrieben wird.[3] Die Erwartungen, die die Gesellschaft und eine Kultur an das Kind richten, bilden den Horizont an Themen, vor dem diese Verständigung mit und die Herausforderung von Kindern erfolgt. Sie geben den Rahmen an Möglichkeiten vor, innerhalb dessen Kinder und Erwachsene wählen und sich orientieren.

15. Bildung ist das Wissen und Können, mit dem wir tatsächlich denken und handeln

Es ist so grundlegend in uns verankert, dass es die Art und Weise ist, wie wir denken und handeln; d.h., es ist nicht nur ein Wissen und Können, an das wir uns erinnern, sondern eines, das wir tatsächlich gebrauchen, um Probleme zu lösen. Bildung ergibt sich aus einer besonders vertieften Lernerfahrung. Bildung ist daher mehr als Lernen, sie erfordert eine besondere Qualität des Lernens, eine Qualität, die es möglich macht, dass dieses Wissen und Können zum Werkzeug für die weitere Lebensgestaltung wird.

---

[3] Vgl. Kapitel 3. 4. 5.

Gerd E. Schäfer

Teil 2

Aufgaben frühkindlicher Bildung [1]

2.1 Bildung der sinnlichen Wahrnehmung

Bildung der kindlichen Sinne

Ausgangspunkt für die kindliche Erfahrung von der Welt und von sich selbst ist das, was das Kind wahrnimmt. Zunächst bilden allein die Wahrnehmung und Deutung seiner konkreten Lebenserfahrungen den Anfang seines persönlichen Wachstums. Man wird den kindlichen Wahrnehmungsprozessen also Raum geben und ihnen Aufmerksamkeit schenken müssen.

Welche Wahrnehmungsbereiche müssen gebildet werden? Ich gehe davon aus, dass es drei Formen der Wahrnehmung gibt:

- *Wahrnehmung über die Fernsinne (Augen, Ohren, Nase):* Kognitionswissenschaftliche Forschungen – insbesondere aus der Neurobiologie – zeigen, dass Wahrnehmung die Wirklichkeit nicht widerspiegelt, sondern mit den Mitteln des Gehirns nach-

---

[1] Dieser Text greift an einigen Stellen Überlegungen auf, die ich bereits in einer früheren Arbeit niedergeschrieben habe und entwickelt diese weiter (vgl. Schäfer, G. E., Sinnliche Erfahrung bei Kindern; in: Anette Lepenies, Gertrud Nunner-Winkler, Gerd E. Schäfer, Sabine Walper; Kindliche Entwicklungspotenziale – Normalität, Abweichung und ihre Ursachen. Bd. 1. Materialien zum 10. Kinder- und Jugendbericht. DJI, Verl. Dt. Jugend-inst.; Opladen 1999, S. 153–290).

empfindet. Es kann dabei nur aufgenommen werden, wofür entweder durch die genetische Ausstattung oder durch Lernprozesse Wahrnehmungs- und Interpretationsmuster zur Verfügung stehen. Das bedeutet, dass Wahrnehmung aus vergangenen Erfahrungen lernt. Je vielfältiger etwas wahrgenommen wird, desto differenzierter ist das Wahrnehmungsbild.

- *Körperwahrnehmung:* Dazu gehören die Wahrnehmungen an den Körpergrenzen sowie die Wahrnehmung der Temperatur und der Feuchtigkeit. Sie werden erweitert durch die Empfindungen der inneren Befindlichkeit des Körpers. Diese Empfindungen differenzieren sich in solche der Raumlage und des Gleichgewichts, der Körperspannungen und Körperrhythmen, des Wohl- oder Missbefindens der inneren Organe.

- *emotionale Wahrnehmung:* Sie wird hier als *Wahrnehmung von Beziehungen* verstanden, die zwischen Personen oder einer Person und ihrer sachlichenUmwelt bestehen. Emotionen (Liebe/ Hass, Wut oder Angst usw.) verleihen diesen Beziehungen Ausdruck und Form. Über Einfühlung wird die emotionale Wahrnehmung zur zwischenmenschlichen Verständigung genutzt und benötigt.

Die Fernsinne interpretieren die Wirklichkeit *als Wirklichkeit außerhalb des Körpers.* Die Wahrnehmungen über die Tast- und Körpersinne registrieren die *Wirkungen, die eine Wirklichkeit auf den Körper selbst ausübt.* Die Realität des Wahrgenommenen bleibt dabei relativ dunkel. Im Vordergrund steht die Antwort des Körpers. Die emotionale Wahrnehmung schließlich richtet sich auf ein Dazwischen, auf die Beziehungen zwischen einem Subjekt und etwas anderem. All diese Wahrnehmungsweisen wirken zusammen und entwerfen ein vielschichtiges Bild der menschlichen Wirklichkeit.

Wenn ich von einer Bildung des sinnlichen Körpers spreche, meine ich also die Bildung der Fern- und Körpersinne wie auch die Bildung der emotionalen Wahrnehmung.

Von der Komplexität der Wahrnehmung

Der Säugling unterscheidet seine Erfahrungen nicht getrennt nach den Modalitäten der Sinne. Seine Wahrnehmungen über die Augen, Ohren, Nase, die Haut oder die Körperorgane sind noch nicht voneinander getrennt, sondern bilden ein einheitliches Wahrnehmungsmuster. Der Säugling kann zum Beispiel problemlos visuelle Eindrücke und die dazu passenden akustischen Wahrnehmungen miteinander verbinden. Genauso wenig werden kognitive und emotionale Wahrnehmungsaspekte getrennt wahrgenommen. Über die emotionalen Anteile seines Erlebens trifft der Säugling erste Entscheidungen, indem er sich bestimmten Erfahrungsmöglichkeiten zuwendet und von anderen abwendet.

Aus der Amodalität, der mangelnden Getrenntheit der Wahrnehmungen, ergibt sich eine Entwicklungsaufgabe. Deren Problem scheint nicht zu sein, wie Säuglinge die verschiedenen Sinnessysteme so miteinander in Verbindung bringen, dass sie sich gegenseitig ergänzen und unterstützen, sondern eher umgekehrt. Für sie sind solche Verbindungen selbstverständlich gegeben. Sie haben nicht das Problem, die Sinneseindrücke der Augen, Ohren, der Haut oder der Raumlage synthetisch miteinander zu verknüpfen. Vielmehr gehen sie davon aus, dass diese Sinnessysteme nicht wirklich zu unterschiedlichen Informationen führen, sondern übereinstimmen. Ihre Schwierigkeit könnte eher die sein, die Sinnessysteme als getrennt wahrzunehmen und die Informationen, die über die verschiedenen Sinnessysteme eingehen, voneinander zu isolieren. Es sind die biografischen Lernerfahrungen, die eine solche Trennung und Abgrenzung von Sinnessystemen zu Wege bringen. Werden aber Sinneserfahrungen in einer bestimmten sozialen und kulturellen Welt gering geschätzt und vernachlässigt, gehen die Informationen dieser Sinnesbereiche für die innere Verarbeitung weitgehend verloren.

Wahrnehmungen sind individuell

Die Ordnung aller sensorischen und emotionalen Wahrnehmungen ist – wie auch die daraus folgenden Differenzierungen – für jeden Menschen individuell. Ordnung und Differenzierungen liegen wohl innerhalb eines Spektrums, das für alle menschlichen Individuen gilt. Im Rahmen dieses Spektrums entwickeln sich jedoch individuelle Variationen entsprechend den persönlichen Erlebnissen und Erfahrungen, die das Individuum in seinem Alltag und der Kultur macht, in der es aufwächst. Obwohl wir uns innerhalb einer Kultur über weite Bereiche von möglichen Wahrnehmungen, die sozial geteilt werden, verständigen können, finden wir für die privatesten Formen des Wahrnehmens und Empfindens kaum Worte. Was das bedeutet, weiß jeder, der versucht hat, einen Liebesbrief zu schreiben.

Wie funktioniert das Wahrnehmen?

Über die Wahrnehmung gibt es eine reiche Forschungsliteratur, die sich so zusammenfassen lässt: Wahrnehmen ist ein breit angelegter, innerer Verarbeitungsprozess, an dem die Sinnesorgane, der Körper, Gefühle, Denken und Erinnerung beteiligt sind. Es gibt kein Wahrnehmen als einfaches Abbilden der Außenwelt. Wahrnehmen ist Wählen, handelndes Strukturieren, Bewerten, Erinnern und sachliches Denken in einem. Deshalb muss man es bereits als eine Form der inneren Verarbeitung, als eine Form des Denkens ansehen – wenn man Denken nicht nur auf rationales Denken beschränkt.

Dieser innere Prozess der Wahrnehmungsverarbeitung scheint, nach den Zeugnissen der Neurobiologie, so angelegt zu sein, dass er nicht unbedingt auf präzise Informationen über die wahrgenommene Wirklichkeit angewiesen ist. Vielmehr sind Lebenssituationen vielfältig und vieldeutig. Darauf scheint die Verarbeitung unseres Gehirns eingestellt zu sein: Es filtert sich die Informationen, die es braucht, aus verzweigten Bedeutungszusammenhängen heraus.

So werden Unklarheiten in den konkreten Wahrnehmungserfahrungen zum Beispiel dadurch präzisiert, dass Wahrnehmung in der Alltagswirklichkeit vielsinnlich erfolgt: Es werden nicht nur visuelle, sondern auch akustische, körperliche, atmosphärische oder gefühlsmäßige Informationen gleichzeitig aufgenommen und verarbeitet, so dass sie sich gegenseitig verbessern können. Dadurch werden die benötigten Informationen verlässlicher. Auf der anderen Seite helfen Erinnerungen, die vielfältigen Erfahrungen besser zu begreifen.

Schließlich wissen wir aus Untersuchungen über frühe Sinneserfahrungen, vornehmlich über das Auge und die Haut, dass die frühe Entwicklung von Wahrnehmungsfähigkeiten auch auf äußere Anregung angewiesen ist. Ohne solche frühe Differenzierung von Wahrnehmungserfahrungen bleibt Wahrnehmung ungenau im Hinblick auf die spezifisch gegebenen Umweltbedingungen.

Die Feinanpassung des Auges beispielsweise erfolgt in den ersten Lebensmonaten. Sie ist notwendig, weil nicht alles, was für ein differenziertes Sehen benötigt wird, genetisch vorgegeben sein kann; dafür reicht die Anzahl der Gene nicht aus. Wie tief die Augen in der Augenhöhle liegen, welchen Abstand sie voneinander haben, das kann durch den Geburtsvorgang verändert werden. Weil beides aber für ein scharfes Sehen bedeutsam ist, wäre eine genetische Programmierung dieser Daten nicht sinnvoll. Besser ist es, dass sich das Gehirn auf die tatsächlichen Gegebenheiten nach der Geburt einstellen kann. Es werden dann die Nervenverbindungen ausgewählt und fest »verdrahtet«, die ein scharfes Sehen unter den tatsächlich gegebenen Bedingungen Gewähr leisten.

Die nachgeburtliche Feinanpassung geht aber noch weiter. Ein Kind, das in einem Land geboren wird, in dem die meiste Zeit des Jahres Schnee liegt, wird sein Farbensehen anders differenzieren müssen als ein Kind, das im Dschungel aufwächst. Das eine wird eine feine Wahrnehmung von Weißabstufungen entwickeln müssen, um sich zu orientieren; das andere das Gleiche im Bereich von Grün. Das erste wird sein räumliches Sehen auf weite Entfernungen einstellen, das andere auf eine hohe Differenzierung im Nahbereich usw. Vergleichbares gilt für weniger extrem erscheinende

Umwelten. So wird ein reines Stadtkind sicherlich andere Sehgewohnheiten in sein Gehirn einprogrammieren als ein Landkind.

Wahrnehmen muss also – im Feinbereich – in einem gewissen Maß gelernt werden. Hohe Differenzierungen von Wahrnehmungserfahrungen – zum Beispiel in künstlerischen Arbeitsbereichen – verlangen sogar eine lebenslange differenzierende Übung und Ausbildung.

Die Welt wahrnehmen

»Das ist Lisa meine Enkeltochter«, berichtet der Großvater. »Sie ist jetzt vier Monate alt, fast auf den Tag genau. Und das war so eine Situation, Sonntagmorgen beim Frühstück. Zwei ›unrasierte‹ Familien und ein Kind am Frühstückstisch. Und die beiden Eltern, mein Sohn und seine Frau, sitzen auf der anderen Seite des Tisches. Lisa sitzt auf dem Schoß von B. (der Nenngroßmutter; G. E. S.) und sieht beide Eltern sich gegenüber. Jetzt ist die Frage: Was geht im Kopf des Kindes vor? Dort drüben sitzt die Mutter und hier sitzt der Vater. Und sie guckt ganz unsicher... Guckt zwischen Mutter und Vater hin und her.« (Bericht H. L.)

Dann folgt eine Szene: Lisa, auf dem Schoß von B. sitzend, folgt mit großen Augen dem Weg der Kaffeetasse, die B. zum Mund führt. Man sieht deutlich, wie ihr Blick, um den Bruchteil einer Sekunde verzögert, dem Weg der Tasse nach geführt wird. Gleichzeitig unterhalten sich die Erwachsenen. Lisa folgt auch den gesprochenen Worten, den Gesichtern, den Bewegungen. Zwischendrin wendet sie immer wieder den Blick ab und schließt die Augen. Man hat den Eindruck, sie brauche kleine Auszeiten, um das zu

  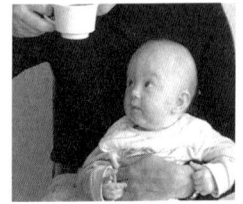

verarbeiten, was sie wahrgenommen hat, bevor sie ihre Aufmerksamkeit wieder auf etwas Neues richten kann.

Versetzt man sich an die Stelle des Kindes, ergeben sich Fragen: Was ist das für ein Ding, das da hochgehoben wird, das sich vor einem bewegten Hintergrund auf ein Gesicht zu bewegt, ein Gesicht, dessen Mimik irgendwie bereits vertraut ist und aus dessen Mund nicht ganz unbekannte Laute kommen?

Was sind das für Figuren, die sich vor den Augen des Babys befinden, deren Töne aber angenehm und bekannt sind – seine Eltern? So hat es die beiden noch wenig gesehen; allenfalls einen von ihnen, während es von jemandem – dem anderen? – gehalten wurde. Auch diesmal wird es auf einem Schoß gehalten, mit vertrauten Gesten, aber unvertrauten Details: Die Hände, der Körper fühlen sich etwas anders an als sonst – bei Mama oder Papa.

Was ist das für ein ungewohntes Umfeld, in dem sich dies alles abspielt? Was ist in diesem Umfeld gerade wichtig, was ist im Augenblick ohne Bedeutung? Wie kann man die Vielfalt ordnen? Wo fängt eine Sache an, wo hört sie auf?

Die Fragen hören sich verwunderlich an. Doch Säuglinge sehen das Gleiche wie Erwachsene nur insoweit, wie sie das gleiche Lichtspektrum vorfinden. Sie hören das Gleiche, da sie in etwa die gleichen akustischen Schwingungen realisieren.

Das Baby muss sich also einer schwierigen Aufgabe hingeben, nämlich der, etwas wahrzunehmen, aber noch nicht zu wissen, wie diese Wahrnehmung geordnet, in sich strukturiert und abgegrenzt werden könnte. Es beschäftigt sich damit, wie man aus dem Chaos von Eindrücken Bilder, Figuren, Gegenstände herauspräpariert, wie man aus Geräuschen zusammenhängende Einheiten bastelt, die sich von anderen Geräuschen abheben lassen. All das kann es

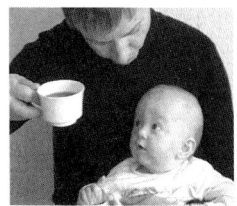

leisten, weil es sich in dieser Situation nicht um seine Existenz und deren Sicherung kümmern muss. Es hat keinen (bohrenden) Hunger. Es sitzt warm und sicher auf einem Schoß. Zudem wird es so gehalten, dass es mit seinen Sinnen die Welt um sich herum gut erfassen und erforschen kann. Geräusche und Sprache umgeben es, die keine Aufregungen ankündigen, denen man sich zuwenden müsste, die die Konzentration unterbrechen oder stören könnten. Das Baby wird durch einen Rahmen gehalten, der zwischen einer unüberschaubaren Welt draußen und einem fassbaren Teil davon – drinnen – trennt, sodass das Baby seine ganze Aktivität seinem Interesse widmen kann.

Dieser Rahmen, gebildet aus Personen und Umgebung, ist nicht starr. Wenn das Kind ein Zeichen der Unsicherheit oder der Überforderung von sich gäbe, würde sich die Aufmerksamkeit der Sprechenden sofort von ihren Gesprächen auf das Kind richten und den Rahmen neu einstellen (so wie der Autofocus einer Kamera sich den wechselnden Entfernungen anpasst), bis das Kind sich wieder in einer Situation angeregter Aufmerksamkeit befände. Der Wahrnehmungsprozess des Kindes wird also durch eine stille Aktivität gestützt, die sofort in offenes Handeln überginge, wenn das Gleichgewicht der Aufmerksamkeit und des Handelns durch ein Ereignis gestört würde.

Die Bildungserfahrung des Kleinkindes besteht also am Anfang darin, dass es beginnt, seine Wahrnehmungswelt so zu ordnen, dass es Personen und Dinge abgrenzen und unterscheiden kann, dass erste Bilder von den Dingen dieser Welt entstehen können. Damit es das kann, braucht es eine Umgebung, einen Rahmen, eine menschliche Begleitung, die ihm nicht nur die äußere Gelegenheit hierzu verschafft, sondern auch die emotionalen Bedingungen Gewähr leistet, unter denen sich das Kind seiner Aufgabe hingeben kann. Hier sind es emotionale Sicherheit, unaufdringliche, schwebende Aufmerksamkeit der Eltern und Großeltern, die diesen Rahmen bieten. Diese doppelte Aufgabe muss im Verlauf des kindlichen Heranwachsens immer wieder neu und anders gelöst werden.

Eine pädagogische Folgerung aus der Bildung der sinnlichen Erfahrung

Wir müssen also dem Wahrnehmen mindestens ebenso viel Aufmerksamkeit schenken wie dem Nach-Denken. Die Entwicklung der Sinneserfahrungen nach der Geburt – einschließlich ihrer lebenslang möglichen Weiterdifferenzierungen – macht deutlich, dass das Zentrale Nervensystem strukturiert wird durch all das, was es wahrnimmt. Der Grad der Differenzierung von Sinneserfahrungen hängt davon ab, welche Erfahrungen gemacht und sozial eingebunden werden können. Sinneserfahrungen, die wenig gebraucht und kaum entwickelt werden, gehen verloren oder arbeiten nur auf einem einfachen Niveau. Das wirft Probleme für die frühkindliche Bildung der Sinne des Kindes auf. Der wesentlichste Schluss daraus dürfte sein: Kinder brauchen vielfältige und verzweigte sinnliche Erfahrungsmöglichkeiten in Innen- und Außenräumen, mit Materialien, mit anderen Kindern und Erwachsenen. Das spricht dagegen, kindliche Bildung nur als eine Bildung einzelner Kompetenzen und Funktionen zu betrachten.

2.2 Bildung der Körpersinne

Die frühe Entwicklung der Körpersinne

Die Körperwahrnehmungen sind die, die schon bei der Geburt am weitesten ausgebildet sind. Das hängt damit zusammen, dass Bewegung und andere Körpererfahrungen schon intrauterin in hohem Maße möglich sind. Die Entwicklung von Körperempfindungen ist beim Fötus in der 14. bis 15. Schwangerschaftswoche abgeschlossen. Zunächst sind es die Berührungsempfindungen der Haut, die sich ausbilden, dann die des Gleichgewichtssinns und der Wahrnehmung, die die inneren Körperzustände registriert. Man kann vermuten, dass die Bedeutungen eines Sinnesempfindens für das Kind umso größer sind, je eher sich diese Sinnesfähigkeiten in seiner Entwicklung herausbilden. So scheinen Berührung, Raumlage und die Wahrnehmung der eigenen Körperorgane eine Ausgangsbasis für die Entwicklung der weiteren Sinneserfahrungen zu bilden. Vermutlich können deshalb spätere Entwicklungen anderer Sinnesbereiche von Strukturierungen durch die vorausgegangenen körpersensorischen Basiserfahrungen profitieren. Das würde zahlreichen Befunden entsprechen, die bestätigen, dass Förderungen des sensomotorischen Bereichs sich günstig auf die gesamte frühe Entwicklung auswirken. Wie die Ausbildung sportlicher, akrobatischer oder feinmotorischer und musiktechnischer Fähigkeiten belegt, ist aber auch die sensomotorische Entwicklung zu lebenslangen Ausdifferenzierungen in der Lage.

Körpersensorische Empfindungen bilden die Grundlage einer Sprache des Leibes. Sie strukturiert die grundlegenden primären Erfahrungen vor der Geburt und in der ersten Zeit nach der Geburt des Kindes so, dass uns die Gesten und Zeichen des Körpers nicht chaotisch, sondern irgendwie sinnvoll erscheinen. Jede Mutter lernt, sie bei ihrem Kind zu deuten und zu verstehen.

Über den Zusammenhang von Denken und Handeln

Seit Piaget sind wir es gewohnt, das sensomotorische Handeln des Säuglings als eine Form des Denkens zu begreifen. Sensorik und Motorik hängen unmittelbar zusammen, denn ohne Motorik können keine sensorischen Erfahrungen gemacht werden. Die Entwicklung und Differenzierung motorischer Fähigkeiten, sei es der Fortbewegung, des Greifens oder der Koordination von Körperbewegungen, ermöglichen immer differenziertere Wahrnehmungserfahrungen. Im Gedächtnis sind motorische und sensorische Erfahrungen in Gesamtmustern gespeichert. Wir können sagen, dass das erste Weltbild des Kindes ein sensorisch-motorisches Weltbild ist. Ab dem zweiten Lebensjahr wird Denken zunehmend zu einem verinnerlichten Handeln. Dadurch gewinnt es an Flexibilität und Umkehrbarkeit. Inneres Handeln ist von der Realitätskontrolle unabhängiger als die Ausführung konkreter Operationen. Aus eigener Erfahrung wissen wir, dass Bewegung das Lernen unterstützt. Sie hilft, über Denkblockaden hinwegzukommen; wir kennen Menschen, die am besten lernen, wenn sie sich dabei bewegen. Manch einer beschäftigt sich mit eifrigem Kritzeln, wenn er gezwungen ist, konzentriert zuzuhören. Das alles klingt so, als wenn die Motorik der Lernanstrengung ein Stück Entspannung entgegenhielte. Doch der Zusammenhang von Lernen und Motorik dürfte tiefer reichen. Motorische Muster und Denkmuster scheinen sich gegenseitig zu unterstützen.

Hierzu ein Beispiel aus der Säuglingsforschung: »Wie Linda Acredolo und Susan Goodwyn von der Universität Kalifornien in Davis festgestellt haben, beschleunigen Gestik und Pantomime das Sprechenlernen, stimulieren die intellektuelle Entwicklung, steigern das Selbstwertgefühl und festigen die Bindung zwischen Eltern und Kind. Babys machen bestimmte Gesten, bevor sie das entsprechende Wort sagen können. Ein Kleinkind winkt und schüttelt den Kopf, bevor es Tschüss und Nein sagt. Acredolo und Goodwyn untersuchten drei Gruppen mit je vierzig Kindern, um die Beziehungen zwischen Zeichensprache und Sprachentwicklung zu erforschen. Die eine Gruppe wurde ermutigt, Zeichen zu gebrauchen, die Kinder der anderen beiden Gruppen nicht. Bis zum Alter von vier Jahren wurden die Kinder alle sechs Monate einem Test unterzogen. Diejenigen, die Gebärdensprache gebrauchten, waren den anderen im Vokabular und bei kognitiven Übungen und Intelligenztests weit voraus. Kinder, die Zeichen gebrauchten, waren stark an Kommunikation interessiert und konnten früher sprechen als die anderen.«[1]

Das Bildungsgeschehen wird also durch sensorisch-motorische Prozesse wirksam unterstützt. Das fordert dazu heraus, nach tiefer reichenden Verbindungen zwischen sensorisch-motorischem Handeln und Denken zu suchen. Aus der Hirnforschung gibt es deutliche Hinweise auf eine enge Verbindung von motorischer Koordina-

---

[1] Ratey, John, J: Das menschliche Gehirn – Eine Gebrauchsanweisung; Düsseldorf, Zürich, 2001, S. 216.

tion und denkendem Planen. Es sieht so aus, als wären neuronale Netze, die unser Handeln steuern, ebenfalls beteiligt, wenn es um die Organisation von abstrakten Denkprozessen geht. Hier spielt eine wichtige Rolle, dass das Denken in vielen Bereichen aus einem inneren Handeln heraus entsteht. Bildgebende Verfahren können zeigen, dass beim Denken Bereiche des Gehirns tätig sind, die eigentlich bei motorischen Handlungen gebraucht werden. Denken als inneres Handeln benutzt zum Teil die gleichen Nervennetze wie das konkrete Handeln. Forschungsergebnisse deuten darauf hin, dass Bewegung alle anderen Hirnfunktionen geistiger Verarbeitung wie Gedächtnis, Emotionen, Sprache und rationales Denken unterstützt.[2]

Diese Überlagerung von sensorisch-motorischen Verarbeitungsbereichen mit dem abstrakten, planenden Denken lässt sich auch auf der Ebene der Sprache wieder finden. Eine aufmerksame Betrachtung unserer Sprache kann zeigen, dass in vielen Fällen Begriffe, die in ihrem Ursprung eine körperliche oder räumliche Orientierung bezeichnen, als abstrakte Begriffe Verwendung finden. Die Formulierung »die Stimmung *steigt*« enthält ebenso eine räumliche Vorstellung wie der Ausdruck, man habe alles *unter* Kontrolle. Wenn man sagt, diese Überlegungen hätten ein wichtiges *Fundament* in der Hirnforschung, dann wird ein gedankliches Bild angesprochen, das seinen Ursprung im Bau eines Hauses hat, also in der Her-*Stellung* von Räumen. Die Sprache und unsere alltäglichen Denkkonzepte werden in wichtigen Teilen durch solche Bilder strukturiert, die ihren Ursprung in handelndem Tun haben.[3]

---

[2] »Neurologen haben festgestellt, dass das Kleinhirn, das die körperlichen Bewegungen koordiniert, auch die Bewegung der Gedanken lenkt. So wie es die nötigen Bewegungen veranlasst, um einen Ball zu fangen, steuert es auch die Gedankenfolge, die wir brauchen, um die Küche vor unserem geistigen Auge zu sehen, eine Schlussfolgerung zu ziehen oder uns eine Melodie auszudenken. Ich kann nicht oft genug betonen, dass die althergebrachte Ansicht, jede Hirnfunktion sei völlig isoliert in einer bestimmten Region des Gehirns angesiedelt, falsch ist. Räumliche Orientierung, Sprache, Emotionen und viele andere Funktionen nutzen Teile desselben Systems gemeinsam und bringen verschiedene Hirnregionen auf unterschiedliche Weise ins Spiel.« Calvin, William, H.: Die Symphonie des Denkens – Wie aus Neuronen Bewusstsein entsteht; München, Wien 1993, S. 178.

[3] Vgl. Lakoff, George, Johnson, Mark: Leben in Metaphern – Konstruktion und Gebrauch von Sprachbildern; Heidelberg 1998.

Sie gebrauchen Erfahrungen aus dem alltäglichen Umgang mit Dingen, aus dem Bereich des Körperhandelns und aus dem Bereich der räumlichen Orientierung des Körpers, um damit abstrakte Gedanken auszudrücken. Man kann also vermuten, je differenzierter diese Vorstellungs- und Handlungswelt konkret erfahren und entwickelt wird, desto differenzierter kann sie dann auch für den Gebrauch im abstrakten Denken eingerichtet werden.

Nimmt man diese Argumentation auf, gibt es eine enge Verbindung vom Handeln eines Leibes in einer gegebenen Umwelt, das über Bilder und deren Versprachlichung zu einem Ausgangspunkt des planenden und des abstrakten Denkens wird. Diese Verbindung macht deutlich, wie sensorisch-motorisches Handeln über die Alltagserfahrung zu inneren Mustern gerinnt, die dann die Grundlage für abstraktes Denken abgeben.

Weitere Facetten einer Sprache des Leibes

Kinder leben in einer Handlungswelt.[4] Die Dinge, die sie dabei erfahren, sind keine »Dinge an sich«, sondern »Dinge in einem Handlungszusammenhang«, »Aktionsdinge«. Subjekte und Objekte sind in »Gesamtverhaltensweisen« miteinander verbunden. »Wahrnehmungen existieren daher nur so weit, soweit sie Bestandteil eines vitalen Aktionszusammenhanges sind, in dem Gegenständliches und Zuständliches in einer untrennbaren komplexen Einheit bestehen«[5] und mit Gefühlen verbunden sind. Ein Bauklötzchen, zum Schlagen benutzt, mag als Hau-Ding, ein Wägelchen als Fahr-Ding oder Brmm-Brmm bezeichnet werden.

Später, wenn Kinder beginnen, die Wohnung zu verlassen, um sich fernere Umwelten anzueignen, zeigt es sich, dass diese Verbindung von Körperbewegung und emotionaler Bedeutung für die Wahrnehmung der Umwelt fortbesteht. Je nach Alter, Aktionsradius und subjektivem Interesse bekommen »gleiche« Umwelten

---

4 Werner, Heinz: Einführung in die Entwicklungspsychologie; München 1959, 4. Aufl.

5 ebenda, S. 38.

verschiedene Bedeutungen und werden auch unterschiedlich wahrgenommen. Was für den Erwachsenen ein Kaufhaus mit seinen angehäuften Warenangeboten ist, zeigt sich für den Touristen vielleicht als ein interessantes Feld, um die Menschen eines Landes im Spiegel ihrer Konsumgewohnheiten zu erfassen; ist für den Schulanfänger ein abenteuerliches Ziel, das er nur mit einer Kette öffentlicher Verkehrsmittel erreichen kann, und für das Vorschulkind eine Gelegenheit zum Untersuchen von öffentlichen Gebäuden, zum Verstecken, zu motorischen Abenteuern im Fahrstuhl und auf Rolltreppen. Die Umwelten »verändern« sich, je nach dem Standpunkt, von dem aus sie gesehen werden.[6]

Die tiefenpsychologische Forschung hat darauf aufmerksam gemacht, dass es in der frühen Erfahrung so etwas wie Empfindungsobjekte gibt.[7] Als solche sind Wahrnehmungs-Eindrücke von Gegenständen zu verstehen, die vornehmlich über den Körper – und hier über den Tastsinn – erfahren werden. Das Objekt existiert für das Kind nicht außerhalb des Körpers, sondern als die Spur eines konkreten Eindrucks in Haut und Muskeln. Für den Beobachter ist das Objekt etwas Getrenntes, für das Kind ein Wahrnehmungseindruck an und in seinem eigenen Körper. Auch als Erwachsener kann man das nachempfinden: Man spürt einen Gegenstand, den man sehr fest in der Hand gehalten hat, als Körper-Eindruck auch noch ein Weile, selbst wenn man ihn bereits weggelegt hat.

Es gibt kein fest programmiertes Gehirn

Auch in diesem Kapitel erweist sich, dass das, was wir Denken nennen, nichts ist, was uns biologisch und entwicklungsmäßig einfach vorgegeben ist. Vorgegeben ist uns eine Vielzahl von Wahrnehmungs- und Verarbeitungsmöglichkeiten, die im Verlauf der Evolution des Menschen Bedeutung erlangt haben. Aber wir in unserer

---

6 Muchow, M., Muchow, H. H.: Der Lebensraum des Großstadtkindes, (1935) Nachdruck Bensheim 1978.

7 Vgl. Tustin, Frances: Autistische Zustände bei Kindern; Stuttgart 1989.

Kultur entscheiden darüber, was davon gepflegt, unterstützt und ausdifferenziert wird, was eher auf »Nebenschauplätze« oder in den Hintergrund verschoben oder als sozial unbrauchbar abgelehnt wird.[8] Wende ich dieses Argument auf den menschlichen Lebenslauf an, sind es die frühen Lebensjahre, in denen die kleinen Kinder in die kulturellen Muster des Denkens hinein geprägt werden und zwar so, dass sich dies in den Körperstrukturen – zunächst in der Architektur des Zentralen Nervensystems – dauerhaft auswirkt. »Das Gehirn wird durch das geformt, was es wahrnimmt«, schreibt der Psychiater und Neurologe Ratey, und »was nicht benutzt wird, geht verloren«.[9] Da das Zentrale Nervensystem unseren gesamten Körper leitet, brauchen wir uns nicht zu wundern, wenn sich dieser Körper dann auch entlang der einverleibten Denkstrategien entwickelt.

Sensorische Stimulation oder Gestalten

Können körpersensorische Prozesse pädagogisch unterstützt werden? Im dritten Teil dieses Buchs werden unter dem Stichwort Raumgestaltung dazu einige Vorstellungen vorgetragen. Ein Beispiel:

Jeder, der seine Kinder einmal in einem schwedischen Möbelhaus abgeliefert hat, kennt das Ballbad. Ähnlich wie im Wasser geben sich die Kinder dem Bad in den Kugeln hin und vergessen dabei die Zeit, die die Eltern zum Einkaufen brauchen. In Einrichtungen für Behinderte und in Kindergärten finden wir das Kugelbad wieder, nun nicht mehr als spielerischen Zeitvertreib, sondern zur sensorischen Stimulation. Hat das etwas mit der Ermöglichung von Wahrnehmungserfahrungen zu tun? Ein Vergleich mit einer Variante des Kugelbads, mit dem Bohnenbad, gesehen in einer Hamburger Kindertagesstätte, soll dabei helfen, zwischen

---

8 Man sollte also nicht das Ergebnis des Denkprozesses – Einschränkung – für seine Voraussetzung halten.

9 Ratey, John, J.: Das menschliche Gehirn – Eine Gebrauchsanweisung; Düsseldorf, Zürich, 2001, S. 69 und S. 62.

sensorischer Stimulation und der Bildung einer Sprache des Leibes zu unterscheiden.

Eine Mulde, in die gerade ein kleines Kind hineinpasst, ist mit einer dicken Schicht Bohnen gefüllt. Schon das Auge freut sich an dem satten Glanz der rotbraunen Farbe. Jede Bohne ist ein klein wenig anders geformt, ein klein wenig anders rotbraun und die »Lackschicht«, die den Kern umgibt, reflektiert das Licht in den Variationen ihrer kleinen Unregelmäßigkeiten. Das heißt, man sieht sich nicht satt, wenn man hinein guckt, man ist in seinem Betrachten gefesselt. Dann taucht die Hand hinein. Die Bohnenkerne schmiegen sich eng an die Hand. Man empfindet sie wie kühles Wasser. Wie Wasser geben sie jeder Handbewegung sofort nach. Sie schließen sich erneut zusammen, so dass keine Lücke entsteht. Taucht die Hand unter die Bohnen, erheben sie sich in sanften Hügeln. Streicht die Hand wie ein U-Boot unter der Oberfläche durch den Kasten, gibt es ein andauerndes Erheben da, wo die Hand hin strebt, ein sanftes Sinken und Auslaufen, da, wo die Hand vorbei gestrichen ist. Dabei klickt es leise in hundertfachen Klicks. So kommt zum Spiel der Farben das der Bewegung, der Wellen und das Flüstern der in Bewegung geratenen Bohnenkerne hinzu. Dies alles geschieht bereits, wenn man nur die Hand eintaucht. Und schon fängt man an zu spielen, zieht Kreise, lässt das Klicken anschwellen oder verstummen, setzt Akzente, indem man von oben hinein greift oder zeichnet Linien in Farben, Wellen und Geräuschen. Es entstehen Bilder, wie sie in ähnlicher Weise im feinen, trockenen Sand entstehen können. Die äußeren Bilder setzen sich in inneren fort, in Landschaften, Bächen oder Meeren. Die Haut prickelt und lässt uns mit einer Gänsehaut zurück, durch die wir an neue innere Bilder erinnert werden.

Was im Bohnenbad möglich ist, scheint mehr als sensorische Stimulierung der Körpersinne zu sein. Zum einen sind die Erfahrungen des Körpers im Bohnenbad feinsinnlicher. Nichtbehinderte Kinder brauchen keine besonders deutlich hervorgehobenen und leicht identifizierbaren Wahrnehmungsmöglichkeiten – hervorstechende Farben, laute Geräusche, instabile Körperlage, überdeutliche Berührungserfahrungen –, sondern eine Differenzierung ihrer

Wahrnehmungserfahrungen. Sie brauchen auch keine isolierten Wahrnehmungserfahrungen im Sinne des Montessori-Materials, das bestimmte Wahrnehmungsmerkmale von anderen zu isolieren gestattet. Im Bohnenbad wird im Gegenteil die Komplexität der Sinneserfahrungen genutzt. Körpererfahrungen, die subtiler sind, als sie das Bällchenbad ermöglicht, verbinden sich mit anderen sensorischen Erfahrungen, Vorstellungen und Gedanken. Körpererfahrung bildet einen wesentlichen Teil der Gesamterfahrung im Augenblick. Es sind die vielfältigen Berührungspunkte dieser

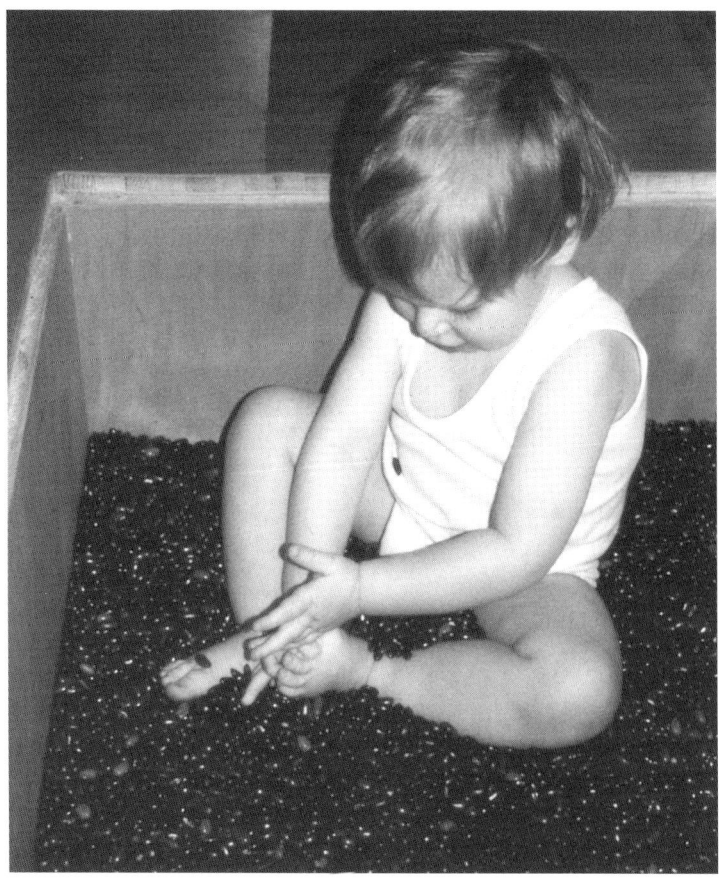

Wahrnehmungs- und Erfahrungsmöglichkeiten, die ein empfindendes, vorstellendes, fantasierendes Denken in Gang setzen. Wahrnehmungshorizonte rufen die Bedeutungshorizonte wach und diese richten die Aufmerksamkeit zurück auf die Wahrnehmungserfahrung. Während sensorische Stimulation sich ganz auf die Anregung von außen verlässt, entsteht hier ein Kreislauf der »Selbststimulation«, indem die Bilder, Bedeutungen und Wahrnehmungserfahrungen sich gegenseitig immer wieder neu anregen. Im Bohnenbad entstehen Geschichten.

Freilich kann man auch dem Bällchenbad unterstellen, dass es Vorstellungen und Fantasie anregt. Ein wesentlicher Unterschied jedoch bleibt. Die Geschichten, die das Bällchenbad hervorruft, sind auf ein Ausagieren gerichtet, diejenigen des Bohnenbads auf ein Differenzieren. Geschichten leben aus der Differenzierung. Man muss wissen, was Kinder brauchen.

2.3 Bildung der emotionalen Wahrnehmung

Gefühle werden gebildet

In besonderer Weise sind die emotionalen Wahrnehmungen auf eine nachgeburtliche Entfaltung angewiesen. Wir sind mit primären Emotionen – Furcht, Wut, Trauer, Freude – von Geburt an ausgestattet. Mit diesen Emotionen bewerten Neugeborene von Anfang an alle Ereignisse ihrer noch jungen Lebenserfahrung.

Um die Bedeutung der Emotionen für das »Denken der Wirklichkeitserfahrungen« auszuloten, scheint es sinnvoll, mit Damasio[1] zwischen primären und sekundären Gefühlen zu unterscheiden. Unter primären Gefühlen sind Gefühle zu verstehen, wie sie uns durch unsere biologische Ausstattung mitgegeben sind. Sie werden durch bestimmte Reiz- bzw. Schlüsselmerkmale in der

---

[1] Damasio, Antonio, R.: Descartes' Irrtum – Fühlen, denken und das menschliche Gehirn; München, Leipzig 1994, S. 183 ff.

Welt – also durch eine Beziehungserfahrung – im Körper ausgelöst und lassen eine angeborene Reaktion ablaufen, zum Beispiel Kampf oder Flucht. Auch ein Säugling reagiert reflexartig mit einer Schreckreaktion, wenn er körperlich nicht sicher gehalten wird und zu fallen droht.

Sekundäre Gefühle beruhen auf einer Veränderung der emotionalen Reaktionsmöglichkeiten durch die Lebens- und Beziehungserfahrungen. Primäre Gefühle sind in ihrer Äußerungsform noch roh. Sie werden in sekundäre Gefühle verwandelt, indem sie durch die Beziehungserfahrungen, die ein Kind zunächst zu Personen, später auch zu Dingen erlebt, verfeinert und bereichert werden. Man kann dann viele verschiedene Formen von Freude, Leid oder Trauer erleben, je nachdem, welche Erfahrungen man im Leben gemacht hat. Ohne ausreichende Beziehungserfahrungen aus zwischenmenschlichen und sachlichen Beziehungen bleiben die Gefühle aber grob und unentwickelt.

Es gibt also im Gehirn zunächst neuronale Bahnen, über die primäre Gefühle unkontrolliert in Handeln umgesetzt werden. In der frühkindlichen Entwicklung werden jedoch Nervenbahnen eingerichtet und verstärkt, die die Emotionen an die Steuerungszentren der Großhirnrinde – speziell in den vorderen Stirnlappen – weiterleiten. Damit wird es möglich, dass sie durch Denken beeinflusst werden, noch bevor sie in Handeln, also motorische Impulse, umgesetzt werden.

Diese kontrollierenden Bahnen arbeiten zwar differenziert, jedoch langsamer. Sie werden erst in der Pubertät endgültig im Nervennetz fixiert. Trotz ihrer Existenz können jedoch in wichtigen Situationen die ursprünglichen, direkten Bahnen – gleichsam als Notbahnen für schnelles Verhalten – benutzt werden. Der Preis für das Tempo dieser emotionalen Notreaktionen ist, dass sie nur allgemeine Standardreaktionen erlauben, die auf Standardsituationen des menschlichen Lebens programmiert sind, die in der menschlichen Evolution eine wichtige Rolle spielten wie das Kampf- oder Fluchtverhalten. Jeder, der schon einmal in einer Belastungssituation einen emotionalen »Kurzschluss« erlebt hat, kennt diese schnellen Reaktionen und hat sich wahrscheinlich auch schon darüber geärgert, dass er dabei etwas getan hat, was er bei genauerer Betrachtung besser unterlassen hätte.

Die differenzierten und kontrollierten emotionalen Reaktionen sind Reaktionen, die genauer als diese evolutionären Verhaltensmuster auf die sozialen Bedingungen in der Umwelt eines Individuums abgestimmt sind. Sie werden dadurch verfeinert und mit den Kontrollsystemen der Großhirnrinde verknüpft, dass sie in soziale Beziehungen eingebettet erfahren und als biografische Erfahrungen gespeichert werden. Durch die Gefühle werden neue Situationen im Licht vorausgegangener Erfahrungen emotional differenziert bewertet: Was einmal gefallen hat, wird herbeigewünscht; was Unlust verursacht hat, wird gemieden. Wenn Gefühle grob und ungebildet bleiben, wenn sie also durch zwischenmenschliche Beziehungen nicht differenziert wurden, taugen sie mit fortschreitendem Alter immer weniger dazu, in den zunehmend komplizierter werdenden Situationen eine hilfreiche Orientierung zu bieten. Sie stören dann nur noch und müssen beherrscht, d.h. fern gehalten werden. Eine Grundbildung der Gefühle muss daher bevorzugtes Anliegen aller Früherziehung sein – in der Familie wie in Institutionen. Diese Grundbildung der Gefühle setzt ein ausreichendes Maß an geeigneten Beziehungserfahrungen voraus.

Gefühle und Denken spielen zusammen

Der amerikanische Kinderforscher Greenspan[2] konnte zeigen, dass das kindliche Denken ohne Gefühle nicht entwickelt werden kann. Das hat nichts mit einer emotionalen Intelligenz zu tun, die der amerikanische Wissenschaftler Goleman[3] glaubte ausfindig machen zu können. Die mag es auch geben. Doch jetzt soll die Rede von einem Zusammenspiel zwischen Denken und Fühlen sein, durch das intelligentes Verhalten erst möglich wird. Dass dieses Zusammenspiel für die gesamte Lebensspanne gilt, hat Dama-

---

[2] Greenspan, Stanley, I.: Die bedrohte Intelligenz; München 2001.

[3] Goleman, Daniel: Emotionale Intelligenz; München, Wien 1995.

sio an vielen Beispielen nachgewiesen. Hier soll gezeigt werden, wie die Emotionen in den ersten beiden Lebensjahren das Denken anleiten. Am Beispiel einiger wichtiger Entwicklungsschritte wird die Rolle der Emotionen für das kindliche Denken erläutert.

Ordnung und Abgrenzung von Objekten

Wie in Kapitel 2.1 dargestellt, kommen Neugeborene zwar mit weitgehend funktionierenden Sinnen auf die Welt, müssen in der Vielfalt und Unstrukturiertheit der Sinneseindrücke aber erst die Ordnungen entdecken, die es erlauben, diese Wahrnehmungen zu Objekten und Phänomenen zu sortieren. Das Kind muss den Dingen erst Konturen verleihen, die es in voneinander abgrenzbare und damit erkennbare Objekte und Subjekte verwandelt. Es war schon die Rede davon, dass sich die Wahrnehmungsweisen in den ersten Lebensmonaten den Bedingungen einer bestimmten Umwelt anpassen. Das Kind wird also zuallererst »lernen«, wie man Subjekte und Objekte in dem entdeckt, was an Wahrnehmungsreizen auf es einströmt.

Zur Orientierung in dieser noch unerschlossenen Wahrnehmungswelt stehen den Neugeborenen die Emotionen zur Verfügung. Diese Emotionen äußern sich »erbarmungslos«, das will sagen, noch ohne Rücksicht auf die außenstehenden Erwachsenen. Ohne die emotionale Bewertung könnten die Neugeborenen nicht »erkennen«, was die jeweils gegebene Situation für sie bedeutet.

Die Integration von Wahrnehmungseinheiten

In der Zeit zwischen dem dritten und dem sechsten Monat gelingt es dem Säugling, Zusammenhänge aus dem Fluss der Ereignisse herauszugliedern. Er entdeckt also nicht nur Gegenstände oder Teile von Personen, wie das Gesicht, sondern erlebt sie als Teil von alltäglichen Szenen, in die sie eingebettet sind. Als Erinnerungen von Szenen werden sie im Gedächtnis behalten. Dadurch wird es möglich, diese oder eine vergleichbare Erfahrung wieder zu erwarten, zum Beispiel gebadet oder gefüttert zu werden. Wann eine Handlung beginnt oder zu Ende geht, kann das kleine Kind aus dem Fluss und der Dramatik der Empfindungen und Gefühle herauslesen, die durch die Wahrnehmung der Szene hervorgerufen werden. Es fühlt, wann etwas beginnt oder zu Ende geht.

Das setzt voraus, dass das, was das Kind sieht, hört, fühlt und erlebt, auch einen Zusammenhang bildet und nicht plötzlich und zufällig in sein augenblickliches Leben einstürzt. Darüber hinaus ist es wichtig, dass das, was andere beteiligte Personen tun und erleben, auch zu dem passt, was der Säugling tut und erlebt. Sonst kann er keinen Zusammenhang zwischen seinem Erleben und der Erfahrung einer anderen Person in der gleichen Situation herstellen.

Die Gefühle, in das Erleben von zusammenpassenden Beziehungen eingebettet, erfahren eine Abstufung, eine Verfeinerung. Das Interesse des Säuglings an den Personen, die mit diesen Gefühlen verbunden sind, also den vertrauten Personen seiner Umgebung, wächst. Diese Feinabstufung des Interesses und der Emotionen gelingt am besten, wenn die Mutter ihre Handlungen auf die Möglichkeiten und Erwartungen des Kindes ausreichend abstimmt. Wo dies nicht der Fall ist, gibt es wenig Spielraum für die Entwicklung solcher Abstufungen. Es sind also die beginnenden Erlebnisse von Beziehungen und ihre spezifische Qualität, die eine Differenzierung der Gefühle herbeiführen.

Austausch und Abstimmung

Obwohl weder Symbole noch Sprache zur Verfügung stehen, beginnen Babys in der zweiten Hälfte des ersten Lebensjahres, mit Mimik und Gestik vorsprachliche Unterhaltungen zu führen. Solche Momente von gesprächsähnlichem Austausch sind wohl in den Mutter-Kind-Beziehungen von Anfang an vorhanden. Sie beruhen weitgehend darauf, dass die Mutter das entziffern kann, was das Baby durch sein Verhalten mitteilt. Nun geht es aber darum, dass das Kind mit seinen immer noch vorsprachlichen Mitteln – Geräuschen, Gebärden, Mimik – stärker von sich aus den Dialog mitgestaltet.

Diese Fähigkeit zu einem Zwiegespräch ohne Sprache ermöglicht es, dass das Verhalten zwischen Mutter und Kind aufeinander abgestimmt wird. Das Zusammenspiel zeigt sich zum Beispiel darin, dass Mutter und Kind ihre Aufmerksamkeit gemeinsam auf einen Gegenstand ausrichten, und daran, dass sie etwas gemeinsam tun. Diese soziale Abstimmung wird vor allem dann wichtig, wenn das Kind unsicher ist, ob es etwas tun soll, eine Unsicherheit, die gegen Ende des ersten Lebensjahres auftritt: Das Kind »schaut … zur Mutter hin, um ihrem Gesicht abzulesen, was sie empfindet; es will im Grunde sehen, was es selbst empfinden sollte, sucht nach einer zweiten Beurteilung der Situation, die ihm aus seiner eigenen Unsicherheit heraushelfen könnte«.[4]

Die emotionale Vereinbarung, die dabei zwischen Mutter und Kind getroffen wird, entscheidet mit darüber, welchen Dingen das Kind sein Interesse und seine Aufmerksamkeit schenkt. Gelingt diese Abstimmung, wird das Kind in seinen selbstständigen Aktionen sicherer werden. Immer mehr wird es seine Gefühle dabei eigenständig ausbalancieren können. Das soziale Band, das die Aktionen des Kindes leitet, verlängert sich allmählich. Es ermöglicht zunächst die Distanz im gleichen Zimmer, später dann auch in verschiedenen Räumen – wenn die Tür offen ist.[5]

Wo eine solche Abstimmung zwischen Kind und Erwachsenem ausreichend gelingt, kann das Kind auch seine Grenzen, die Grenzen der Dinge und der anderen Menschen deutlicher wahrnehmen und akzeptieren. Diese Grenzerfahrungen zeigen nicht nur Grenzen des Denkens oder soziale Grenzen an. Sie müssen auch

---

[4] Stern, Daniel: Die Lebenserfahrung des Säuglings; Stuttgart 1992, S. 189.

[5] Alleinsein mit anderen, hat der englische Psychoanalytiker und Kinderarzt D. W. Winnicott diese Fähigkeit genannt. Das bedeutet, das Kind kann sich mit sich und seinen Dingen beschäftigen, ohne dass es dabei das Gefühl hat, dass seine Beziehungen zu den anderen ihm während dieser Zeit verloren gehen. Umgekehrt ermöglicht ihm diese Sicherheit auch, sich selbst in der Anwesenheit anderer so abzugrenzen, dass es sich mit etwas anderem einlassen, sich an etwas anderes verlieren kann und nicht damit beschäftigt sein muss, seine Beziehungen zu den wichtigen Personen seiner Umgebung ununterbrochen aufrecht zu erhalten.

gefühlsmäßig verkraftet werden. Sie können sich mit Angst oder Enttäuschungen verbinden oder auch emotionale Rückzüge hervorrufen. Im günstigen Fall jedoch bieten sie einen lustvollen Ansporn zu neuen Eroberungen.

Situationen, die das Kind häufig in ähnlicher Weise erfahren hat, bleiben als Muster von gelebten Erfahrungen in Erinnerung. Die in diesen Mustern bevorzugten Erlebnis- und Verhaltensweisen werden fortan, wenn möglich, immer wieder aufgesucht und weiter ausgearbeitet: Die dabei ausgeblendeten Erfahrungsmuster hingegen werden gemieden und die damit verbundenen Erfahrungszusammenhänge nicht weiter bedacht. Sie erhalten später auch »keine Stimme«, d.h. es wird nicht über sie gesprochen. Damit werden sie dem gelebten Erfahrungsschatz entzogen.

Frühe Muster der Welterfahrung und der Selbsterfahrung

Im Alter zwischen zwölf und achtzehn Monaten können solche Erfahrungsmuster zunehmend aus dem Zusammenhang einer erlebten Situation herausgelöst werden. Erinnerte Muster dienen als Leitfaden, um neue Situationen zu ordnen und einzuschätzen. Sie dienen von nun an aber auch zunehmend als Bausteine für Szenen kindlicher Spiele, in denen neue Erlebens- und Erfahrungsmuster erfunden und ausprobiert werden. In Vorstellung, Fantasie und Spiel werden die bisher erworbenen Erfahrungsmuster nicht nur geordnet, sondern können auf einer Bühne des Probehandelns neu zusammengesetzt und umgestaltet werden. Der Wechsel zwischen Nachahmung und Veränderungen ermöglicht dem Kind, aus immer wieder veränderten Blickwinkeln auf das zu sehen, was es erfahren hat. Distanz zu sich selbst und Einfühlung in andere haben hier ihren Ursprung.

Im Bereich des Gefühlserlebens und Gefühlsausdrucks prägen sich nun deutliche, individuelle Profile aus. Kinder suchen die Felder ihrer bevorzugten Erlebnisweisen auf und entwickeln dort fortlaufend neue Erfahrungsbereiche weiter, während sie anderen »aus dem Weg gehen«, was wörtlich zu verstehen ist, sobald sie laufen können. Dies geht einher mit der sozialen Ausdifferenzierung der Empfindungs- und Gefühlsbereiche. Dabei können ganze Bereiche des Wahrnehmens, Empfindens, Erlebens ausdifferenziert oder aus dem Erfahrungsbereich ausgeblendet werden. Es mag sein, dass jemand hundert Weisen der Zuwendung oder Zuneigung entwickeln kann, aber keine Möglichkeiten der Ablehnung, der Abgrenzung oder der Äußerung von Aggressionen entwickelt oder sich in diesem Bereich auf wenige, archaisch erscheinende Grundmuster beschränkt sieht. Solche einmal etablierten Schwerpunktsetzungen prägen das emotionale Erkenntnismuster dauerhaft und dies umso mehr, je mehr sie im Verlauf der weiteren Entwicklung bestätigt werden. Die persönlichen Gefühlsmuster leiten auch die Spiele. Sie werden aber durch Spiele weiter verändert.

Was tragen Emotionen zur Differenzierung des Denkens von kleinen Kindern bei? (Zusammenfassung)

Aus der Perspektive der Begegnung eines Neugeborenen mit der Welt, die es noch nicht kennen kann, sieht eine Entwicklungslinie vielleicht so aus:

Den Ausgangspunkt bildet eine Fülle von ungeordneten Reizen, die so eingeschränkt werden muss, dass darin wahrnehmbare und handhabbare Muster erkennbar werden.

(1) Zunächst erfolgt eine Abgrenzung von einzelnen Objekten aus einem unüberschaubaren Zusammenhang. Die Bedeutung dieser Objekte wird durch die Gefühle erfasst.

(2) Dann werden Personen und Objekte als Teil von Alltagszusammenhängen – Szenen – entdeckt. Es sind Empfindungen und Gefühle, die diese szenische Einheit erkennbar machen.

(3) Die Wahrnehmungs- und Erlebniseinheiten werden mit der sozialen Umgebung abgestimmt. Auch hier sind es die Emotionen, die dieser Abstimmung eine Orientierung geben.

(4) Dann öffnet sich ein Spielraum für Vorstellungen und Fantasien mit Bildern und Szenen der vergangenen Erfahrungen. Gefühl

und Denken regulieren dieses Spiel wechselseitig.

(5) Hinweis auf die Sprache: Damit ist ein Ausgangspunkt erreicht, um die so gewonnenen Muster gelebter und gespielter Erfahrung allmählich auch in Sprache zu fassen. Erfahrungen können dann sprachlich-logisch geordnet werden. Während bislang Gefühle und Denken problemlos automatisch zusammenarbeiteten, ergibt sich nun die Möglichkeit, beides voneinander zu trennen: Man kann – wenn man will – über das Eine oder das Andere sprechen; d. h. man kann aus dem Denken die Gefühle herauslassen. Das Umgekehrte war vorher schon möglich.

2.4 Vorstellung

Die Entstehung innerer Bilder

Die Entstehung innerer Bilder kann man am Ende des ersten Lebensjahres vermuten. Zu dieser Zeit fangen Kinder an zu zögern, wenn sie auf etwas Neues stoßen. Sie versichern sich erst einmal der Zustimmung der Mutter, bevor sie darauf zugehen. Daher müssen sie eine Art Vorstellung von dem haben, was geschehen könnte. Um die gleiche Zeit fangen Kinder an, Nachahmungen aufzuschieben. Wenn sie später spielend das reproduzieren, was sie nachgeahmt haben, worauf greifen sie dabei zurück? Vermutlich auf eine szenisch-bildliche Erinnerung. Wenn vor den Augen der Kinder etwas verschwindet, werden die Kinder nicht gleich wegsehen, als ob der Gegenstand nicht mehr vorhanden wäre. Sie werden den Weg des Gegenstands noch eine Weile wie vor einem inneren Auge weiterverfolgen und darauf warten, dass er an einer anderen Stelle dieses Weges wieder auftaucht. Auch hierbei muss es so etwas wie eine innere Vorstellung von der verschwundenen Sache geben. Vorstellungen sind noch keine Fantasien. Vorstellungen sind innere Bilder von den Dingen oder Szenen, die man erfahren hat. Noch bevor etwas in Sprache gefasst wird, wird es als Szene und Bild repräsentiert. Mit diesen Repräsentationen kann das Kind umgehen wie mit Gedanken. Vor allem wird es damit spielen. Die ersten Nachahmungsspiele zeigen, dass diese Bilder nicht nur in einem szenischen Handeln wieder zurückkehren, sondern auch, dass sie vom Kind umgewandelt werden. Es verändert sie, indem es sie spielt. Im So-Als-Ob-Spiel wird diese Freiheit ausgeweitet. Es bildet einen Bereich zwischen Vorstellen und Handeln, in dem Vorstellungen zu Handlungen umgewandelt und Handlungen in Vorstellungen weiterentwickelt werden.

Über Bilder können auch Vorstellungen vom eigenen Selbst entwickelt werden. Diese Selbst-Bilder sind nicht mehr nur der Widerschein von Erfahrungen, die ein Kind mit anderen gemacht hat. Sie treten ihm – als Bild – nun auch gegenüber. Es kann sie wahrnehmen wie wenn sie etwas anderes als es selbst wären. Auch dies wird im Spiel wieder am deutlichsten: Das Kind sieht sich als Mutter, Hund, Feuerwehrmann oder Ärztin. In diesen Vorstellungen von sich und anderen erweitert das Kind sein Selbstbild um einzelne Facetten, die es aus diesen Bildern nimmt.

Mit Bildern denken

Die Welt der inneren Bilder wird in dem Maße reicher, indem neue Wirklichkeiten wahrgenommen und die vorhandenen Bilder dadurch verändert, differenziert und erweitert werden. Wer nichts Neues wahrnimmt, kann diese Bilderwelt nicht bereichern. Doch das ist bei kleinen Kindern, für die so vieles neu ist, unwahrscheinlich. Mit jedem Tag sammeln sie neue Bilder, verleiben diese ihrer Vorstellungswelt, ihrem Denken ein. Je mehr Bilder sie einsammeln, desto mehr Vorrat an Vorstellungsmöglichkeiten haben sie, desto mehr können sie aus diesen Vorstellungen neue Bilder zusammenstellen und spielerisch ausprobieren. Gegen Ende des zweiten Lebensjahres, wenn die Kinder in die Welt der Sprache eintreten, können diese Bilder immer komplexer werden. Sie bestehen nicht mehr aus dem, was man in der Wirklichkeit gesehen hat und sich nun vorstellen kann. Vielmehr werden sie selbst zu einem Mittel, die Wirklichkeit zu denken. Und diese Wirklichkeit setzt sich aus wenigstens zwei Schichten zusammen.

Die eine ist die Schicht der Bilder, die aus der vielsinnlichen Wahrnehmung der Wirklichkeit gewonnen wurden. Das bedeutet, dass die Bilder nicht nur die Wahrnehmungen des Auges und des körperlichen Handelns wiedergeben, sondern auch die Eindrücke der anderen Sinne wie auch der Gefühle, die mit diesen Wahrnehmungen verbunden sind. Diese Bilder haben also Qualitäten, die sie von den reinen Reproduktionen einer sichtbaren Wirklichkeit unterscheiden.

Das weist auf die zweite Schicht hin, die an der Bildung dieser Bilder beteiligt ist: die Welt des inneren Erlebens. Es sind auch innere Intentionen und Wünsche, die sich in Bildern ausdrücken. Gefühle werden in Bilder gefasst. Traurig ist, wenn die Blume den Kopf hängen lässt. Beziehungen drücken sich in Bildern aus (der Wauwau-Papa und die Mietze-Mama; eine ganze Plüschtier-Industrie lebt davon, Gefühle und Beziehungen in Tierform zu versinnlichen und zu verkaufen). Die Kinder werden zunehmend fähig, sich ihr Verhalten im Kopf vorzustellen, bevor sie eine Handlung ausführen. Wenn wir von einer inneren Welt sprechen, die in den Köpfen der Kinder entsteht, tragen wir dem Gedanken Rechnung, dass all das, was einem Menschen wichtig ist, in seinem Kopf als Bild oder Szene gedacht wird – ob es dann auch ausgesprochen wird oder nicht.

Wir müssen also davon ausgehen, dass nicht nur Vorstellungen zu inneren Bildern werden, die aus der Wirklichkeit gewonnen wurden, sondern dass diese Vorstellungen selbst zu Trägern von Gedanken werden. Gedanken, für die es (noch) keine Sprache gibt, bleiben darauf angewiesen, in solchen Bildern gedacht zu werden. Andere können in die gesprochene Sprache übersetzt werden, sobald ein Kind sprechen kann. Trotzdem wirken die inneren Bilder oft viel kräftiger als die Worte, weil sie in der Lage sind, viel von dem sinnlich-emotionalen Erfahrungshintergrund auszudrücken, wofür man sonst viele und sehr differenzierte Wörter braucht.

Symbolisches Denken

Während im ersten Lebensjahr das kindliche Weltbild eigentlich kein Bild ist, sondern der innere Niederschlag von Handlungen und Aktionen, gelingt es mit den inneren Szenen, Vorstellungen und Bildern, die Welt, die man erlebt hat, im Kopf zu denken. Bilder, die von den Mitmenschen geteilt werden, erlauben es, sich darüber auch mit anderen zu verständigen. Kinder tun das ab dem zweiten Lebensjahr über die gespielten Bilder. Wenn dann am Ende des zweiten Lebensjahres die Möglichkeit zu sprechen hinzukommt, kann das, was in Bildern gedacht und ausgedrückt wird, auch in Sprache übersetzt werden. Bilder und Sprache fassen in Symbole, was erlebt und gedacht wird. Was in diesen ersten beiden Lebensjahren geleistet wird, ist also ein Übergang von einer *Aktionsform des Denkens* zu einer *symbolischen Form.* Man muss den Spracherwerb des Kindes in diesem Zusammenhang sehen. Sprache ist eine Weise des Denkens, nicht nur die Fähigkeit, richtig zu sprechen.

Was aber auch deutlich wird: Die Sprache ist nicht die einzige Form, etwas in Symbole zu fassen, mitteilbar zu machen und zu denken. Jede Umgangsweise mit der Wirklichkeit kann in eine Sprache verwandelt werden, in eine Sprache, die etwas von dem aussagt, was ein Mensch mit einer Erfahrung, einem Erlebnis verbindet. Jede Kunst ist in diesem weiten Sinne eine solche Sprache. Mit Hilfe der Musik kann man über andere Erfahrungsdimensionen »sprechen« als mit Wörtern; mit Bildern oder architektonischen Räumen wieder über andere. Es braucht zu all dem nur Menschen, die diese Sprachen verstehen. Das setzt wieder gewisse Konventionen (Stile, Merkmale) voraus, über deren Bedeutung sich diese Menschen einig sind. In diesem Sinne haben auch Kinder viele Sprachen. Es fällt uns häufig nur schwer, diese Sprachen zu verstehen, weil wir die Regeln nicht kennen, nach denen die Kinder sie »sprechen«. In die denkende Verarbeitung geht also in den ersten Lebensjahren ein, was über die sensorischen Erfahrungen in innere Bilder und in eine symbolische Sprache transformiert wurde. Reichtum oder Armut des Denkens hängen so von der Fülle und Differenziertheit der inneren Bilder und damit auch von der

Qualität der sensorischen Erfahrungen ab. Darum ist es wichtig, mit diesen inneren Bildern zu spielen, sie bewusst zu verändern, Teile von ihnen mit anderen zusammenzuschließen, wieder andere dabei abzutrennen. Dies gilt für die Bilder von sozialen und von sachlichen Beziehungen wie auch von Bildern des eigenen Selbst. Die so entstehenden symbolischen Welten sind aus konkreten Beziehungen erwachsen. Die Qualität dieser Beziehungen gibt ihnen ihre subjektiven Bedeutungen. Wenn es die Emotionen sind, die diese subjektiven Bedeutungen ausdrücken, dann sind sie es auch, die den Bildern ihren Sinn geben.

2.5 Spielen als Bildungsprozess

Einem Beobachter, der Kindern bei ihren Tätigkeiten zusieht, fällt ins Auge, dass sie spielen. Wenn sie nicht spielen, langweilen sie sich – wie mir ein Kind einmal bekannte. Eine Bildungstheorie für das frühe Kindesalter, die von der Eigenaktivität des Kindes ausgeht, wird also damit beginnen müssen, ein Verständnis für die Bildungsprozesse zu entwickeln, die im kindlichen Spiel wie selbstverständlich ablaufen.

Spiel ist freilich nur ein sehr allgemeiner Oberbegriff für eine Fülle von Tätigkeiten, die das Kinderleben – und auch das der Erwachsenen – durchziehen. Als Spiel gelten die Gestaltungen des Kindes, das Bauen und das Malen, das Imitieren, das Übernehmen von Rollen, das Durchprobieren von Situationen, das Wiederholen und Ordnen starker Eindrücke. Im Spiel vollzieht sich Einübung, Entlastung, Aneignung, Austragen von Kräfteverhältnissen, symbolische Weltdeutung, seelische Heilung und vieles mehr.[1] Will man nun die bildenden Prozesse all dieser Spielphänomene erfassen, gibt es zwei Möglichkeiten: Man kann die Funktionen untersuchen, die durch das Spiel aktiviert werden, oder die Strukturen ausfindig machen, die ein bestimmtes Verhalten zum Spiel machen.

---

[1] Flitner, Andreas: Spielen – Lernen; München 1996, 10. Aufl.

Funktionen des Kinderspiels

Hält man sich an die Funktionen, so scheint es nahezu keine menschliche Möglichkeit zu geben, die nicht auch ins Spiel einbezogen werden kann: Sinnliche, körperliche, kognitive, emotionale, moralische, soziale Fähigkeiten hat man in den Kinderspielen nachweisen können, so dass man sich fragen muss, ob das Spiel eine spezifische Aufgabe in der Ausbildung von Funktionen oder Fähigkeiten übernehmen kann. Diese Frage wird spätestens seit den Arbeiten von Groos[2] intensiv bei Tier und Mensch untersucht. Bleiben wir zunächst bei den Tieren, dann möchte man Groos zustimmen, das Spiel als eine Einübung in die spezifischen Lebensweisen und Aufgaben einer Tierart zu betrachten. Jeder kann an Hunden und Katzen beobachten, wie sie ihre Fähigkeiten zur Jagd, ihr Geschlechtsverhalten oder ihre körperliche Geschicklichkeit in ihrer Kindheit und Jugend im Spiel trainieren, um dann für den Ernstfall gerüstet zu sein. Neben der Ausbildung für das Leben eines erwachsenen Tiers scheint das Spiel aber auch der Erholung zu dienen. Schließlich finden wir, dass Tiere auch Lebensbereiche ins Spiel einfließen lassen, die in der Wirklichkeit nicht genügend gefordert werden. Die neuere Tierverhaltensforschung hat aber nicht nur einzelne Funktionen und Fähigkeiten aus dem Spiel analysiert, sondern die Vielfältigkeit und Flexibilität des Spiels selbst als eine wesentliche Funktion herausgearbeitet. Danach ist jedes Spiel ein Informationsgewinn für das Individuum. »Die beste Strategie, um anwendbare Information zu gewinnen, besteht ja darin, möglichst unbeschränkt Information aufzunehmen, denn unter dieser Voraussetzung ist darin mit der größten Wahrscheinlichkeit auch die nützliche Information enthalten.«[3]

Eine ähnliche Entwicklung findet man in den psychologisch orientierten Untersuchungen zum Kinderspiel. Hier dominieren Aussagen zu drei Bereichen: Spiel scheint besonders für die kogni-

---

2 Groos, Karl: Die Spiele der Tiere; Jena 1896; ders.: Die Spiele der Menschen; Jena 1899.

3 Hassenstein, B.: Instinkt, Lernen, Spielen, Einsicht; München 1980, S. 121.

tive, emotionale und soziale Entwicklung von großer Bedeutung zu sein. Im kognitiven Bereich geht es dabei nicht nur um die Entwicklung des logischen Denkens, das seinerseits dem Spiel ja gar nicht so nahe steht; vielmehr öffnen sich spielend Felder, in denen sich Neugier, Ausprobieren und Erfindung tummeln können. Spiel braucht – wie Heckhausen [4] beschrieben hat – ein mittleres Erregungsniveau, damit es einerseits nicht langweilig, andererseits nicht zur geistigen Plage wird. In neuerer Zeit wird die Betonung auf die imaginativen Aspekte des Spiels gelegt, auf die Möglichkeiten, sich spielerisch verschiedenste Wirklichkeiten zu »vergegenwärtigen« und im Bereich des Als-Ob zu durchdenken.

Die emotionale Bedeutung des Spiels wurde vorrangig in der Kinderpsychotherapie herausgearbeitet. Hier steht die Möglichkeit im Vordergrund, im Spiel emotionale Beziehungen zu vergegenwärtigen, zu strukturieren und zum Teil zu bewältigen. In diesem Sinne hat Spiel eine Selbstheilungsfunktion für emotionale Probleme. Wo diese Funktion durch biografische Bedingungen verloren gegangen ist, kann Spieltherapie versuchen, sie wieder herzustellen.

Ebenso scheint die soziale und moralische Entwicklung dem Spiel so viel zu verdanken, dass manche Pädagogen vor allem darin eine Rechtfertigung für die pädagogische Bedeutung des Spiels sehen. Aber Kinder würden vermutlich sehr schnell zu spielen aufhören, wenn man an ihrem Spiel nur ihre Fähigkeiten zur Beachtung moralischer und sozialer Prinzipien ablesen würde.

Fragt man nur nach den Funktionen des Kinderspiels, so bleibt unklar, ob Kinder spielen müssen, um die genannten Kompetenzen zu erwerben. Oder gäbe es vielleicht andere oder sogar bessere Förderungsmöglichkeiten dafür? Deshalb muss man auch die Frage beantworten, was denn das Spiel – unabhängig von seinen unterschiedlichen Inhalten – zum Spiel macht. Es geht um eine Grammatik des Spiels, die offensichtlich anders vorgeht als eine Grammatik des Lernens oder der Arbeit.

---

[4] Heckhausen, Heinz: Entwurf einer Psychologie des Spielens; in: Psychologische Forschung, 27. Jg. 1964, S. 225–243.

Grammatik des Spielens

Eine solche Grammatik setzt mit Beschreibungen der typischen Merkmale des spielerischen Verhaltens ein. Über einen gewissen Grundkanon in diesen Beschreibungsmerkmalen ist man sich weitgehend einig (dazu besonders Scheuerl 1990 [5]): Spiel ist frei von äußeren Zwecken und erstrebt auch keine bestimmten Ziele. Damit bildet es einen eigenen Verhaltensbereich, erzeugt seine Spannung und Motivation immer wieder aus sich selbst und hält diese so lange aufrecht, wie gespielt wird. Der Spielbereich grenzt sich von anderen Verhaltensbereichen ab; man betritt ihn, wenn man sagt: »Ich spiele!«, man verlässt ihn, wenn man etwas anderes macht. Diesem psychischen Raum, in dem das Spiel sich ansiedelt, entspricht ein zeitlicher Raum: Das Spiel hat einen Anfang und ein Ende. Dazwischen bildet jedes Spiel seine eigene zeitliche Gestalt, spürbar im Ablauf seiner spezifischen Dramatik. Diese Dynamik wird wesentlich auch dadurch in Gang gesetzt, dass im Spiel Gegensätze und Widersprüche nebeneinander bestehen bleiben können und nicht in der einen oder anderen Richtung logisch entschieden werden müssen. Im Raum des Spiels versammeln sich schließlich Vorstellungskraft und Fantasie. Sie bilden einen Bereich eigener Gesetzlichkeit, neben den Regeln, die die Wirklichkeit steuern.

Aus psychoanalytischer Sicht verbindet Winnicott [6] die Entstehung eines psychischen Zwischenbereichs mit dem Spiel. Er nennt den Zwischenbereich einen »intermediären Raum«. Er ist dadurch gekennzeichnet, dass er einerseits mit Vorstellungen aus der Wirklichkeit gefüllt wird. Insofern besteht das Spiel aus Bildern aus der Wirklichkeit. Kinder spielen etwas, was sie kennen. Andererseits können sie diese Wirklichkeiten so behandeln, wie es ihren Wünschen entspricht. Weil Spiel keine Wirklichkeit ist, sondern eine Simulation der Wirklichkeit, ein So-tun-als-ob, können sie mit ihren Wünschen die Wirklichkeit verändern. So kann Neues entstehen.

---

5 Scheuerl, Hans: Spiel: Untersuchungen über sein Wesen, seine pädagogischen Möglichkeiten und Grenzen; Weinheim, Basel 1996.

6 Winnicott, Donald, W.: Vom Spiel zur Kreativität; Stuttgart 1973.

Spielerische Beziehungen prägen insbesondere die frühe Kindheit. Dort scheinen sie die zentrale Möglichkeit zu sein, zu den verschiedensten Wirklichkeiten des Lebens Verbindung aufzunehmen, sie kennen zu lernen und auszuprobieren. Weil die Kinder die Gesetze der Wirklichkeit noch nicht kennen, weil für sie aber auch wichtig ist, ihre eigenen Wünsche und Hoffnungen in die Wirklichkeit hineinzutragen, um ein Leben zu leben, das als sinnvoll und erfüllt erlebt werden kann, brauchen sie einen Spielraum, in dem sie ausprobieren können, wie viel Wunschwelt die Wirklichkeit verträgt und wie viel Wirklichkeit notwendig ist, damit die Wünsche nicht nur Fantasie bleiben. Kinder brauchen Spiel, um Utopie und Wirklichkeit miteinander zu versöhnen.

Warum also spielen Kinder? Indem sie sich im Spiel der Wirklichkeit hingeben, erfahren sie zum einen die Wirklichkeit, ohne ihr gleich realistisch gerecht werden zu müssen. Sie tragen zum Zweiten ihre Wünsche in die Wirklichkeit und verändern sie danach. Und sie probieren drittens die neu entstehenden Wirklichkeiten in einem Bereich der Simulation aus, stellen spielend fest, welche Konsequenzen sich aus diesen vorgestellten Wirklichkeiten ergeben könnten. Spielen ist also eine wichtige Tätigkeit, um die Welt als etwas zu erfahren, wo man mit seinen Wünschen und Vorstellungen zu Hause sein kann. Im Spiel lernt man nicht nur etwas über die Welt, sondern richtet sein Verhältnis zur Wirklichkeit so ein, dass man allmählich die Notwendigkeiten der Wirklichkeit mit den persönlichen Bedürfnissen versöhnt. Für diese Versöhnung brauchen Kinder Zeit und Möglichkeit zum Ausprobieren. Deshalb – und nicht nur, weil das Spiel das Sozialverhalten, die körperliche und geistige Geschicklichkeit, das Vorstellungsvermögen oder sonst etwas übt; kein Kind würde aus solch einem Grund spielen – ist das Spiel das wichtigste Lernfeld in der frühen Kindheit. Und auch die Erwachsenen spielen noch, wenn sie in Kunst und Wissenschaft Neues erfinden oder sich dem Lesen, dem Musikhören, dem Besteigen von Bergen, Fliegen oder Reisen hingeben.

Einige Facetten dieses Weges, über das Spiel mit der Wirklichkeit Verbindung aufzunehmen, sollen in den folgenden Abschnitten nachgezeichnet werden.

Vom Ort des Spiels in der Beziehung zwischen Kind und Welt

In den ersten drei Lebensmonaten scheint es noch keine spielerischen Phänomene zu geben, die man bei Säuglingen beobachten könnte. Allerdings gibt es eine wichtige Einsicht über einen Vorläufer des Spiels, die Nachahmung. Meltzoff/More[7] haben zeigen können, dass Säuglinge vom ersten Lebenstag an fähig sind, ihre Eltern zu imitieren. Allerdings beziehen sich diese Möglichkeiten vor allem auf drei mimische Gebärden des Gesichts: das Herausstrecken der Zunge, das Öffnen des Mundes und das Schürzen der Lippen.

Zum Zweiten gibt es ein wichtiges Merkmal, das für das Spiel in vielen Fällen wesentlich zu sein scheint, und das ebenfalls bereits in den ersten Lebensmonaten erfahrbar ist: Kinder unterscheiden nicht, auf welche Weise sie die Wirklichkeit um sich herum wahrnehmen. Sie nutzen alle Wahrnehmungsweisen gleichzeitig und können von Anfang an all das, was sie hören, sehen oder fühlen, miteinander in Beziehung setzen.

Es wurde bereits dargestellt, dass Kinder zunächst einmal Objekte und Personen aus dem unendlichen Fluss von Wahrnehmbarem ausgrenzen müssen. Dann erfahren sie diese Dinge jedoch nicht als einzelne Gegenstände, sondern als Teil einer erlebten Szene. Damit ist das zentrale Element gewonnen, mit dem man spielen kann. Im Spiel wird vorgestellte Wirklichkeit in Szenen gefasst. Damit sind zu diesem frühen Entwicklungszeitpunkt zwei wesentliche Grundbausteine spielerischen Verhaltens in ihren Grundelementen gegeben: einfache Formen der Nachahmung (ein wichtiger Baustein der Kommunikation) und die Erfahrung szenisch handelnder Strukturierung (als Organisator und Gestalter eines Zusammenhangs).

Dies geht einher mit einer Art des Eltern-Kind-Dialogs, dem bereits deutliche Elemente spielerischen Verhaltens anzumerken sind: Funktionslust, Wiederholung und Variation. Sie finden sich in

---

7   Meltzoff, A. N., Moore, M. K.: Newborn infants imitate adult facial gestures; in: Child Development 54, 1983, S. 702–709.

dem, was die Säuglingforschung »Mitziehen« nennt. Brazelton und Cramer haben es zusammengefasst: »Lächelt die Mutter, so lächelt das Baby zurück; nun wird sie ihr Lächeln intensivieren, das Baby wird erneut lächeln. Mit dem dritten Lächeln verlegt das Baby sich unter Umständen darauf zu ›erzählen‹. Wenn sie merkt, dass das Spiel sich geändert hat, wird sie dem Baby auf gleiche Weise antworten. Nun variiert das Baby den Tonfall seiner Lautäußerungen. Die Mutter erweitert ihre Antwort um ein Wort, um ihr Nachdruck zu verleihen. Das Baby strahlt auf und wiederholt den Laut. Sie fügt ein weiteres Wort hinzu; das Baby antwortet ein drittes Mal. Nun wird sie versuchen, den Dialog noch weiter zu steigern. Der Säugling wird die Sequenz bald beenden und wegsehen, als wolle er sagen: ›Das reicht für's Erste.‹ Im nächsten Spiel verlegen sie sich vielleicht auf motorische Aktivitäten und ahmen einander nach: Achselzucken, Gesichterschneiden usw.«[8]

»Sobald es möglich ist, einen längeren Dialog miteinander zu führen, beginnen sowohl die Eltern als auch die Säuglinge, die Grenzen des Babys zu testen und zu erweitern. Sie versuchen, die Fähigkeit des Babys zu steigern, (1) Informationen aufzunehmen und auf sie zu reagieren, und (2) sich zurückzuziehen und sein Gleichgewicht wiederzugewinnen. Im Laufe des dritten und vierten Lebensmonats bringen sensible Erwachsene das Baby an die Grenzen dieser beiden Fähigkeiten und geben ihm dabei Zeit und Gelegenheit wahrzunehmen, dass sie diese gesteigerten Fähigkeiten in ihr eigenes Verhaltensrepertoire aufgenommen haben. Die Mutter hat ihre Rolle gelernt; jetzt kann das Baby ›üben‹. Da Mutter und Säugling nun über einen längeren Zeitraum hinweg in harmonischem Einklang kommunizieren, können sie miteinander spielen: Auf jedes Lächeln, jede Lautäußerung und jede Berührung erfolgt die entsprechende Antwort.«[9]

Die Rolle von Mutter und Vater sind bei diesen »Mitziehspielen« bis an die Grenzen der Fähigkeiten des Babys durchaus unterschiedlich: »Väter neigen eher zu lebhaften, animierenden Spielen.

---

8 Brazelton, T. B., Cramer, B., G.: Die frühe Bindung – Die erste Beziehung zwischen dem Baby und seinen Eltern; Stuttgart 1991, S. 153.

9 ebenda, S. 141.

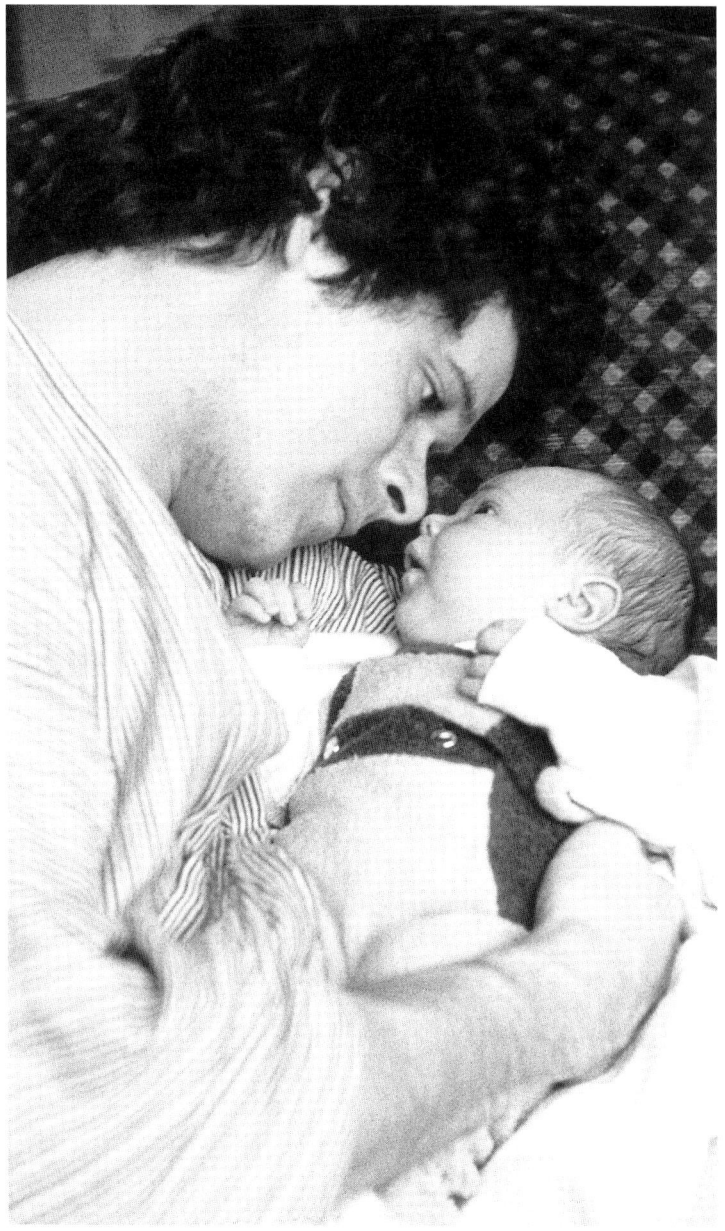

Sie knuffen und berühren das Baby und steigern auf diese Weise seine Erregung. Die Interaktionen zwischen Säuglingen und ihren Vätern sind im Vergleich zur Mutter-Säugling-Interaktion durch höhere Erregbarkeitsgrade und längere Erholungsphasen gekennzeichnet.«[10]

Indem die Grenzen der Möglichkeiten des Kindes in diesen Spielen erprobt werden, zeigen sich dem Kind auch seine eigenen Grenzen. Ihm wird klarer, was es kann, was es nicht kann, wo seine Möglichkeiten enden und die Möglichkeiten der Erwachsenen ihm entgegenkommen. Es entwickelt eine erste Ahnung von den Grenzen seines Selbst.

Szenisches Erleben, Mitziehen und Testen der eigenen Grenzen, die Suche nach den Grenzen von Selbst und Anderem, das scheinen die wichtigsten Momente zu sein, die in dieser Zeit den kindlichen Spielen zu Grunde liegen.

In der nächsten Zeit erweitert sich das kindliche Selbst durch eifrige Beobachtung seiner sozialen Umwelt und vor allem durch deren Imitation. Über die Imitation versetzt es sich in andere hinein und macht deren Verhaltensmuster und die daran geknüpften Gefühle in sich selbst lebendig. Damit beginnt seine Fähigkeit zur empathischen Einfühlung. Indem es eine Zeit lang ein anderer als es selbst sein kann – zum Beispiel in Imitationsspielen – gewinnt es auch Distanz zu sich selbst und vermag sich selbst von außen wahrzunehmen.

Dann setzt sich erweitert fort, was unter dem Begriff des »Mitziehens« an spielerischen Interaktionen zwischen Eltern und Kind bereits früher begonnen hat, mit dem wesentlichen Unterschied, dass nun viel mehr Initiative von den Kindern ausgeht. Sie stacheln nicht nur zu solchen Spielen an, sie ergreifen auch die Initiative bei Veränderungen und wissen sich dem Geschehen zu entziehen.

Das Spiel gewinnt Bedeutung für die Abstimmung von Gefühlen und Affekten zwischen den Erwachsenen und dem Kind. Indem Erwachsene sich auf das Spiel des »Mitziehens« einlassen, treiben sie nicht nur das Spiel als Spiel voran, sondern spiegeln auch zurück,

---

10 Brazelton, T. B., Cramer, B., G.: Die frühe Bindung; 1991.

wie sie das Kind in dieser Situation erleben. Indem sie eine Geste des Kindes aufgreifen, heben sie diese aus dem Fluss der Ereignisse heraus. Indem sie die Geste wiederholen und variieren, spiegeln sie auch die Gefühle zurück, die das Kind in ihnen erzeugt hat. Diese Gefühle werden aber nicht beiläufig geäußert. Vielmehr werden sie betont, vielleicht sogar ein klein wenig übertrieben, damit sie wirklich bemerkt werden. Indem sie miteinander spielen, stimmen Kind und Erwachsener nicht nur ab, was sie miteinander tun, sondern auch, wie sie miteinander fühlen. Auf diese Weise trägt das Spiel zur Regulierung der Affekte bei und bringt die feinere Abstimmung von Gefühlen voran.

Beobachtung der sozialen Umwelt und Imitation weiten auch in den folgenden Monaten die Handlungsmöglichkeiten des Kindes aus. Es reagiert nun nicht mehr unmittelbar auf das, was um es herum geschieht. Zunehmend tritt ein zeitlicher Abstand zwischen der Wahrnehmung eines Verhaltens und seiner (spielerischen) Imitation ein. Die Nachahmung tritt zeitlich verschoben auf. Damit das möglich wird, muss das Kind über Fähigkeiten verfügen: Zunächst muss es zur Person, die es nachahmt, eine Beziehung haben. Dann muss es in der Lage sein, die Verhaltensmuster anderer Menschen, die es nachahmt, in geeigneter Weise in sich wiederzugeben. Diese innere Wiedergabe muss drittens gespeichert werden. Zum Vierten muss es die Fähigkeit besitzen, die imitierten Handlungsmuster selbst auszuführen.

Muster der Selbst- und Welterfahrung und Muster der Imitation dienen der Vorstellungskraft, der Fantasie und dem Spiel als Ausgangspunkt. Vorstellung, Fantasie und Spiel werden zu einem wesentlichen Teil der Wirklichkeitserfahrung und des Umgangs mit ihr. Entscheidend dabei ist, dass sich über diese Prozesse ein (innerer und äußerer) Raum des Als-ob öffnet, in dem das Kind das, was es bisher erfahren und als Erfahrungsmuster in sich gespeichert hat, in neuer und individueller Weise zusammensetzen und ausprobieren kann. Damit entsteht die Möglichkeit, nicht nur die konkret erfahrenen Zusammenhänge zu denken, nicht nur die Muster der Vergangenheit von der Zukunft zu erwarten, sondern mit den Erfahrungsmustern der Vergangenheit zu spielen, mit ihnen neue

Möglichkeiten zu entwerfen und zu erproben; zu simulieren, wie sie zu neuen Erfahrungsmustern zusammengesetzt werden und welche Konsequenzen sich daraus ergeben könnten.

Die (aufgeschobene) Nachahmung und ihre fantasievollen Variationen bilden die Grundlage der *»Als-ob-Spiele«*, die Kinder im Laufe des zweiten Lebensjahres zunehmend spielen:

»Zunächst besteht dieses Spiel aus feststehenden Stücken wie Geburtstagskaffee oder Püppchen schlafen legen. Dann entwickelt es sich zu Dramen, in denen ein Geburtstagskaffee, ein Streit, Sichherrichten und Schlafengehen einander in rascher Folge ablösen, und wenn dann die Darsteller lebendig werden, beginnt ein ganz neues Abenteuer. Mit wachsender Komplexität gehen immer mehr Grundthemen des Lebens in das Spiel ein: Fürsorge und Vertrauen, Selbstbewusstsein und Aggression, Neugier und Faszination, Empathie und Liebe, Grenzen und Schranken, Ängste und Sorgen. Im Idealfall wird das alles zum Bestandteil des reichen kindlichen Innenlebens.«[11]

In diesen Als-ob-Spielen bildet sich zum einen die erlebte Wirklichkeit in all den bedeutungsvollen Beziehungen ab, die das spielende Kind zu ihr unterhält. Indem diese Beziehungen inszeniert werden, kann das Kind zum anderen darüber »nachdenken«. Das Spielen bildet einen Zwischenbereich zwischen Handeln und Denken. Es spielt und denkt mit der szenischen Repräsentation und ihren Variationsmöglichkeiten.

Durch die Als-ob-Spiele des Kindes erreichen nun auch Bildung und Regulierung der Gefühle und Empfindungen eine neue Dimension. Während bei den Spiegelspielen eine Person anwesend sein musste, die dem Kind ihre Gefühle in geeigneter Weise zurück spiegelt, macht sich das Kind in den Als-ob-Spielen von einer solchen Person unabhängig. Im Spiel projiziert es seine Gefühle in die Szene. D. h. die Spielfiguren selbst spiegeln ihm etwas von seinen eigenen Gefühlen zurück. Es merkt sie also nicht nur an sich, sondern kann sie auch dadurch erkennen, dass sie sich in den Figuren seines Spiels widerspiegeln. Indem die Spielfiguren mit den Mus-

---

11 Greenspan, St., I.: Die bedrohte Intelligenz; München 2001, S. 112.

tern der eigenen Erfahrung spielend, fantasierend, simulierend umgehen, gestaltet das Kind in dieser Gegenüberstellung einen Kommentar zu seinen eigenen Erlebnis- und Erfahrungsmustern. Indem es sich mit diesen Möglichkeiten identifiziert, erweitert es die Variationsbreite dieser Muster.

Es kommt aber noch etwas hinzu. Vielfach spielen Kinder ja nicht allein, sondern mit anderen zusammen. So können auch die Mitspieler an die Stelle des spiegelnden Erwachsenen treten. Das bedeutet aber auch: Das Kind ist unabhängiger davon geworden und verfügt in freierer und selbstbestimmterer Weise über den Gebrauch dieser Kommentare bei der Konstruktion seiner Selbst- und Wirklichkeitserfahrung.

Zusammenfassung

Wer das Kind als einen Menschen begreift, der sich seine Welt mit den ihm zur Verfügung stehenden Mitteln bedeutungsvoll erschließt, wird das kindliche Spiel nicht als Spielerei abtun, sondern nach den Voraussetzungen und Bedingungen fragen, die dazu beitragen, dass es als Bildungsgeschehen erfahren werden kann. Dabei liegen die wesentlichen bildenden Momente des Spiels nicht so sehr in den Funktionen, die Kinder im Rahmen ihrer Spiele schulen und üben, sondern in der Art und Weise der Welterfahrung, die Spielen ermöglicht:

1. Im Spiel wendet sich das Kind seiner Um- und Mitwelt freiwillig zu. Es verfügt selbst darüber, wie weit und auf welche Weise es sich auf diesen Umgang einlässt.
2. Kinder verbinden immer einen Sinn mit dem, was sie spielen. Sie können nicht sinnlos spielen (wohl aber sinnlos und oberflächlich etwas lernen).
3. Im Spiel gebrauchen Kinder alle Formen körperlich-sinnlicher Erfahrung, szenischer oder bildhafter Vorstellungen, subjektiver Fantasien, sprachlichen oder nichtsprachlichen Denkens sowie des sozialen Austauschs und der Verständigung. Sie werden im

Spiel zu einem zusammenhängenden Prozess gestaltet.

4. Spiel folgt dem Rhythmus des subjektiven Erfahrungsprozesses. Man kann Kinder durch äußere Zeitpläne aus diesem Rhythmus reißen oder sie darin unterstützen, ihn zu finden. Wo er gefunden wird, gestaltet sich Spiel als zeitliche Ordnung mit Anfang und Ende, Höhepunkten und Phasen des Dahingleitens, der An- und Aufregung, der Entspannung, des Versunkenseins oder körperlichen Agierens, des Alleinseins oder Zusammenfindens mit anderen. Auf diese Weise finden Kinder ihre eigenen Zeitgestalten, ihren eigenen Rhythmus, Dinge zu tun.

5. Für das Spiel schafft sich das Kind Räume in der gegebenen Umgebung. Es braucht aber auch Räume, die sich als Spielräume eignen. Solche Räume müssen es zulassen alleine und/oder mit (einer kleinen Anzahl) von anderen zu spielen. Sie müssen Gelegenheiten, Anregungen, Herausforderungen enthalten, die einladen, sich spielend mit ihnen auseinander zu setzen.

6. Spiel bildet den Prototyp einer vielsinnlichen, komplexen Erfahrung und steht im Gegensatz zu einem Lernverständnis, das auf der Förderung einzelner Kompetenzen beruht.

7. Am Spiel können sich Gleichaltrige – zuweilen auch Erwachsene – beteiligen, indem sie eigene Facetten ihrer Wahrnehmungs-, Auffassungs-, Handlungs- und Denkmöglichkeiten als Angebote im Rahmen gegenseitiger Verständigung anbieten.

8. Spiel ist ein Bereich, in dem nicht nur Erfahrungen in der genannten Weise gemacht, sondern auch ausprobiert, neu zusammengesetzt und in ihren Möglichkeiten und Folgerungen ausgedacht und getestet werden. Spiel ist deshalb nicht nur rezeptiv verarbeitend, sondern auch produktiv schöpferisch, indem es die Bedingungen schafft, unter denen verschiedenste – selbst widersprüchlich erscheinende – Lebenserfahrungen sich mit einander verbinden lassen.

9. So gesehen ist Spiel die Arbeit des Kindes. Auch die Arbeit der Erwachsenen erhält ihren schöpferischen Charakter, wenn sie spielerische Elemente zum Zuge kommen lässt.

2.6 Ästhetische Bildung

Der Begriff der ästhetischen Bildung fasst hier im Wesentlichen zwei Aspekte zusammen, den eines Denkens in Bildern, ästhetisches Denken genannt, sowie Prozesse, durch welche solche Bilder gestaltet und ausgestaltet werden. Mit beidem hat sich ästhetische Bildung zu beschäftigen. Wahrnehmen, die Bildung und Differenzierung von Wahrnehmung sowie ihre Gestaltung in Szenen und Bildern machen einen wesentlichen, häufig vernachlässigten Teil kindlicher Denkprozesse aus. Da Kinder in ihren ersten Lebensjahren mehr als später jemals wieder aus dem lernen, was sie über ihre Sinne erfahren, dürfte ästhetische Bildung einen wesentlichen Teil basaler kindlicher Bildung ausmachen. Dazu müssen die Vorstellungen, die mit den Begriffen ästhetisch, ästhetisches Denken und mit dem Begriff des Gestaltens verknüpft werden, erst einmal erläutert werden.

Was heißt ästhetisches Denken?

Ästhetisch hat im Folgenden nichts mit Schönheitsformen zu tun, sondern beruft sich auf den Begriff der Aisthesis = Wahrnehmung. Wenn ich dennoch von ästhetischem Denken spreche und nicht von Wahrnehmungsdenken, dann deshalb, weil dieses Denken in unserer Kultur weitgehend in den Kunstbereich, den ästhetischen Bereich par excellence, abgedrängt wurde. Indem ich den Begriff des ästhetischen Denkens gebrauche, möchte ich ausdrücken, dass das Ästhetische ein Teil unserer Alltagserfahrung ist und nicht unter Kunstgesichtspunkten idealisiert, überhöht und damit aus dem Alltagsgeschehen ausgeschlossen werden sollte. So gesehen bildet ästhetisches Denken die Grundlage jeglicher Erfahrung, die von eigenen Wahrnehmungen ausgeht.

Zwei Denkprozesse

Damit setze ich eine Unterscheidung zwischen zwei Denkprozessen: *Erstens* geht es um ein Denken, das aus der Verarbeitung eigener Wahrnehmungen entspringt (Erfahrung aus erster Hand). Für
dieses Denken dürfte ästhetische Erfahrungsbildung im Sinne der
folgenden Überlegungen bedeutsam sein. Es kennt keine prinzipielle Altersbegrenzung. Gebraucht wird es überall da, wo es um die
eigenständige Wahrnehmung der Wirklichkeit und deren individuelle Verarbeitung geht. Vermutlich wird es während der gesamten
Lebensspanne eines Subjekts weiter differenziert.

Davon wird *zweitens* ein Denken unterschieden, das von anderen vorgedachte Gedanken aufgreift und voranbringt (Erfahrung aus zweiter Hand). Dieses Denken funktioniert, solange es sich auf geistig vorstrukturiertes Material bezieht. Es kommt u. U. mit einem Minimum an eigenen Wahrnehmungen der Wirklichkeit aus. Deswegen braucht es auch kaum ausführlich auf Prozesse ästhetischer Erfahrungsbildung zurückzugreifen. Aus dieser Perspektive können diese Prozesse sogar für überflüssig gehalten und geleugnet werden. In meinen Überlegungen wird jetzt nur vom ersten Fall die Rede sein.

Aus der Wahrnehmung ein Bild machen

Zu Beginn unseres Lebens waren wir alle Ästheten im Sinne eines von der Wahrnehmung geleiteten und strukturierten Denkens. Es konnte uns noch niemand die Welt erklären, weil uns der Sinn der Worte verschlossen war. Wir waren darauf angewiesen, zu denken, was wir wahrgenommen haben. Wir wählten unsere Wahrnehmungen aus, sammelten und gestalteten sie, um dann vielleicht über sie nachzudenken. Deshalb beginnt Bildung in der frühen Kindheit mit der Bildung der Sinne. Was nehme ich wahr und wie nehme ich es wahr? Das ist auch die Ausgangsfrage, die sich jeder stellen muss, der Wirklichkeit aus erster Hand, also über seine sinnliche Erfahrung erschließt: Jeder, der etwas wahrnimmt, muss erst ein Bild daraus machen, bevor er darüber sprechen kann.

Durch die Wahrnehmung wird nicht einfach äußere Wirklichkeit in den Kopf hinein transportiert. Der Kopf bildet die Wirklichkeit auch nicht so ab, wie eine Fotografie etwas abbildet. Vielmehr wird die Wirklichkeit im Kopf mit den Mitteln des Gehirns neu konstruiert. Dieser Konstruktionsprozess der Wahrnehmung beginnt bereits in den Sinnesorganen.

Nimmt man das Sehen als Beispiel, so stellt man fest, dass es bereits auswählt, was es sieht. Es kann nicht alles sehen. Es sieht die Farben und Formen, für die es konstruiert ist. Sind die Dinge zu klein oder zu groß, zu langsam oder zu schnell, sind wir für sie blind. Was in den Nervenzellen der Netzhaut ankommt, wird bereits dort von spezialisierten Zellen und Verarbeitungsbereichen nach Hell-Dunkel, Kontrast, Farbe, Bewegung oder Richtung sortiert, aufgespalten und getrennt weitergegeben. Dabei wird alles, was als Sehen ankommt, über die Netzhaut erst einmal in die Sprache des Gehirns transformiert, nämlich in biochemische und bioelektrische Prozesse. Das ist die Voraussetzung dafür, dass das Sehen durch das Gehirn verarbeitet werden kann. Dann beginnt ein längerer Weg, auf dem die vorsortierten Bereiche meistens getrennt und an verschiedenen Stellen des Gehirns weiter bearbeitet werden. Es gibt Stellen, die einzelne Formen bearbeiten. Räumliche Strukturen werden an anderen Stellen erfasst und gedeutet. Verbindungen zum Gedächtnis werden hergestellt, zu den Emotionen, die das entstehende Bild bewerten, zur Sprache, mit der wir etwas darüber sagen können, zu anderen Sinneseindrücken – akustischen, motorischen, emotionalen, die von der gleichen Wahrnehmung stammen, usw. Schließlich werden all diese Facetten zu einem Gesamtmuster zusammengesetzt, das dann als erlebtes Bild interpretiert wird.

Jede Wahrnehmung entwirft das Wahrgenommene aus Bausteinen, die die Tätigkeit des Gehirns durch die gewachsene Lebenserfahrung zur Verfügung stellt. Das verarbeitende Gehirn hat deshalb die Aufgabe, die unterschiedlichen Aspekte aufeinander abzustimmen und zu einer einigermaßen zusammenhängenden Gesamtdarstellung zu formen. Dabei wird es Aspekte herausheben, die dem Individuum durch seine Lebensgeschichte von Bedeutung sind, andere hingegen dämpfen oder vernachlässigen. So entsteht ein differenzierter und individuell gestalteter Wahrnehmungseindruck. In dieser Gesamtgestalt ist jede Wahrnehmung individuell, auch wenn es natürlich wichtige Teile in diesem Wahrnehmungsfeld gibt, die mit anderen geteilt werden können. Man muss also zwischen dem allgemeinen Informationswert einer Wahrnehmung, der jedem in der gleichen Situation zugänglich ist, und einem besonderen, der die individuellen und situationsbezogenen Umstände einbezieht, unterscheiden. Den allgemeinen Informationswert kann man als Abstraktion herausheben. Er ist jedermann zugänglich, der an der Situation beteiligt ist. Über die subjektiv-situativen

Bezüge kann man sich nur austauschen, wenn man darüber spricht.

Diesen Prozess, aus der Wahrnehmung ein Bild zu machen, nenne ich ästhetisches Denken. Die ästhetische Gestaltung eines Wahrnehmungsbilds kann individuell sehr unterschiedlich aussehen. Sie ist daher nicht mit einer Bindung an bestimmte ästhetische Ideale, zum Beispiel an ein Schönheitsideal, gleichzusetzen.

Vom Spiel des Gestaltens

Wenn Kinder etwas Neues entdecken, müssen sie es zunächst wahrnehmend erforschen. Sie werden ihre Eindrücke sammeln, vergleichen und dadurch zunehmend präzisieren. Sie werden sie in bekannte und unbekannte Muster teilen und schließlich mit ihren vergangenen Erfahrungen verknüpfen. Daraus erfahrene Bilder werden am besten dadurch unterstützt, dass Kinder das, was sie wahrnehmen, nicht nur als innere, sondern auch als äußere Bilder gestalten.

Anfänge des Gestaltens

Neben dem Spiel bildet das kindliche Gestalten einen wichtigen Bereich frühkindlicher Tätigkeiten. Spielen und Gestalten sind oft nicht leicht voneinander zu trennen. Stärker als beim Spiel muss im kindlichen Gestalten vielleicht das Material der Gestaltung eine Berücksichtigung erfahren. Spielen kann sich in völlig imaginäre Wirklichkeitsbereiche zurückziehen; Gestalten erfolgt mit den Materialien und Stoffen, die man sich gewählt hat. Folgerichtig beginnen deshalb die Untersuchungen kindlichen Gestaltens (zum Beispiel der Kinderzeichnungen oder des kindlichen Bastelns) mit der Entwicklung einer Art Material- und Handlungssprache (oder Schrift) des Kindes: Die Kinderzeichnung entwickelt sich nach dem gängigen Verständnis aus den noch schlecht koordinierten Bewegungen der Hand, die von Bleistift, Kreide oder einem anderen grafischen Werkzeug auf einem Untergrund festgehalten werden.

Erstaunt folgt das Kind dem Ergebnis seines Tuns. Seine Neugier stachelt es an, solche Bewegungen zu wiederholen. Es beginnt, Kritzeleien auf allen Unterlagen zu produzieren, die zur Verfügung stehen. Im Laufe der Zeit werden die Schwünge koordinierter, bilden kreisförmige Bewegungen ab. Andere Schwungfiguren und mehrgliedrige grafische Gestaltungen schließen sich an. Zunächst folgt das Auge den Bewegungen und ihren Spuren. Mit zunehmender Beherrschung übernimmt das Auge die Führung und die Bewegungen folgen seinen Absichten, zunächst noch ungelenk, aber doch vorsätzlich geführt. Verschiedene Kritzelfiguren schließen sich zu einer Art grafischer Erzählung zusammen. Dann wird dem Bild ein Name gegeben. Damit wird ein wichtiger Schritt dokumentiert: Zum Schreiben des Materials und der Hand tritt eine Bedeutung hinzu, die der inneren Welt des Kindes entspringt. Bedeutung heißt jedoch noch nicht Eindeutigkeit. Das gleiche Bild kann – zur Verwirrung der Erwachsenen – mal als Mensch, Tier oder sonst etwas bezeichnet werden. Darüber hinaus ist es für den Betrachter meist überaus schwierig, eindeutige Merkmale zu entziffern, die es ihm erleichtern würden, die kindliche Be-Deutung nachzuvollziehen. Dieses Schwanken möglicher Bedeutungen macht jedoch klar, dass sich in vielen bildhaften Gestaltungen nicht eine innere Absicht ausdrückt. Vielmehr regt ein äußeres, durch Hand-Werk entstandenes Bild dazu an, etwas hineinzusehen. Das Bild der Linien bestimmt mit, welche Bedeutungsassoziationen vom Kind gefunden werden.

Die Schrift der bildhaften Gestaltung verdanken wir zu einem wesentlichen Teil den Bewegungsformen des Körpers im Zusammenklang mit einem Schreibmaterial. Die zweite Quelle dieser Bilderschrift ist ein Vergleich mit der Wirklichkeit, die das Kind umgibt. Hier gibt es Gegenstände von hoher Bedeutung. Andere Menschen, Eltern, Geschwister, Verwandte gehören dazu, vielleicht Hund und Katze, das Haus, in dem man wohnt, das Auto als fahrbare Heimat der Familie, Teile der Natur, wie Blumen oder Bäume usw. Für solche bedeutsamen Teile der Wirklichkeit des Kindes müssen Zeichen gefunden werden, mit deren Hilfe man Geschichten aus dieser Wirklichkeit gestalten kann. Solche Zeichen sind die bildhaften Schemata, die die Entwicklungspsychologie in der Kinderzeichnung dingfest gemacht hat. In diesem Sinn kann man von einer Entwicklung der Darstellung von Menschen, Tieren, Bäumen, Häusern usw. sprechen. Doch dienen diese bildhaften Zeichen für visuelle Wirklichkeiten nicht einfach der Erforschung dieser Wirklichkeit als Wirklichkeit. Vielmehr werden sie in den Dienst des kindlichen Interesses gestellt. Mit ihrer Hilfe werden bildhafte Geschichten über das erzählt, was den Kindern wichtig ist. Erzählendes Wort und Bild gehen dabei oft Hand in Hand, wenn es einen aufmerksamen Zuhörer und Betrachter gibt.

Doch man kann auch nicht einfach sagen, dass ein Kind Geschichten erfindet, die es in seinen Bildern ausdrückt. Auch wenn das Kind bereits elementare Darstellungsformen von Menschen, Häusern, Bäumen und anderen Teilen seiner Wirklichkeit gefunden hat, kommt es immer wieder vor, dass mehr oder minder zufällig entstandene Formen dazu führen, dass ein Kind die Bedeutungen seines Bildes verändert. Das lässt sich vor allem dann nachvollziehen, wenn Kinder erzählen, während sie zeichnen oder malen. Gedankensprünge in diesen Erzählungen sind nicht einfach auf Unkonzentriertheit des Denkens zurückzuführen, sondern signalisieren die wache Aufmerksamkeit, mit der die Kinder ihrem gestaltenden Tun folgen. Sie bemühen sich, Gestaltungsformen, die aus der Bewegung des Zeichnens – aus der grafischen Schrift – entstanden sind und nicht in ihrer »Absicht« lagen, als Anregung für neue Fantasien und Vorstellungen zu nutzen, mit denen sie ihre Bilder weiterentwickeln.

Die vielen Sprachen des Gestaltens

Doch es sind nicht nur Kinderzeichnungen, die Zeugnis von der kindlichen Lust am Gestalten ablegen. Jedes Medium, jedes Werkzeug kann zu einem Mittel der Gestaltung werden.[1] Kinder sind da

---

[1] Die Kunst des zwanzigsten Jahrhunderts hat uns das auf eine oft schmerzliche, weil schwer nachvollziehbare Weise ins Bewusstsein gebracht. Wir wurden damit konfrontiert, dass letztlich aus jeder Tätigkeit und jedem Material Kunst werden kann.

nicht wählerisch und nutzen, was sich ihnen gerade anbietet. Doch wenn sie verschiedene Materialien und Techniken der Gestaltung nutzen, wenn sie diese – vielleicht durch die Anregung von Erwachsenen – verändern und besser nutzen, werden sie verschiedene Facetten eines Wirklichkeitsausschnitts in besonderer Weise erfassen können: mit Stiften zum Beispiel die Konturen, mit Pinseln die Flächen, Volumina und feineren Kontraste, mit Farben die Atmosphären, mit grafischen Mitteln die Strukturen. Mit jeder Gestaltungsweise wird das wahrgenommene Stückchen Welt neu erlebt und in seiner Bedeutung für das Kind ausgelotet. Es entsteht ein vielfältiges und individuelles Bild der Wirklichkeit. Diese Vielfalt regt zum Denken an. Sie ist auch die Grundlage für alle Abstraktionen.

In erster Linie dient daher das Gestalten nicht der Produktion von Bildern oder Basteleien, nicht der Demonstration von technischen oder künstlerischen Fähigkeiten, sondern dem Finden und Erfinden von erfahrungs- und erlebnisgesättigten inneren und äußeren Bildern. Sie dienen als Vorrat, mit dem »gedacht«, d.h. äußere und innerpsychische Wirklichkeiten erfasst, geordnet und neu gestaltet werden können. Je mehr die Vorstellungswelt mit Bildern angereichert wird, desto vielfältiger kann man über innere und äußere Wirklichkeiten nachdenken. Je weiter sich das Denken von dieser Vorstellungswelt entfernt, desto abstrakter wird es. Es gewinnt dadurch an logischer Strenge, verliert aber an Lebensnähe.

Wenn man sich mit einem Medium – mit Ton, Farben, Sand, Textilien, Metallen, Steinen usw. – oder mit Werkzeugen – Stiften, Pinseln, Nadeln, Hämmern, Feilen, Meißeln – angefreundet hat, kann jede Gestaltungsform zu einer Sprache werden, in der man sich mitteilt. So sprechen Kinder, wenn sie gestalten und dabei den Reichtum der Medien und Werkzeuge nutzen, viele Sprachen. Vom Bildersammeln gelangt man zum Sprechen und zum Austausch mit Bildern und über Bilder und zu anderen Formen des Gestaltens.

Zusammenfassung

Ästhetische Bildung geht von der Bedeutung eines Denkens in Bildern aus. Kindliches Gestalten ist der Weg, auf dem dieses ästhetische Denken entfaltet wird. In der frühen Kindheit lernen die Kinder aus der wahrnehmenden Teilhabe an der Wirklichkeit und ihrer Inszenierung in Prozessen des Fantasierens, Spielens und Gestaltens. Aus der Neurobiologie wissen wir, dass sich die Wahrnehmungsfähigkeit in den ersten Lebensjahren in hohem Maß und als Ausgangspunkt für alle zukünftigen Wahrnehmungsweisen auf die Anforderungen der tatsächlich gegebenen Umwelt einstellt. Die Bildung der Wahrnehmungserfahrungen in dieser Zeit – hier als ästhetische Bildung zusammengefasst – dürfte damit für das spätere Leben prägend sein.[2]

Fünf Thesen zu einer basalen ästhetischen Bildung:

(1) Sinnliche Erfahrungen über die Fernsinne, den Körper und die Gefühle bilden die Ausgangsbasis ästhetischer Erfahrung. Darauf baut ein »Denken« dieser Wahrnehmungserfahrungen mit Hilfe von Vorstellungen, Bildern und Fantasien auf.

(2) Vielsinnliche Wahrnehmung, vorstellendes, fantasierendes und gestaltendes Denken dieser Wahrnehmungserfahrung werden hier als ästhetische Erfahrungs-Bildung zusammengefasst. Sie besteht vor allem in einer Differenzierung und Anreicherung von Wahrnehmungs- und Vorstellungsbildern und in der Bildung einer sinnlichen Ordnung der Welterfahrung im Kopf des Kindes. Ästhetische Erfahrung bildet den Ausgangspunkt aller Selbst- und Welterfahrung jedes neuen Erdenbürgers.

(3) Nur das, was auf diese Weise in die Vorstellungs-, Fantasie- und Denkwelt überhaupt eingeht, kann von einem Kind als ei-

---

[2] Das sind gute Gründe, den Kindern eine Umwelt zu bieten, die ihre Lust am Wahrnehmen und Gestalten unterstützt. Ateliers oder Werkstätten im Sinne der Reggiopädagogik, des Hamburger Raumkonzepts oder der Schule der Fantasie können Orte sein, an denen Kinder in Kindertagesstätten innere und äußere Bilder sammeln und gestalten.

genständige Erfahrung verarbeitet werden. Wo solche Erfahrungen fehlen, ist das Kind auf ein Kennenlernen aus zweiter Hand angewiesen. Deshalb scheint es sinnvoll, der Bildung dieser Wahrnehmungs- und Vorstellungstätigkeit genauso viel Aufmerksamkeit zu schenken, wie dem urteilenden Denken.

(4) Wegen seiner grundlegenden Bedeutung stelle ich das ästhetische Denken dem urteilenden Denken gegenüber und meine, dass der wichtigste Bildungsprozess in der frühen Kindheit in der Ausformung und Differenzierung dieses ästhetischen Denk- und Tätigkeitsbereichs liegt.

(5) Ästhetische Erfahrung ist nichts, was man der kindlichen Entwicklung willkürlich oder ergänzend hinzufügen oder ihr wegnehmen könnte, sondern bewirkt, dass ein Kind sich aus eigener Erfahrung – und diese Erfahrung bedeutet ja, dass man eigene Wahrnehmungen gemacht hat – seine Welt deuten kann.

Frühkindliche Bildung ist daher zuallererst ästhetische Bildung. Lernen wir, besser wahrzunehmen! Das scheint die wichtigste Forderung zu sein, wenn wir ästhetische Erfahrung als Grundlage von (frühkindlicher) Bildung anerkennen wollen.

2.7 Anfänge musikalischer Bildung

»Musik ist eine besonders komplexe menschliche Tätigkeit, die an unser Gehirn höchste Ansprüche stellt. Bedenkt man nun zusätzlich, dass Musik sehr früh wahrgenommen wird (...) und Gedächtnisleistungen auf unterschiedlichen Ebenen voraussetzt und dass sich das Gehirn des Säuglings noch über Jahre nach der Geburt erfahrungsabhängig entwickelt, so tritt die Bedeutung von Musik für die kindliche Entwicklung wieder in den Vordergrund.«[1]

---

1 Spitzer, Manfred: Musik im Kopf. Hören, Musizieren, Verstehen und Erleben im neuronalen Netzwerk. Stuttgart, New York, 2002, S. 138.

Das Gehirn ist nicht für die Musik gemacht

Es gibt kein Musik-Gen, obwohl es bei manchen musikalischen Menschen so aussehen mag. Musik ist eine hochkomplexe Leistung, an der verschiedene Bereiche des Gehirns beteiligt sind, die jedoch überwiegend andere, für das Überleben notwenige Aufgaben erfüllen. Aber das ist nichts Besonderes, denn vieles, was unsere Kultur von uns erwartet, wird durch die Kombination von Verarbeitungsmöglichkeiten des zentralen Nervensystems erreicht, die von der Evolution zunächst für ganz andere Zwecke bestimmt waren. Das betrifft Fertigkeiten wie Rad- oder Autofahren genauso wie Wissenschaft oder Philosophie betreiben. Kultur scheint überhaupt darin zu bestehen, die evolutionären Möglichkeiten des Gehirns für immer neue Aufgaben zu strukturieren und zu verfeinern. Die frühe Kindheit ist die Zeit, in der die körperliche, neuronale, psychische und geistige Grundlage dafür gebildet wird.

Zunächst ist es unser Verständigungsapparat, der für musikalische Zwecke benutzt und weiter ausgebaut werden kann. Allerdings müssen die Kapazitäten, die dieser zur Verfügung stellt, durch Leistungen aus anderen Bereichen erweitert und ergänzt werden. Es gibt also keine musikalische Kompetenz von Anfang an, die gezielt diagnostiziert und gefördert werden könnte. Damit musikalische Kompetenz entsteht, müssen vielmehr in hohem Maße verschiedene Leistungsmöglichkeiten unseres Zentralnervensystems zu einer neuen Einheit integriert werden. Dementsprechend gibt es auch keine festen Zentren im Gehirn, die speziell der musikalischen Leistung dienen.

Die Hirnbereiche, die im musikalischen Bereich Denken, Handeln und Erleben ansprechen, sind individuell unterschiedlich strukturiert.[2]

Neben der Sprache gehören die folgenden Elemente zum musikalischen Erleben:

---

2 Vgl. Spitzer, ebenda, S. 198.

- die Differenzierungen des Hörsinnes
- die Erfahrung der Stimmen der Anderen
- Differenzierungen der Bewegungserfahrungen
- Erfahrungen von körperlichen Rhythmen
- Erfahrungen des Raumerlebens
- die Integration verschiedener Sinneswelten
- das Erleben von Zeit

Das Wesentliche am musikalischen Lernen ist also ein Lernen in sehr komplexen Zusammenhängen. Man kann in der Musik Melodie, Metrum, Rhythmus, Harmonie, Stimme, Körper, Geist und Gefühl nicht voneinander trennen. Tut man dies, geht die Musik verloren. Musik ist eine integrative Leistung. Durch die Wertschätzung, welche die Musik genießt, wird diese Leistung auch kulturell sehr stark unterstützt.

Früheste Musikerfahrungen

Kinder beginnen im Mutterleib etwa ab der 28. Schwangerschaftswoche zu hören. Dann ist das Innenohr, das den Schall nach Frequenzen trennt, mit der Gehirnrinde verdrahtet. Das bedeutet auch, dass das Gehirn gemäß seinen Eigenschaften beginnt, den Schall zu analysieren. Allerdings klingen die Schallereignisse, die von außen kommend auf das kindliche Ohr treffen, anders als außerhalb des mütterlichen Körpers. Ihre hohen Frequenzen werden durch die Bauchwände und inneren Organe der Mutter stark gedämpft, so dass vorwiegend die niedrigen Frequenzen herausgehört werden. Das führt z. B. dazu, dass die Stimme von Opa besser gehört wird als die von Oma. Gleichzeitig werden relativ stark die Geräusche aus dem Leib der Mutter wahrgenommen, das Rauschen des Blutkreislaufs, Herzschläge, Darmbewegungen und – teilweise durch die Bauchwand eindringend, teilweise geleitet durch die Knochen – die Stimme der Mutter.
Mehrere Leistungen kann man bei Föten in den letzten Schwan-

gerschaftswochen nachweisen: Sie können Sprachmelodien erkennen und unterscheiden. Das setzt voraus, dass das noch ungeborene Kind diese Melodien als Konturen von dem Geräuschhintergrund abheben kann, von dem es ständig umgeben ist. Es unterscheidet gewissermaßen Text von Rauschen. Wenn es die Melodiekonturen der Worte und Sätze heraushören kann, die von verschiedenen Menschen gesprochen werden, dann überrascht es nicht, dass sie auch instrumental gespielte Melodien nach ihrer Geburt erkennen können. Von all diesen Schallereignissen gibt es also Erinnerungsspuren. Die intrauterine Schallwelt ist dem Neugeborenen noch eine Weile präsent. So wirkt der Herzschlag der Mutter noch lange Zeit als ein beruhigender Rhythmus nach.

Die Fähigkeit, melodische Konturen zu erfassen, setzt sich natürlich auch nach der Geburt fort. Dabei handelt es sich eher um eine ganzheitliche Melodieerfassung, die in sich noch nicht gegliedert werden kann. Babys können also noch keine Teilstücke aus Melodien heraus erkennen. Parallel zur Wahrnehmung von Melodiekonturen nehmen Säuglinge nicht nur gegebene Rhythmen wahr, sondern können gleichförmige Ereignisse rhythmisch gruppieren. Mit etwa einem Dreivierteljahr bevorzugen sie das tonale System, in dem die Musik in ihrer Umgebung gestaltet wird und nehmen ihre harmonische Struktur in sich auf. Dies bedeutet aber noch nicht, dass Säuglinge und Kleinkinder Melodien auch auf ein tonales Zentrum beziehen können. Es dauert noch bis ins fünfte bis sechste Lebensjahr, bevor Kinder, wenn sie singen, nicht mehr ständig Tonhöhe und Tonart wechseln.

Der Entwicklung der akustischen Differenzierung nach der Geburt kommen die Erwachsenen nahezu automatisch entgegen. Sie sprechen langsam und in der Regel mit ruhiger Stimme. Sie verfallen in den Singsang der höher frequentierten Ammensprache, die die Sprache für das kleine Kind in besonders verständlicher Weise strukturiert. Wenn gesungen wird, singt man Lieder in einfachsten Melodien, moderaten Rhythmen und in vielen, vielen Wiederholungen.

Der musikalische Körper

Hören

Hören als eine Sinneserfahrung ist von den Möglichkeiten abhängig, die der Körper zulässt. Wir hören Töne und Rauschen. Töne bestehen aus Intervallen, die aufeinander abgestimmt sind. Rauschen hingegen enthält ein ungeordnetes Durcheinander an Frequenzen, das vom Ohr nicht differenziert werden kann. Es wird durch Schallquellen hervorgebracht, welche die Luft nicht in harmonische Schwingungen versetzen. Unsere Hörwelten umfassen einen Frequenzbereich von ca. 20 bis 20 000 Hz.

Das Gehör entwickelt eine subjektive Sensibilität für laut und leise. Es stellt sich auf die Sprachklänge ein, von denen es umgeben ist. Genauso strukturiert es sich entsprechend den Klangwelten der natürlichen und kulturellen Umwelt. Dazu gehört, dass sich vertraute Muster von den Geräuschen und Tönen in den Räumen, der Straße oder auf dem freien Feld herausbilden und sich der Erinnerung einprägen. Aber es werden auch die Harmonien der Musik aufgenommen, die in der gegebenen Umwelt vorherrschen (pentatonisch, temperiert oder anders). Sie werden zum Vergleichsmaßstab für harmonische Abweichungen.

Besonders wichtig für die Musik ist die erfahrungsabhängige Entwicklung des räumlichen Hörens. Es differenziert sich unterschiedlich, je nach Gebrauch, z.B. bei blinden Menschen oder bei Dirigenten weit mehr, als bei »normalen« Anforderungen an die Ohren.

Differenzierung der Bewegungserfahrung

Der Bewegungsapparat ist konkreter Ausgangspunkt und Vorbild für alle Formen der musikalischen Bewegung:

- Die Bewegungen der Musik sind den Bewegungen des Körpers nachempfunden. Es gibt Musikgattungen, welche die Musik aus der Bewegung heraus gestalten: der Tanz oder auch

131

die Lieder, die zu körperlichen Arbeiten gesungen wurden (beim Dreschen, die Lieder der Spinnerinnen oder die Shanties der Seeleute). Es sind einfache Melodien, die häufig die Art der Tätigkeit musikalisch nachahmen. Die dazu gehörigen Rhythmen akzentuieren und koordinieren die Bewegungen. Bei der gemeinsamen Arbeit gesungen, dienen sie der Synchronisation der Bewegungen der verschiedenen Personen.

- Bei der stimmlichen und instrumentalen Musikgestaltung kommt der Bewegungsintegration eine wichtige Rolle zu. Bevor man ein Instrument spielen kann, müssen groß- und kleinräumige Bewegungen des Körpers schon recht weit integriert sein. Umgekehrt differenziert sich natürlich die Bewegungsintegration in spezifischer Weise durch das Instrumentenspiel. Man spielt ein Instrument nicht nur mit den Fingern, singt nicht allein mit der Kehle. Musik machen erfordert die Abstimmung des gesamten Körpers und seiner Bewegungen. Nicht umsonst sind es unter anderem auch bestimmte Fehlhaltungen, die beim Instrumentalspiel zum Verspielen führen.

- Körperbewegungen liegen den Tempobezeichnungen in der Musik zugrunde: Das »prestissimo« ist ein prestissimo der Finger, das »tempo di marcia« ein Tempo der Beine. Das »vivace« wird vielleicht den Händen und Armen nachempfunden. Spannungen, Pausen, Balancen, musikalische Ausgeglichenheit, das setzt das Erleben von Körper und Körperbewegungen voraus. Körperbewegungen liegen weiten Bereichen musikalischer Wahrnehmung und Gestaltung zugrunde.

- Die Bewegungsformen der Kinder erweitern sich durch Imitation. Damit wird Bewegung auch zu einem Mittel der Verständigung.[3] »Ich mache etwas, was du machst«, ist der Anfang einer Kommunikation ohne Worte. Wahrnehmen, was der andere macht, bildet auch die Grundlage einer musikalischen Verständigung. Mimik und Gestik bauen diese Verständigung aus und verfeinern sie auf individuelle Weise.

---

3 Nelson, Katherine: Language in Cognitive Development. Cambridge University Press. 1996, S. 91 ff.

- Als bevorzugtes Organ von gesteuerten Bewegungen spielt die Hand[4] in der Musik eine herausragende Rolle. Sie berührt, hämmert, streicht die unterschiedlichsten Instrumente in unterschiedlichsten Stellungen und Geschwindigkeiten. Die Finger der Greifhand mit der Daumenopposition erreichen beim Instrumentalspiel artistische Höchstleistungen. Über den Arm mit dem Körper verbunden, gibt die Hand Tempi und Rhythmen vor. Die wichtigsten Gesten der Verständigung im Zusammenspiel werden mit Hand und Arm gestaltet. Genauso wie das Gehirn ist die Hand von der Evolution nicht für die Musikausübung vorgesehen. In ihrer Differenziertheit und Komplexität bildet sie jedoch die wichtigste körperliche Grundlage für die Musikgestaltung, es sei denn, man beschränkt die Musik auf Gesang.

- Der Körper gibt natürliche Rhythmen vor. Der Herzschlag, die Dynamik des individuellen Körperbaus, das Atmen bilden Grundlage und Ausgangspunkt für Metrum und Rhythmusgestaltung.

- Die räumliche Wahrnehmung als ein wesentliches Element musikalischen Erlebens findet über den Körper statt. Es sind nicht nur die Fernsinne, die uns ermöglichen, Räume zu erfassen. Das Körpererleben selbst wird ebenfalls räumlich wahrgenommen, beispielsweise Enge, Weite, Eingesperrtsein oder Fliegen. Indem man sich z. B. vorstellt, wie Musik sich in einem imaginären Raum ausdehnt, kann man die komplexen Strukturen eines Musikstückes auch über Zeiträume hinweg zusammenhalten, die weit über die Spanne des Arbeitsgedächtnisses von wenigen Sekunden hinausgehen. Architekturen sind es, mit welchen musikalische Strukturen visualisiert werden können.

- Die Integration verschiedener Sinneswelten ist bei Säuglingen und Kleinkindern noch eine Selbstverständlichkeit. Sie trennen nicht, was sie sehen, hören, körperlich fühlen oder

---

[4] Zur Bedeutung der Hand vgl. Wilson, Frank, R.: Die Hand – Geniestreich der Evolution. Ihr Einfluß auf Gehirn, Sprache und Kultur des Menschen. Stuttgart 2000.

emotional empfinden. Diese Trennung lernen sie kulturabhängig erst im Laufe ihres Heranwachsens. Musik verlangt hingegen ihre Integration.

– Beim Singen, Instrumentalspiel, beim Tanzen verbinden sich Hörsinn und Bewegung. Der Körper schwingt mit, wenn wir hören. Bei mancher Musik fällt es schwer, still zu sitzen.

– Beim Vom-Blatt-spielen muss eine visuelle Struktur in eine akustische umgesetzt werden, konkret oder in der Vorstellung. Der Dirigent Günter Wand soll gesagt haben, dass er die Musik am reinsten höre, wenn er sich ohne ausführende Musiker in eine Partitur vertiefe.

• An allen unseren Tätigkeiten sind Emotionen beteiligt. Sinnliche Erfahrungen ohne Emotionen gibt es nicht. Emotionen werden um so unabweisbarer, je mehr die Tätigkeit körperlich verankert ist. Also fordert die Musik als komplexes Geschehen, das aus unserer Körperlichkeit hervorgeht und bis in höchste Abstraktionen reicht, eine differenzierte Balance der Gefühle, die dieser Spannweite angemessen ist.[5]

Das Sprechen lernen als Vorläufer der Musik

Die Stimme erzeugt eine Kombination aus Tönen und Geräuschen. Es sind die Vokale, die vorwiegend Töne bzw. Klänge erzeugen. Die Konsonanten, aus verschiedenen Geräuschen geformt, grenzen diese Töne gegeneinander ab. Das System der Sprache kombiniert diese Töne und Geräusche in Form von Wörtern und Sätzen auf eine hochkomplexe Weise. So kann eine Prosodie, der typische Beigesang einer Sprache entstehen. Durch Gewöhnung wird das Kind mit bestimmten Tönen und Geräuschen vertrauter als mit anderen. Solches Vertrautwerden mit Lauten, Klängen und Geräuschen beginnt bereits im Mutterleib.

---

5 Vgl. Damasio, A.: Descartes' Irrtum. Fühlen, Denken und das menschliche Gehirn. München, Leipzig 1995.

Um das Sprechen zu lernen, müssen die Kinder erst Wort- und Satzmusiker sein.[6] Eines der grundlegenden Probleme dabei besteht darin, dass Kinder Laute unterscheiden, sowie Wörter und Sätze als Einheiten begreifen müssen. Dazu lernt das Kind, das Klangbild der Sprache zu entziffern, die in seiner Umgebung gesprochen wird. Auch bei der kindlichen Lautproduktion, dem stark vokalhaltigen Lallen und dem konsonantenreicheren Brabbeln geht es zunächst um eine eher musikalisch zu nennende Entwicklung. Kleine Kinder erleben also die Musik der Sprache, noch bevor sie das erste Wort sprechen.

Frühe musikalische Förderung

- Wir sollten frühzeitig dafür sorgen, dass Kinder Wahrnehmungen, Bewegungen und Emotionen so ausbilden, wie sie für die Vielfalt unseres kulturellen Erleben notwendig sind. Die gesamte sinnliche Differenzierung in der frühen Kindheit bildet auch die Grundlage der musikalischen Entwicklung eines Kindes.
- Frühe musikalische Hörerlebnisse führen zu differenzierten Grundstrukturen im Gehirn hinsichtlich ganzheitlicher Wahrnehmung von Melodien, rhythmischer Gestaltungsmuster und der Ausbildung eines tonalen Systems. Aus ihnen entwickelt sich eine individuelle Musikkultur.
- Bewegung ist ein wichtiger Ausgangspunkt musikalischer Bildung. Deshalb benötigen Kinder reichhaltige Körpererfahrungen: Die abgestimmten und differenzierten Bewegung des Körpers bei unterschiedlichen Aufgabenstellungen; das Erleben von Rhythmen, Geschwindigkeiten, Zeiten; die Möglichkeiten vielfältiger Imitation; die visuelle, akustische, körperliche Erschließung von Räumen – kleinen wie großen; die Aufmerksamkeit für die Gefühle, die alle Tätigkeiten begleiten. Dabei bedürfen die ganz Kleinen keines speziellen Trai-

---

6 Mehr dazu in Kapitel 2.8: Die Bildung des sprachlichen Denkens.

nings musikförderlicher Bewegungsformen. Vielmehr geht es bei ihnen darum, dass sie ein Bewegungssensorium für den Alltag entwickeln, welches die Erfahrungsgrundlage für Differenzierungen bildet, die dem Musikerleben dann zugute kommen.

Es ist wichtig, darauf hinzuweisen, dass musikalische Förderung von kleinen Kindern einer Grundlage bedarf, die nicht (erst) durch den Instrumentalunterricht gelegt wird. Was brauchen Kinder davor?

- Eine akustische Umgebung, die Klänge, Geräusche, Stille hörbar macht; Räume, die akustisch angenehm sind. Die tägliche Berieselung mit Musik trägt nicht zur akustischen Sensibilisierung bei, ebenso wenig jede Form von andauerndem Lärm oder akustischem Durcheinander. Um die »Hörsamkeit« von Räumen zu verbessern, müssen gegebenenfalls Schallschutzmaßnahmen ergriffen werden.
- Bewusste Aufmerksamkeit für Töne, Geräusche, Klänge in Alltagszusammenhängen.
- Interesse für die Stimme als erstem »Musikinstrument«.
- Aus der Perspektive der sprachlichen Entwicklung entspricht es den Möglichkeiten der Kinder, schon sehr früh Sprache und Musik miteinander zu verbinden. Lieder und Singspiele beziehen dabei auch noch den Körper und seine rhythmischen Bewegungsmöglichkeiten mit ein. Dabei nutzen Kinder die vielfältigen Formen der Nachahmung und des szenischen Rollenspiels.
- Kennenlernen von Musik durch Erleben, wenn möglich, nicht durch technische Medien präsentiert, sondern durch Menschen, die aktiv musizieren.
- Zeit, in der die Kinder ihren (musikalischen) Erfahrungen nachhängen, sie vertiefen und mit früheren Erfahrungen verknüpfen können; Zeit also für den Nachhall im Kopf und in der Fantasie.
- Musik machen aus allen Tönen und Geräuschen, möglichst im

Verbund mit anderen Tätigkeiten, z.B. beim Spielen, Tanzen, in Rollenspielen.

- Wo eine solche Grundlage selbstverständlich geworden ist, kann man weiter gehen und Kinder, die sich von der Musik angesprochen fühlen, zu ambitionierterem Instrumentalspiel anregen, sowie sie mit der kulturellen Sprache der Musik vertraut zu machen.

Musik ist nichts, was kleinen Kindern erst »vermittelt« werden müsste. Kinder sind von Anfang an Musiker. Frühe musikalische Förderung im spezifischen Sinn beginnt daher nicht an einem Nullpunkt, sondern geht von Fähigkeiten aus, die Kinder bereits mitbringen und die beim Sprechen, Singen, rhythmischen Bewegen eine erste, musikalische Förderung erfahren haben. Aber man braucht die Grammatik einer musikalischen Tradition, wenn man Zeit mit Musik gestalten will. Ohne den musikalischen Unterbau aber haben die Entwicklungen und Differenzierungen der musikalischen Tradition kein Fundament.

2.8   Bildung sprachlichen Denkens

Die Bildung des Sprechens und des sprachlichen Denkens zielt nicht in erster Linie auf die Frage, wie Kinder ihre sprachlichen Kompetenzen erwerben. Unter dem Blickwinkel von Bildung wird es wichtig, zu wissen, wie Sprechen das kindliche Denken und damit die Art und Weise der kindlichen Welterfahrung verändert. Dazu gehört auch das Wissen darüber, wie Kinder vor der Sprache denken und welche Vorformen sprachlichen Denkens bereits vor dem eigentlichen Sprechenlernen in Gebrauch sind.

Ästhetische Vorläufer des Sprechens [1]

Auch das Sprechenlernen beginnt mit der Bildung der Wahrnehmung. Eines der grundlegenden Probleme besteht dabei darin, dass Kinder Laute unterscheiden und Wörter und Sätze als Einheiten begreifen müssen. Das ist zunächst ein Wahrnehmungs-, genauer: ein ästhetisches Problem; denn es geht darum, das Wahrnehmungsvermögen so zu schulen, dass das kleine Kind in die Lage kommt, die spezifischen Klänge, Satzmelodien und Intonationsformen der Sprache zu erkennen, in die es hinein geboren wurde.

Das Problem des Sprechens beginnt nicht mit dem ersten Wort, sondern mit dem Erkennen der Laute. Jede Sprache, ja, jeder Dialekt hat seine eigenen Lautformen. Ein »a« wird im Deutschen anders ausgesprochen als im Englischen oder Französischen. Eine fränkisches »a« hört sich anders an als ein hessisches oder hamburgisches. Für einen Zuhörer, der in die Sprache nicht eingeführt ist – und dies sind Babys zunächst einmal nicht – klingen diese a-Laute alle unterschiedlich. Um seine Muttersprache zu erlernen, muss das Baby daher erst einmal herausfinden, welche Klangfarben dem a-Laut zuzuordnen sind und welche hingegen keine »a's« sind. Es gibt eine Lautreihe, in der sich zum Beispiel der a-Laut allmählich in einen o-Laut verwandeln lässt. Rein akustisch ist dies ein kontinuierlicher Übergang. Dennoch machen wir an einer Stelle eine kategoriale Unterscheidung: Wir können sagen: Bis hierher höre ich ein »a«; dies hier erkenne ich bereits als ein »o«. Diese Grenze ist nicht eindeutig, wenn wir die unterschiedlichen Dialekte einbeziehen. Für jede Sprachgruppe und jedes Individuum ist eine solche Grenze jedoch hörbar.

Das bedeutet, dass auch das Baby lernen muss, das Klangbild zu entziffern, das in seiner Umgebung gilt. Die Forschung hat ein erstaunliches Ergebnis hervorgebracht. Bereits sehr kleine Babys – bis zum dritten Lebensmonat – können differenziert Laute unterscheiden. Mehr noch, sie können offensichtlich auch Laute unter-

---

[1] Vgl. hierzu insbesondere: Gopnik, Alison, Meltzoff, Andrew, N., Kuhl, Patricia, K.: Forschergeist in Windeln – Wie ihr Kind die Welt begreift; Kreuzlingen, München 2000.

scheiden, die nicht zu ihrer sprachlichen Umgebung gehören. Das bedeutet, dass Babys alle möglichen Laute und Klänge aller möglichen Sprachen unterscheiden können. Indem sie die Sprache hören, die sie umgibt, lernen sie jedoch, ihr Lautunterscheidungsvermögen genau auf diese Sprache auszurichten. Das Ergebnis ist ein scheinbarer Verlust: Etwa bis zum achten bis zwölften Lebensmonat stellen sich Babys auf die Laute ihrer jeweiligen Muttersprache ein. Sie können dann keine universellen Unterscheidungen mehr vornehmen. Dagegen werden die spezifischen Lautunterschiede der Muttersprache deutlicher wahrgenommen.

Ähnliches gilt für das Erkennen von Wörtern. Ebenfalls bis zum letzten Drittel des ersten Lebensjahres haben Babys gelernt, dass es in ihrer Muttersprache bestimmte Betonungsmuster gibt, mit denen man Worteinheiten identifizieren kann. Sie können dann bereits »Melodien« erkennen, die die Wörter im kontinuierlichen Fluss der Sprache abgrenzen und identifizierbar machen. Darüber hinaus haben sie in diesem Alter Kenntnisse erworben, welche Lautkombinationen in ihrer Muttersprache möglich sind. Und später, im zweiten Lebensjahr, noch bevor sie wirklich zu sprechen beginnen, können sie auch Satzeinheiten unterscheiden, die auch durch ganz bestimmte Muster der Intonation, durch Satzmelodien strukturiert sind. Kinder sind also bereits Laut-, Wort- und Satzmusiker, noch bevor sie die ersten Wörter sprechen.

Diesem Prinzip »Aus mehr mach weniger!« folgen viele der frühesten Entwicklungen des Kindes. Es wurde schon bei der Nervenarchitektur festgestellt, dass Säuglinge mit einer Vielzahl vorgegebener innerer Verknüpfungen im Netz des Zentralen Nervensystems geboren werden. Durch die ersten Wahrnehmungserfahrungen werden die Verbindungen ausgewählt, die sich in der gegebenen Umwelt bewährt haben. In gleicher Weise gilt dies offensichtlich auch für die Grundlagen der Sprachwahrnehmung: Eine Überzahl an Unterscheidungsmöglichkeiten wird durch die unmittelbaren Spracherfahrungen des Babys auf diejenigen reduziert, die sein Sprachumfeld als wesentlich ansieht. Der scheinbare Verlust wird dadurch wieder aufgewogen, dass nun die Feindifferenzierung innerhalb des gegebenen Rahmens gesteigert wird. Wir

139

finden also einerseits eine Reduktion des Rahmens, der gesamten Reichweite der Wahrnehmungsmöglichkeiten vor, andererseits kann sich dadurch eine Binnendifferenzierung innerhalb dieses nun enger abgesteckten Feldes einstellen.

Dieses Prinzip findet in der vorsprachlichen Entwicklung Anwendung, wenn Kinder anfangen zu glucksen, zu lallen und zu brabbeln. Diese vorsprachlichen Dialoge sind zunächst international. Alle Babys auf der Welt tun dies in gleicher Weise: »Babys aus allen Kulturen brabbeln zunächst auf identische Weise: Sie produzieren Kombinationen aus Konsonanten und Vokalen und benutzen Laute wie *b, d, m* und *g*, jeweils zusammen mit dem Vokal *ah*.«[2]

»Wenn Babys erst den Meilenstein des Brabbelns erreicht haben, ist die universale Phase der Sprachproduktion zu Ende. Irgendwann im Alter von einem bis eineinhalb Jahren beginnen Babys aus verschiedenen Kulturen... diejenigen Geräusche von sich zu geben, die für ihr eigenes Volk charakteristisch sind.«[3] Das bedeutet, dass sie in die Welt der Laute Unterscheidungen eingeführt haben, die zum einen das eher chaotische »Alles-ist-möglich« ästhetisch ordnen, so dass sprachliche Einheiten, die eine Bedeutung haben, unterscheidbar werden. Zum anderen trägt diese Ordnung den Stempel der Muttersprache, wie sie im Umfeld des Babys gesprochen wird. Das Baby ist genau darauf vorbereitet, diejenigen zu verstehen, die es verstehen muss, wenn es in diesem Umfeld überleben will. Das weist darauf hin, dass das Eintauchen in die Welt der Sprache nicht nur ein individuelles Bildungsproblem enthält, sondern auch ein soziales. Dadurch wird es wesentlich, in einem zweiten Schritt die sozialen Vorläufer genauer zu betrachten, aus denen die kindliche Sprachwelt hervorgeht.

2 Gopnik, Alison, Meltzoff, Andrew, N., Kuhl, Patricia, K.: Forschergeist in Windeln – Wie ihr Kind die Welt begreift; Kreuzlingen, München 2000, S. 137.

3 ebenda, S. 138.

Wie Bedeutung entsteht

Im Kapitel 2.3 wurde erläutert, dass Kinder die Bedeutung eines Ereignisses, einer Sache oder Person über ihr Gefühl erfassen. Mit den Gefühlen nehmen wir Beziehungen wahr, Gefühle werden durch Beziehungen gebildet. Damit sind Bedeutung und Beziehung über die Gefühle miteinander verbunden. So wird verständlich, dass die Entstehung von Bedeutung bis zu ihrem sprachlichen Ausdruck an soziale Situationen geknüpft ist, allen voran an die Beziehungen zu den wichtigen Anderen – in der Regel zu Mutter, Vater, gegebenenfalls zu Geschwistern. Doch zunächst muss man fragen, wie sich aus den konkreten Handlungen eine Art Bedeutungshorizont ergibt.

Die Aufmerksamkeit der kleinen Kinder für Dinge, die in ihrer Umwelt geschehen, wächst gerade dann, wenn die grundlegenden Bedürfnisse gestillt und die Kinder noch nicht wieder müde sind. In diesen Zeitspannen entwickeln sie eine Art gelassener, aber neugieriger Aufmerksamkeit für alles, was um sie herum geschieht. Sie bleiben ein Weilchen an das gefesselt, was ihre Aufmerksamkeit erregt. Aber wie nehmen sie das wahr, was sie bemerken? Natürlich sehen, hören, schmecken, fühlen sie etwas. Wie jedoch bekommt dieses Etwas Gestalt, solange es noch keine inneren Bilder und keine Sprache gibt? Die Antwort in Kapitel 2.2 lautete: über sensorisch gelenktes, motorisches Handeln. Möglicherweise spielen auch rudimentäre Formen der Nachahmung dabei eine wichtige Rolle. Einfache Formen der Nachahmung, deren elementarste Ausgangspunkte sich bis kurz nach der Geburt zurückverfolgen lassen, sowie deren individuelle Variationen tragen ebenfalls zu solchen Handlungsmustern bei.

Damit ist der Ausgangspunkt für das gegeben, was Bruner[4] Aufmerksamkeitsverhandlung nennt. Darunter versteht er eine Kommunikation zwischen Mutter und Kind (beginnend um den sechsten Lebensmonat), durch die die Mutter die Aufmerksamkeit des Kindes auf Gegenstände seiner Umgebung lenkt, die sie schließ-

---

4   Bruner, Jerome: Wie das Kind sprechen lernt; Bern, Stuttgart, Toronto 1987.

lich auch in Worten benennt. Selbst wenn das Kind das, was da benannt und gesprochen wird, noch nicht im eigentlichen Sinne versteht, so geschieht in diesen Situationen doch dreierlei in Richtung auf sprachliche Kommunikation: Erstens sind dies sicherlich die bevorzugten Situationen, in denen das kleine Kind Laut-, Wort- und Satzmelodien zu erkennen lernt; zum Zweiten bekommt es eine Ahnung von einem Dialog, der sich nicht nur *zwischen* Mutter und Kind abspielt, sondern *über* etwas Drittes, ein Ding oder Ereignis in seiner Umwelt, geführt wird. Drittens erfährt das Kind über den Handlungszusammenhang der gesamten Szene und seine emotionale Bewertung etwas über die Bedeutung dessen, was es erlebt.

Gesprochen wird also innerhalb bestimmter Szenen. Der szenische Zusammenhang ist wesentlich dafür, dass das Kind die Bedeutung dessen erfasst, was da gesprochen wird. Allmählich entstehen zwischen Mutter und Kind Situationen, die sich wiederholen. Sie erleichtern dem Kind das Erfassen von Bedeutungen. Dazu gehören insbesondere Formen des Hinweisens, der Markierung, des Lokalisierens, des Hervorhebens bis zum Übertreiben. Der Spracherwerb des Kindes beginnt – auch unter dem Aspekt der Bedeutungsgebung, – bevor das Kind wirklich in Worten zu sprechen beginnt. Er beginnt, wenn Mutter und Kind einen gemeinsamen Mikrokosmos aus Gesten, vertrauten mimischen Äußerungen, einer ruhigen, positiv gestimmten Atmosphäre schaffen. Er dient als Hintergrund, vor dem sich die neu auftauchenden Gegenstände und/oder Ereignisse abheben und vom Kind verstanden werden können.

Wörter kommen also nicht isoliert vor, sondern stehen in einem erfahrenen Zusammenhang, in dem sie begriffen werden können und durch den sie dann auch zu Begriffen werden können. Dieser Zusammenhang ist wichtig, damit verstanden werden kann, was die Wörter bedeuten. Ihre Bedeutung wird dem Kind nicht mitgeteilt und dem Gedächtnis einverleibt, sondern von den Kindern aus dem Zusammenhang der gesamten erlebten Szene erschlossen. Das funktioniert sicherlich nicht in einem Schritt. Vielmehr wird die so gefundene erste Bedeutung in den darauf folgenden Situationen immer genauer erfasst.

Hinweis auf das symbolische Denken

Mit dem Eintritt in die Sprache ist das Kind einen wichtigen Schritt auf dem Weg zum symbolischen Denken gegangen.[5] Miteinander zu sprechen ermöglicht es, über die eigene Erfahrung hinauszugehen. Man kann dem Kind die Erfahrungen anderer mitteilen. Damit ist es nicht mehr nur auf seine subjektiven Verständnishorizonte angewiesen, wenn es sich die Welt erschließen möchte, sondern kann prinzipiell auf alles zurückgreifen, was eine soziale Gemeinschaft, eine Kultur zur Interpretation von Wirklichkeit an Denkmodellen bereitstellt.

Doch man sollte vorsichtig sein, dies alles nur der Sprache – und später der Schrift – zu unterstellen. Man sollte dabei nicht vergessen, dass Sprache nur ein – wenn auch sehr wesentliches – Symbolsystem ist. Wie uns die Mediendiskussion lehrt, haben wir inzwischen wirkmächtige bildhafte Formen der Symbolisierung entwickelt. Wir können davon ausgehen, dass jede Form der Sinneswahrnehmung im Verbund mit geeigneten Medien symbolische Formen hervorbringen kann.[6]

Aber es ist wohl auch so, dass mit der Sprache noch nicht alle Symbolsysteme, die unsere Kultur ausgebildet hat, dem Kind zur Verfügung stehen. Damit sei nur angedeutet, dass sich in vielen kulturellen Bereichen symbolische Systeme entwickeln können, die nur speziellen Kennern wirklich begreifbar sind.[7]

---

[5] Vgl Greenspan, Übergang vom Aktionsmodus des Seins zum symbolischen Seinsmodus; 2001, S. 105 ff.

[6] So könnte man – um nur ein etwas ausgefalleneres Beispiel zu wählen – die klassische französische Küche als ein System für geschmackliche Symbole ansehen, in dem die Gerichte die Symbole wären.

[7] Die Vielfalt symbolischen Denkens im Bereich des frühen Kindesalters beschreibt aus pädagogischer Sicht Gardner, Howard: Der ungeschulte Kopf; Stuttgart 1993, insbcs. S. 77 ff.

2.9 Grundlegende Bildung im Bereich der Natur

Wenn man von Bildung ab der Geburt ausgeht, dann kann es in den frühen Lebensjahren nicht um eine Einführung in die naturwissenschaftlichen Denk- und Arbeitsweisen gehen, sondern erst einmal um ein Interesse an Phänomenen, die wir normalerweise unter den Begriff Natur fassen. Es geht also zunächst um die Erfahrung mit der Natur, die Naturkunde, und erst dann um die Wissenschaft von der Natur.

Naturwissenschaft beginnt mit Beobachtung

Damit man überhaupt ein Interesse an der Natur und ihrer denkenden Erschließung entwickeln kann, muss man sie kennen lernen. Was man nicht kennt, kann weder Interesse hervorlocken noch Liebe. Begeisterung für eine Tätigkeit oder ein Erkenntnisfeld, Liebe zu einer Sache sind aber eine wesentliche Grundlage für eine starke Motivation, um Fragestellungen und Probleme produktiv zu lösen. Ich gehe also davon aus, dass das Interesse für die Natur und ihre Wissenschaften damit beginnt, dass man Gelegenheit hat, sie kennen zu lernen.

Noch im 19. Jahrhundert bestand ein wichtiger Teil naturwissenschaftlichen Vorgehens im Entdecken und Sammeln von bislang Unbekanntem, dessen Beschreibung und detaillierter Untersuchung. Charles Darwin oder Alexander von Humboldt haben Landschaften, Pflanzen und Tiere beschrieben und sie in Zeichnungen und Aquarellen festgehalten. Brehms Tierleben ist aus diesem Geist des Kennenlernens hervorgegangen und hat in der Erweiterung von Grzimek bis ins letzte Drittel des 20. Jahrhunderts fortgewirkt.

Der Fortschritt in den Naturwissenschaften über die Jahrhunderte wurde im wesentlichen dadurch erzielt, dass Phänomene auf eine neue und differenziertere Art wahrgenommen wurden. Anlass waren in der Regel neue Instrumente, welche die menschlichen Möglichkeiten der Wahrnehmung erweiterten. Die Wahrnehmungsverbesserungen reichen vom Fernrohr über das Mikroskop bis hin zu Radioteleskop, satellitengestützten Wahrnehmungsinstrumenten, Röntgentechniken oder anderen Verfahren, die das Innere lebender Wesen inspizieren können, bis hin zu Film- und digitalen Aufnahmetechniken, die es gestatten, Prozesse in der Zeit zu raffen oder zu verlangsamen. Auch Experimente sind in dieser Hinsicht Verbesserungen der Wahrnehmungsmöglichkeit, indem sie bestimmte Zusammenhänge in einem isolierten Kontext simulierend wahrnehmbar machen. Durch die neuen Wahrnehmungsdaten erwiesen und erweisen sich die jeweils gängigen Sichtweisen als unzureichend.

Sammeln und wie geht es weiter?

Chet Raymo[1] berichtet, dass Charles Spargue Sargent zu Beginn des 19. Jahrhunderts ein 14-bändiges Werk über alle Bäume Nordamerikas schrieb: Silva of North America. »Nach der Veröffentlichung wurde das Werk allenthalben gefeiert. Die Silva ist typisch viktorianisch, eine Wissenschaft der Beschreibung und Klassifizierung, die sich mit stolz präsentierten, umfassenden Sammlungen brüstet. Noch war es keine Ökologie und noch keine sichere Grundlage für Naturschutz, aber bevor die Waldpflanzen nicht katalogisiert waren, ließ sich auch keine weiterführende Wissenschaft betreiben.« (41/42)

»Die heutige Wissenschaft ist vorzugsweise abstrakt und intellektuell, Sargents Silva hingegen berauscht die Sinne. Das Gewicht der Bände, die große, fett gedruckte Schrift, die üppigen lateinischen Namen, die anekdotenhaften Fußnoten, der autoritative Stil und vor allem die wunderbar wiedergegebenen Illustrationen sprechen Tastsinn, Auge und Geist gleichermaßen an. Die Silva of North America ist selbst eine Art von Baumgarten ...« (42)

Diese Beschreibung erinnert an etwas, was wir bei Kindern häufig wahrnehmen können. Sie sammeln akribisch Dinge. Sie betten sie in »wertvolle« Schächtelchen oder inszenieren sie in kleinen

---

1 Chet Raymo; Mein täglicher Spaziergang durch das Universum. Frankfurt/Main, 2004.

Ausstellungen. Sie betasten sie zärtlich, ordnen sie um. Sie kehren immer wieder – heraus aus ihren anderen Beschäftigungen – zurück zu ihren Schätzen. Die Zeit, in der solches Sammeln von Schätzen der Natur noch ein Teil der Wissenschaft war, liegt grade mal 150 Jahre zurück. Das sollte uns verständlicher machen, was Kinder tun, wenn sie Natur begegnen: Sie betreiben auf ihre Weise eine Art von Naturforschung, die vor nicht allzu langer Zeit tatsächlich einen wesentlichen Teil von Naturwissenschaft ausmachte.

Bevor man Natur mit experimentellen Mitteln untersucht, muss man zunächst einmal die Möglichkeiten ausschöpfen, die in einer intensiven Wahrnehmung, Beschreibung und Einordnung dieser Phänomene in die bisher bekannten Tatsachen und Theorien liegen. Dies gilt auch für kleine Kinder. Sie sammeln interessante Dinge und beschäftigen sich mit ihnen, um herauszufinden, was man alles mit ihnen machen kann; sie denken über die damit verbundenen Phänomene nach und vergleichen sie mit solchen, die ihnen bereits bekannt sind. Erst wenn eine solche Basis an lebendigem und alltäglichem Verständnis für Dinge der Natur gewonnen wurde, kann man davon ausgehen, dass Kinder aus eigenem Interesse weiter gehende Fragen stellen. Vor der wissenschaftlichen Auseinandersetzung mit der Natur müssen Beziehungen zur Natur und ihren vielfältigen Bereichen geknüpft sein. Die dabei gemachten Erfahrungen werden zunächst in eine Sprache gefasst, die dem Alltagsverständnis zugänglich ist, bevor man spezifisch naturwissenschaftliche Begriffe einführt. Auch der Erwachsene hat Dinge erst dann wirklich und tiefgreifend verstanden, wenn er Wege gefunden hat, sie auch in einer Alltagssprache wenigstens ansatzweise auszudrücken.

Was heißt kennen lernen?

Kennenlernen beginnt mit einer Aufmerksamkeit für das Besondere, das die Alltagsroutine irritiert oder stört. Dieser Prozess setzt sich fort mit dem Versuch, dieses Phänomen aus verschiedenen Blickwinkeln zu betrachten. Dazu muss man sich Zeit geben, um sich auf verschiedene Fragestellungen einzulassen, das Phänomen aus verschiedenen Perspektiven zu betrachten. Durch intensives Wahrnehmen und Ausprobieren werden Beziehungen geschaffen, die als sinnvoll und befriedigend erlebt werden. Daraus entwickeln sich weitere Fragen, die man gerne beantworten oder beantwortet haben möchte.

Es ist dieses intensive Kennenlernen, das die Motivation erzeugt, die Schwierigkeiten zu überwinden, die sich dem Weg zur Erkenntnis entgegenstellen. Denn ohne diese Schwierigkeiten auszuhalten und zu meistern, werden keine (neuen) Erkenntnisse gewonnen.

Der Weg des Wahrnehmens und Kennenlernens, gepaart mit einem probierenden Handeln von experimentellem Charakter, eignet sich nicht für den Umgang mit allen Phänomenen, die irgendwie auffallen. Man muss auswählen, was einem bedeutsam ist und an diesen exemplarischen Fällen den ganzen Weg vom Wahrnehmen bis zur Problemlösung durcharbeiten. Der Atomphysiker H. P. Dürr hat dies in einem Gleichnis ausgedrückt: Es ist nicht notwendig, jeden möglichen Berg zu besteigen, um Bergsteigen zu können. Allerdings ist es wichtig, es an einigen Bergen immer wieder in allen Details durchprobiert zu haben, um dabei die Sicherheit zu gewinnen, dass man nicht nur seine Bewegungsabläufe beherrscht, sondern – darüber hinaus – auch unvorhergesehene Situationen zu meistern lernt. Dazu muss man das, was man kann, spontan neu kombinieren und organisieren.[2] Wagenschein hat vom exemplarischen Lernen im Bereich der Themen der Natur gesprochen, ein Vorgehen, das angesichts der unterschiedlichen Voraussetzungen der Kinder und ihrer individuellen Lernprozesse speziell in der frühen Kindheit unumgänglich ist.

---

2 Dürr, Hans-Peter: Das Netz des Physikers – Naturwissenschaftliche Erkenntnis in der Verantwortung. Neuausgabe, München 2000.

Um etwas Neues zu lernen, muss man schon etwas können

Jedes Wissen braucht einen Erfahrungskontext, durch den dieses Wissen als sinnvolles Wissen erkannt werden kann.[3] Jede Art von Erfahrung oder Erkennen, auch im Bereich von Natur und Naturwissenschaft, geht von Können und Wissen aus, das bereits vorhanden ist. Das muss man speziell bei kleinen Kindern berücksichtigen, weil man bei ihnen nicht annehmen kann, dass sie viele Erfahrungen, die in unserer Kultur selbstverständlich sind, bereits gemacht haben. Diese Erfahrungskontexte, die den Kindern Natur erschießen, sind auch nicht einfach durch Experimente »herzustellen«.

Um zu begreifen, wie Wolken entstehen, ist es nicht unbedingt sinnvoll, mit einem Kondensversuch zu beginnen, vielmehr braucht man Erfahrungen in Alltagsphänomenen, in denen Wasser kondensiert: z. B. beschlagene Fensterscheiben, dampfende Kochtöpfe, Nebel auf den Straßen oder Wolken, durch die man in den Bergen oder mit dem Flugzeug getaucht ist. Der Kondensversuch macht dann die Zusammenhänge klar, die diese Phänomene aus der Alltagserfahrung miteinander zu einer »Theorie der Wolkenbildung« verbinden. Bevor man im naturwissenschaftlichen Sinn experimentiert, muss man schon viele Erfahrungen haben, die man dann mit dem feineren Instrument des Experimentierens weiter hinterfragen will. Bildungsprozesse in und mit der Natur müssen berücksichtigen, dass Kinder bereits einen Kontext konkreter Erfahrungen brauchen, um die Erklärungen zu begreifen, die unser Erwachsenenwissen anbieten kann.

Können und Wissen im Bereich der Natur baut sich also »von unten« her auf. Es geht aus einer Entwicklungsgeschichte hervor, in der vorhandenes Können und Wissen über neue Erfahrungen umgewandelt wird. Wagenschein[4] hat diesen Prozess »genetisch« genannt. Ausgangspunkt sind Alltagserfahrungen, die Erstaunen her-

---

3 Vgl. 1.1.2: Bildung ist Lernen im Kontext.

4 Wagenschein, Martin: Verstehen lehren – genetisch, sokratisch, exemplarisch. (5. erw. Aufl.) Weinheim, Basel 1975.

vorrufen. Deshalb werden sie genauer betrachtet und untersucht. Kinder machen sich darüber Gedanken, entwickeln Theorien, die sie wieder verwerfen, um neue, bessere zu entwickeln. Diese werden wieder ausprobiert. Man spricht mit anderen, bezieht fremde Überlegungen und Vorschläge mit ein. Und immer wieder wird das Gedachte mit dem Wahrgenommenen überprüft. Die Wahrnehmungen werden umso schärfer, je mehr überlegt wurde, die Überlegungen immer treffender, je mehr und je genauer wahrgenommen wurde.

Die Ideen und Gedanken werden also nicht einfach »von oben« irgendwo aus den Naturwissenschaften geholt und auf die Wirklichkeit angewandt, sondern aus dem heraus entwickelt, was man vor dem Hintergrund des vorhandenen biografischen Wissens im Umgang mit einer Sache entdeckt hat. Neues Können und Wissen wird gewonnen, indem das vorhandene Wissen und die neuen Wahrnehmungen und Erfahrungen zusammmen »ins Spiel« gebracht werden. Um Neues zu entdecken und wahrnehmend-fragend zu erforschen, ist das alte Können und Wissen genauso wichtig, wie das, was an Neuem hinzukommt. Ohne Kontext von Vorerfahrungen und Vorwissen kann nichts Neues gelernt werden.

Beides kann sehr individuell sein, je nachdem in welchem natürlichen, kulturellen und familiären Umfeld Kinder aufwachsen. Gleichgültig, ob wir mit den Kindern in den Wald gehen, Steine sammeln oder Sterne gucken, Schiffe schwimmen oder untergehen lassen, Stoffe färben oder die Geschichte von Versteinerungen aufspüren, in ein Museum gehen oder experimentieren: wenn wir ein Interesse an den Themen der Natur wecken, die Naturerfahrungen der Kinder klären, ihr Können und Wissen herausfordern und fördern wollen, dann müssen wir erfassen, was Kinder bereits können und welche Gedanken und Theorien sie sich dazu gemacht haben und machen. Die Dokumentationen der vielen unterschiedlichen Antworten, die Kinder auf Fragen der Natur geben und die in den Veröffentlichungen der Reggiopädagogik immer wieder aufgelistet werden, zeigen, welche Aufmerksamkeit dort auf die Kontexte des vorhandenen Könnens und Wissens der Kinder verwendet wird.

Die Fragen der Erwachsenen sind nicht unbedingt die Fragen der Kinder

Wenn Kinder »Warum« fragen, dann zielt das nicht immer auf eine begründende Erklärung, wie wir das aus den Naturwissenschaften kennen. Unsere Beobachtungen in Projekten in Kindertageseinrichtungen legen nahe, dass die Fragen, die Kinder stellen, wenigstens vier Formen von Erklärungen zulassen, durch die kindliche Neugier wenigstens vorübergehend befriedigt wird:

- Wer hat was gemacht? Personen sind die Ursache von Dingen und Ereignissen (personale Erklärung): Die Mama, der Papa, oder der liebe Gott hat das gemacht! Das ist vermutlich nicht in einem kausalen Sinn gemeint, sondern entspricht eher der Beobachtung des kleinen Kindes, dass meistens Erwachsene dabei sind, wenn sich etwas Wichtiges ereignet.
- Das ist wie… Bei dieser Erklärung wird etwas, was man noch nicht kennt, mit etwas verglichen, was man schon kennt und dem irgendwie ähnlich ist (vergleichende Erklärung): Der Schatten ist wie die Nacht am Tag; wie ein Vogel, ein Film, ein Mensch.
- Das ist wozu? Gesucht wird nicht der Grund, woher etwas kommt, sondern wozu etwas gut ist, welchem Zweck es dient (finale, zweckorientierte Erklärung). Das Buch ist zum Lesen da; die Lampe, damit es hell wird; der Regen, damit die Pflanzen nicht verdursten.
- Warum funktioniert das?

Das sind schließlich die Erklärungen, die in den Naturwissenschaften gelten (kausale Erklärung). Das Wasser drückt die Schaufeln vom Mühlrad runter. Ich habe einen Schatten, weil die Sonnenstrahlen nicht durch mich hindurch scheinen können.

Es ist wichtig, dass Erwachsene nicht davon ausgehen, dass Kinder immer kausale Erklärungen wollen. Aber, je älter sie werden, desto mehr wollen sie auch davon. Wenn man wirklich etwas begreifen will, dann muss man wissen, wodurch etwas ausgelöst wird; dann sollte man etwas kennen, was damit vergleichbar ist; dann gehört dazu, dass man weiß, wozu etwas dient. Wenn man dann auch noch die kausalen Zusammenhänge kennt, dann hat man etwas umfassend begriffen.

Auch Erwachsene verlangen nicht immer kausale Erklärungen. Wer z. B. könnte oder wollte erklären, wie ein Telefon funktioniert. Manchem genügt es zu wissen, wer das Telefon erfunden hat. Für den Anfang reicht es auch zu begreifen, dass man ins Telefon hineinsprechen kann und das, was man gesagt hat, bei jemandem ankommt, der gar nicht anwesend ist, der aber einen Telefonapparat hat. Um zu verstehen, wie ein Telefon funktioniert, dürfte es für die meisten Erwachsenen erhellender sein, das Telefon mit anderen Leitungssystemen zu vergleichen. Die physikalischen Erklärungen hingegen erfordern ein umfangreiches Vorwissen im Bereich der Elektronik bis hin zu den modernen Formen der Digitaltechnik.

Abstrakte Vorgänge begreifen Kinder in der Regel nicht, wenn sie diese nicht mit etwas Anschaulichem vergleichen können, was ihnen gut bekannt ist. Eine Wolke ist wie eine große Gießkanne. Es sind also gerade die vergleichenden und die auf Zwecke gerichteten Erklärungen, in denen die Erfahrungswelt der Kinder zum Zuge kommt.

Lässt man diese Erklärungsebenen weg und fragt nur nach den naturwissenschaftlichen oder kausalen Erklärungen, dann kann man das Erklärungswissen, das Kinder durch ihre Erfahrungen bereits haben, kaum nutzen; man macht sie zu Fragestellern, die von den Erwachsenen als Antwortgeber abhängig sind; man nimmt ihnen das Vorwissen, das ihnen ermöglicht, selbst auf Antworten zu kommen.

Folgerungen für frühkindliche Bildung

Um Kinder zwischen null und sechs Jahren mit dem Bereich Natur vertraut zu machen, genügt es also nicht, gegen Ende der Kindergartenzeit so etwas wie eine auf kleine Kinder zugeschnittene Na-

151

turwissenschaft, z. B. über kindgemäße Experimente, in die Kindertagesstätten einzubringen. Kinder haben schon immer Fragen an die Welt und an die Natur gestellt. Sie wollen auf diese Fragen aber nicht immer nur eine Antwort haben, die naturwissenschaftlich in jeder Hinsicht stimmig ist. Ihr Interesse ist vielfältiger und sie müssen auch erst einen Weg von ihren Fragestellungen zu denen der Erwachsenen finden.

Deshalb muss ihr Zugang zur Welt der Natur von unten, von ihren Alltagserfahrungen her erschlossen werden. Dieser Zugang setzt voraus, dass Kinder überhaupt erst einmal grundlegende Erfahrungen mit Phänomenen der belebten und unbelebten Natur sammeln können. Unter den Bedingungen gegenwärtiger Kindheit kann man nicht mehr davon ausgehen, dass für die meisten kleinen Kinder solche Erfahrungen selbstverständlich sind. Ohne die Alltagsbeziehung zu Naturphänomenen bleibt jede Vermittlung von Kompetenzen aufgesetzt und ergibt für Kinder wenig Sinn, weil sie dann nicht wissen, was das vermittelte Wissen im Alltag bedeutet. Ohne dass Kinder aber die allgemeine Bedeutung von Naturphänomenen erfassen, können sie mit ihnen nicht produktiv und problemlösend umgehen.

Diese Überlegungen lassen sich in pädagogisches Handeln umsetzen:

- durch die Bereitstellung einer Umwelt, in der vielfältige Naturphänomene erlebt, wahrgenommen und beobachtet werden können; das sind z.B. naturnahe Außengelände, Werkstätten oder regelmäßige Waldtage;
- dadurch, dass Kinder Zeit bekommen für ausführliche Beobachtungen, Gelegenheit haben, dabei ihren eigenen Rhythmen zu folgen und sicher sein können, dass Andere – Erwachsene – da sind, die ihnen aufmerksam zuhören bei dem, was sie dazu zu erzählen haben;
- durch eine Erzieherin, die sich für den Bereich der Natur in seinen lebendigen und festen Formen interessiert, die sich mit einigen Themen auskennt und die bereit ist, mit den Kindern hinzu zu lernen;

- durch die exemplarische Durchführung von Projekten, die den Fragen nachgehen, welche die Kinder (sich und den Erwachsenen) stellen;
- durch Dokumentation, Ausstellungen, Sammlungen, die die Geschichte der kindlichen Erfahrungsbildung festhalten und Ausgangspunkte für neue Fragestellungen schaffen.

Experimente gehören auch zum kindlichen Erfahrungsweg. Doch stehen sie eher an seinem Ende als am Anfang. Sie bauen auf einem umfangreichen Erfahrungswissen des Kindes auf. Sie ersetzen dieses Erfahrungswissen nicht, sondern klären, vertiefen und erweitern es.

Natur als Weltwissen

In der Erschließung von Naturphänomenen für Kinder unter sechs Jahren muss also darauf geachtet werden, dass ihnen nicht irgendwelches Wissen nur noch früher, als es die Schule tut, und noch etwas »kindgemäßer« »vermittelt« wird. Es geht vielmehr darum, dass sie Erfahrungen mit der Natur machen und sie in ihren verschiedensten Formen kennen lernen können, dass sie handelnd und probierend damit umgehen können, den Fragen, die dabei entstehen, nachgehen können und dass sie ihre eigenen »Theorien« über diese Wirklichkeit entwickeln dürfen, ohne dass sie zu hören bekommen, wie unzureichend diese sind. Sie müssen schließlich die Gelegenheiten finden, ihre eigenen Theorien so lange auszuprobieren und zu überprüfen, bis sie damit an ein vorläufiges Ende gelangt sind.

Der exemplarische und genetische Aufbau von Erfahrungen in und mit der Natur berücksichtigt, dass Kinder einen Erfahrungskontext brauchen, um die Erklärungen zu begreifen, die unser Erwachsenenwissen anbieten kann. Es ist die Aufgabe der Erzieherin oder Lehrerin, diese individuellen Hintergründe und Kontexte mit den Fragen in Beziehung zu setzen, die gelöst werden sollen. Erfahrungen in Kindertageseinrichtungen, wie z.B. die jahrzehnte-

langen Erfahrungen der Reggiopädagogik, legen nahe, dass die
Leistungen, die Kinder auf diesem Weg erzielen, in der Regel weit-
aus größer sind als die, die durch normale Unterweisung (Instruktion) erreicht werden. Insbesondere bleibt bei diesem Vorgehen das
Interesse, die Neugier und das produktive Problemlösungsverhal-
ten der Kinder erhalten.

Kerensa Lee Hülswitt

2.10 Frühe Wege zur Mathematik –
   Mathematik erfinden lassen

Mathematik als Lehre der Muster erkennen

Kinder verfügen von Geburt an über einen Denkapparat, der Informationen verarbeitet. Er ermöglicht es zum Beispiel, mit Hilfe der
Nachahmung komplexe Gebilde wie die Muttersprache innerhalb
weniger Jahre zu beherrschen. Angeborenes mathematisches Wissen konnte in neuerer Zeit ebenfalls nachgewiesen werden. Studien
zeigen, dass wenige Tage alte Säuglinge bereits kleine Mengen
unterscheiden können und überrascht reagieren, wenn vorgenom-
mene Veränderungen nicht zum richtigen Ergebnis führen.[1] Ob jedoch das Wissen über »Zählprinzipien« vor dem Erlernen des richtigen Zählens angeboren ist, löst in der Fachwelt derzeit noch
heftigen Widerspruch aus. Elsbeth Stern argumentiert für eine
»principles-before«-Theorie: »(…) Bereits dreijährige Kinder
wissen, dass man nicht die gleichen Zahlwörter für Mengen unterschiedlicher Größen heranziehen darf. Zwar verwechseln Kinder
häufig Zahlwörter, aber es kommt so gut wie nie vor, dass unmittel-

---

[1] Stern, Elsbeth: Die Entwicklung schulbezogener Kompetenzen, in: Weinert, Franz E.:
Entwicklung im Kindesalter, Psychologie Verlag Union, Weinheim 1998, S. 95 ff.

154

bar hintereinander folgende Zahlwörter wiederholt werden, z. B. 1, 2, 3, 3, 4, 5. ›Angeborenes‹ Wissen hilft, diesen Fehler zu vermeiden.« Andere ForscherInnen gehen davon aus, dass Kinder das Zählen als Akt des Sprechens zunächst ohne spezielle Bedeutung nachahmen. »Sie lernen also beispielsweise Puppen zu zählen, Teller zu zählen, Töne zu zählen, Punkte zu zählen. All diese verschiedenen Zählprozeduren generalisieren sie irgendwann und abstrahieren dann, was allen gemeinsam ist: die Zählprinzipien.«[2]

Vom dritten Lebensjahr an wird sichtbar, dass Kinder ein zunehmendes Interesse am Erfassen von Mengen entwickeln. Ein Großteil fünfjähriger Kinder kann bereits kleine Additions- und Subtraktionsaufgaben lösen. Versuche Jean Piagets haben gezeigt, dass bei der Beurteilung der Größe von Mengen etwa bis zum siebten Lebensjahr die Faktoren der Wahrnehmung noch von Ausschlag gebender Bedeutung sind: Obschon das Kind unter eine Reihe Münzen eine gleichlange Reihe mit ebenso vielen Bonbons gelegt hat, beurteilt es bei einer engeren Zusammenrückung der Bonbons diese als weniger, mit der Begründung, dass die Reihe kürzer ist. Das Kind berücksichtigt in dieser Entwicklungsphase noch nicht alle ihm verfügbaren Informationen.[3]

»Wenn man Mathematik von der Methode aus sieht, könnte man definieren: Mathematik heißt, durch eigenes Nachdenken etwas herauskriegen. Das bedeutet, Mathematik ist eine Tätigkeit, mit der wir die Welt strukturieren, Mathematik treiben, heißt selbst aktiv sein. Wir sehen also nicht nur mit unseren äußeren Augen, sondern auch – vor allem – mit dem inneren Auge.«[4]

Mathematik lässt sich als Wissenschaft von den Mustern betrachten. Diese sind schon in früher Kindheit als Formen, Struktu-

---

[2] Krajewski, Kristin: Vorhersage von Rechenschwäche in der Grundschule; Schriftenreihe Studien zur Kindheits- und Jugendforschung, Bd. 29, Verlag Kovag, Hamburg 2003.

[3] Flammer, August: Entwicklungstheorien. Psychologische Theorien der modernen Entwicklung, 2. vollst. überarb. Aufl., Bern 1996, S. 121 ff.

[4] Beutelspacher, Albrecht: Der äußere und der innere Blick auf die Welt. TPS (Theorie und Praxis der Sozialpädagogik), 10/2003, S.4 ff. (Anm.: In dieser Ausgabe zum Thema »Mathematik« finden Sie weitere Artikel mit Anregungen für die Praxis.)

ren und zählbare Mengen – auch vor unserem inneren Auge – erfahrbar. Indem sich Kinder damit beschäftigen, Sachen zu unterscheiden, zu ordnen, zu sortieren, zu gestalten, einzugrenzen, abzuschätzen, darzustellen, beginnen sie bereits Mathematik zu betreiben. Das Rechnen, das fälschlicherweise so viel Aufmerksamkeit erhält, macht nur eine Teildisziplin innerhalb dieser Wissenschaft aus. Es dient vor allem dazu, Antworten auf Fragen zu finden, die sich aus der Mathematik ergeben haben.

Sehr viele Menschen erleben die Mathematik als ein Fach, in dem sie mit ihrer Fantasie, Kreativität und Neugier keinen Raum finden können. Wenn mit Mathematiklernen unlösbare Fragen, uneinsehbare Strukturen, Stress, Angst und eigenes Versagen assoziiert werden, liegt das sicher nicht an der eigenen Intelligenz, sondern vielmehr an versagten Möglichkeiten, der Mathematik als Teil der eigenen Welt zu begegnen.

Sich der Aufgabe stellen: Selbstbildung zulassen

In der Kindertagesstätte können sich Kinder der Mathematik altersgemäß und mit genügend Zeit nähern. Hier ist Platz für Fragen der Kinder, für ihre Ideen und nötigen Lern(um)wege. Es geht darum, die Kinder nicht üben, sondern ausprobieren zu lassen. Ihr Potenzial, miteinander und voneinander zu lernen, entfaltet sich gerade dann, wenn es keine systematischen Lehrversuche und abgesteckten Lernziele gibt, sondern wenn Lernen den Charakter des Zufälligen, Beiläufigen behalten darf. Wir können auf den Forschergeist der Kinder vertrauen, ihnen die Mathematik selbst in die Hand geben und zuschauen, was sie damit tun. Auch im Vorschulalter bedarf es keiner Spielchen, bei denen Zahlen beispielsweise in vermeintlich interessantere Figuren und Geschichten gekleidet werden. Deshalb sollten wir Erwachsene unsere Fantasie nicht dafür einsetzen, den Kindern die Mathematik nahe zu bringen; vielmehr sollten wir uns Gedanken über passende Werkzeuge machen, mit deren Hilfe Kinder durch ihr eigenes Spiel und ihre eigene Fantasie selbst zur Mathematik finden! Ein solches Zutrauen entspricht der hier vertretenen Sicht vom Kind, das seine Möglichkeiten aktiver Selbstentwicklung und -bildung nutzt.

Welche Rolle spielen nun Erwachsene in diesem Prozess? So wie wir das Spielen beobachtend begleiten, können und sollten wir auch das mathematische Denken im Vorschulalter unterstützen. Wir richten Lernorte ein, die anregen und schaffen eine Atmosphäre, in der erste tastende Versuche entstehen können. Wir lassen die Kinder in Ruhe, damit es ihnen gelingen kann, sich ohne unsere Hilfe auf ihre eigenen Impulse einzulassen. Um zur Mathematik zu kommen, beachten und anerkennen wir ihre Produkte. Wir fragen nach, fordern Erklärungen und weitere Fragen heraus: »Was hast du da gemacht?«; »Wieso hast du das so gemacht?«; »Das ist ja ein Dreieck!«; »Ist das das Größte?«; »Wollt ihr das aufmalen?«; »Wer will das noch mal legen, ohne zu gucken?«; »Ist das gleich?«; usw. Wir unterstützen die Kinder, ihren Produkten Bedeutung zu geben und helfen ihnen, Ideen festzuhalten, weil sonst vieles den Charakter des Flüchtigen behält. Wir stehen mit den Kindern im Dialog.

Ein Werkzeug für die Mathematik: Gleiches Material in großer Menge

Bekommen Kinder Werkzeuge, werden sie damit tätig. Erhalten sie Werkzeuge für mathematische Operationen, können diese Arbeitsmittel bei freiem Gebrauch zu einem »Denkwerkzeug« werden. Das heißt, dass über das Tätigsein mit dem Material mathematische Denkprozesse angestoßen werden. Ein solches Arbeitsmittel ist das »gleiche Material in großer Menge«, das in den 90er Jahren in der Freinetpädagogik (Strobel, Anton) zunächst für die Schule erdacht wurde.[5] Es ist eine sehr einfache Methode, Mathematik zu begreifen und sich gegenseitig mit der Freude an Zahlen, Formen und Strukturen anzustecken, da das Material einen sehr großen Reiz auf Kinder wie Erwachsene ausübt.

---

5 Hülswitt, Kerensa Lee: Material als Denkwerkzeug. TPS (Theorie und Praxis der Sozialpädagogik), 10/2003, S. 24 ff.

Ein Materialangebot kann ein Sack mit 4000 1-Cent Stücken sein, weitere Angebote können sein 1000 bunte Eislöffelchen, 1000 Holzwürfel, 500 Filmdöschen, 500 Augenwürfel etc.[6] Die Menge darf jedoch auch nicht zu groß sein. Das Bedürfnis, ihrer mächtig zu werden und neue Strukturen entstehen zu lassen, muss noch bestehen können. Ein Raum voller bunter Bälle reizt dazu, den Teilelementen nur als ganzer Menge zu begegnen, also einzutauchen in ein Bällebad.[7] Eine solche Menge regt aber nicht dazu an, sie nach vorhandenen Farben zu sortieren und schon gar nicht, ihre Anzahl zu ermitteln. In kleinen Versuchen mit Erwachsenen sind wir auf ein erstaunlich gleiches Maß an Übereinstimmung gekommen, ab und bis wann eine Menge gleicher Elemente den Reiz auslöst, in Einzelteile zerlegt und neu strukturiert zu werden.[8]

Die Gleichwertigkeit der einzelnen Elemente beim gleichen Material in großer Menge verkörpert das Zahlensystem in seiner Gleichschrittigkeit. Gleichschrittigkeit meint in diesem Zusammenhang den immer genau gleichen Abstand, die eine Zahl zu ihrer Vorgängerin bzw. Nachfolgerin hat.

Alle einzelnen Elemente haben also den selben Wert, da das System der natürlichen Zahlen (0, 1, 2, 3, 4, etc.) mit immer gleichen Teilen repräsentiert werden kann. Ein Turm, der einen Geldwert von 10 Cent hat, ist also um genau eine Einheit höher als ein Turm im Wert von 9 Cent. Dies könnte nicht der Fall sein, wenn 1- und 2-Centmünzen gemischt verbaut würden. Durch die Gleichheit der Elemente entsteht eine direkte Verbindung von Geometrie und Arithmetik.

---

[6] Das Material sollte eine schlichte Form (Würfel, Quadrate, Kreise, Kugeln, Perlen, Holzstäbchen, Wäscheklammern, Löffelchen etc.) oder aber eine besondere Aussage haben (z. B. kleine Figürchen, die dann aber in entsprechend großer Menge verfügbar sind). Für einen ersten Versuch empfehle ich den Einsatz eines einzelnen Materials. Wegen des unmittelbaren Bezugs zur Mathematik bietet sich ein Beutel mit losen Centstücken an.

[7] Dass das Bällebad auch in anderer Hinsicht kein besonders sinnvolles pädagogisches Angebot ist, wird an anderer Stelle dieses Buches im Vergleich zum Bohnenbad erörtert.

[8] Die »passende« Menge hängt natürlich auch von der Anzahl der Personen ab, die mit ihr tätig werden sollen. So reichen einem einzelnen Kind etwa 1000 Centstücke, für eine Gruppe von 10 Kindern wären dies zu wenig.

Die große Menge verkörpert das Viele, ein Stück der unendlichen Fortsetzung, was ja auch einen Teil der Faszination von Zahlen ausmacht.

So schätzen Vorschulkinder beim Anblick großer Mengen oft, dass dieser Haufen aus »Millionen«, »Milliarden« oder aber »unendlich vielen« Teilen besteht. Wie langweilig und sinnesfern ist es dagegen doch, sich, wie später im ersten Schuljahr, mit Mengen aus 20 oder höchstens 100 Teilen zu begnügen. Der Reiz liegt bei einer anregend großen Menge immer darin, diese in Besitz zu nehmen, Ordnungen zu finden, zu sortieren, zu erfassen, neue Formen zu gestalten, die Fantasie spielen zu lassen. Auffallend ist dabei, dass Kinder schon im Vorschulalter bestrebt sind, zu perfekten Formen, z. B. regelmäßigen Dreiecken, Quadraten, Pyramiden zu finden.

Durch das Freie Arbeiten bleiben Handlungs-, Bild- und auch Symbolebene (z. B. das Zeichnen eines Bauwerks, das Einsetzen der Zahl für die Menge,) miteinander verknüpft und stellen einen zirkulären Prozess dar.

Mathematik fassen, erfassen, gestalten und erfinden: Vom Ganzen über Teile zum neuen Ganzen aus Teilen

Bei der Beobachtung von Kindern wie auch von Erwachsenen fällt auf, dass bei der Begegnung mit gleichem Material in großer Menge zunächst das Anfassen, also die Menge als Ganzes im Vordergrund steht. Ein so großer Haufen gleicher Teile! Die Menge wird berührt, bewegt, zerteilt, wieder zusammen gefügt. So kann sich ein Kind im Alter von drei Jahren mit dem Anfassen in Form von Zerteilen und wieder Zusammenfügen über einen langen Zeitraum beschäftigen, während ein Erwachsener diesem Impuls vielleicht nur wenige Sekunden folgt.

Danach bekommen die Teile der großen Mengen zunehmend Bedeutung: Die Elemente werden zunächst zum Spielen, Türmchenbauen, Bilder legen usw. benutzt; Phantasieprodukte entstehen. Dann entwickelt sich ein erstes Strukturieren und Ordnen. So können fünfjährige Kinder darin versinken, alle Münzen der Menge auf Becherchen zu verteilen und sie dann wieder als Menge zusammen zu fügen. Diesen Vorgang vermögen sie anscheinend beliebig oft zu wiederholen. Daraus entwickeln sich dann weitere gestalterische Ideen: Gestalten meint in diesem Sinne eine schon auf das Material abgestimmte Tätigkeit, bei der die Eigenschaften der Teile beachtet werden. Hieraus ergibt sich das Entwickeln von Mustern, Symmetrien und materialabgestimmten Produkten.

Damit ist das Kind der Mathematik sehr nahe gerückt. Das Verstehen des Gestalteten, das Durchdringen des Musters und die damit verbundene Wiederholbarkeit der Erstellung eines Produkts ist dann das eigene »Erfinden«. Eine Erfindung kann bei einem dreijährigen Kind z. B. der Bau eines symmetrischen Flugzeuges sein: Angeregt durch Flugzeuge anderer ist das eigene Produkt nach ver-

schiedenen Gestaltungsversuchen zur (subjektiv) perfekten, achsensymmetrischen Figur entwickelt worden. Von da an weisen alle Flugzeuge dieses Kindes diese Eigenschaft auf. Bei weiteren Versuchen werden neue differenzierte Aspekte, z.B. das Kriterium »Farbsymmetrie«, hinzukommen. Für ein sechsjähriges Kind kann eine solche Erfindung z.B. das Legen eines regelmäßigen Dreiecks mit Kreisen sein. Dieser Prozess kann mit dem Erkennen eines zufällig gelegten Dreiecks aus drei Kreisen beginnen. Oft ist auch die Nachahmung, das Interesse an einem in der Gruppe entstandenen Produkt, auslösendes Moment. Wenn die Idee von (und damit der Wunsch nach) dem größeren Dreieck erwacht, beginnt die – manchmal sehr lange – Phase des Gestaltens: Hier wird geprobt, die Lösung auf eine vielleicht nur unbewusst vorhandene Frage ge-

161

sucht, sich am Thema festgebissen. Die Dreiecke werden immer wieder variiert, scheinbar als Ersatz verziert oder aber zerstört, um wieder einen neuen Versuch zu starten. Gelingt die Erfindung des Musters, nach dem sich regelmäßige Dreiecke in beliebiger Größe legen lassen, wird sich, vergleichbar mit dem Flugzeugbauer, auch das sechsjährige Kind nicht mehr mit einem beinaheperfekten Dreieck zufrieden geben.

Das Streben nach dem Vollkommenen, das in der Mathematik Ausdruck findet, lässt sich als »Perfektionierungsprozess« nicht nur bei individuellen Lernwegen beobachten, sondern auch, wenn die gesamte Gruppe aktiv wird. Hier findet eine regelrechte »Ideenwanderung« statt. Ideen einzelner Kinder werden in der Gruppe aufgegriffen, variiert und immer weiter verfeinert. Neben der Zahlenwelt entstehen dabei häufig Themen wie z. B. »Mittelpunkt«, »symmetrische Form« und »Muster«.

Wenn wir mathematisches Denken im Vorschulalter fördern wollen, dürfen wir den Prozess des Gestaltens unter keinen Umständen abkürzen. Es muss darum gehen, den Kindern Werkzeuge in die Hand zu geben, mit denen sie in die mathematische Auseinandersetzung treten können. Sie brauchen Denkwerkzeuge, die ihnen helfen – unabhängig von ihrem Entwicklungsstand – durch die eigene Kreativität das Erfinden zu lernen, um so der Mathematik mit Lust gegenüber treten zu können.

Das gleiche Material in großer Menge – hier können viele Materialien, die auch ohne große Kosten zu beschaffen sind, dienlich sein – stellt ein wichtiges Denkwerkzeug dar. Der Denkweg, der vom Kind beschritten werden kann, geht vom Anfassen der Menge zum Erfassen von zählbaren Teilmengen hin zu gestalteten Ordnungen. Dies kann sich als »tastendes Versuchen« vollziehen, indem das Kind seine Fantasie ausdrückt, sein bereits vorhandenes mathematisches Wissen nutzt, sich der Ideen anderer Kinder bedient und damit neue Entdeckungen macht. Die sonst üblicherweise getrennte Mathematik der Zahlen bleibt mit der Mathematik der Formen auf natürliche Weise verbunden.

2.11 Beobachten und Dokumentieren

Wozu beobachten?
Der Stellenwert von Beobachten und Dokumentieren in der Bildungsvereinbarung Nordrhein-Westfalens

»Die Grundlage für eine zielgerichtete Bildungsarbeit ist die beobachtende Wahrnehmung des Kindes, gerichtet auf seine Möglichkeiten und die individuelle Vielfalt seiner Handlungen, Vorstellungen, Ideen, Werke, Problemlösungen u.ä.«, so lautet ein Auszug aus der Vereinbarung über die Grundsätze der Bildungsarbeit der Tageseinrichtung für Kinder in Nordrhein-Westfalen. Diese Passage der Vereinbarung und die Verunsicherung darüber, welche Form der beobachtenden Wahrnehmung zur »zielgerichteten Bildungsarbeit« führen könnte, führt zur Zeit zu einer explosionsartigen Entwicklung von Beobachtungsbögen in der Trägerlandschaft. Darüber hinaus verlangt die Vereinbarung, »dass Beobachtung und Auswertung von der pädagogischen Fachkraft notiert und als Niederschrift des Bildungsprozesses des einzelnen Kindes dokumentiert werden (...)«.

Die Qualität von Beobachtungsverfahren wird sich daran messen lassen müssen, ob sie geeignet sind, die Komplexität von Bildungsprozessen – in den Worten der NRW-Bildungsvereinbarung, »die individuelle Vielfalt (... der) Handlungen, Vorstellungen, Ideen und Problemlösungen« – von Kindern festzuhalten. Die Versuchung ist groß, angesichts des Handlungsdrucks seitens der Träger, der Schule und der Politik, auf Beobachtungsbögen oder Einschätzskalen zurückzugreifen, die sich nur auf Ausschnitte kindlicher Entwicklungslinien konzentrieren, die jedoch die eigentliche Bildungsleistung des Kindes nicht beschreiben können.

Was heißt beobachten?

Erkennen beginnt mit der Frage: Was nehme ich wahr?

Um zu erfassen, was Kinder zur Unterstützung ihrer Bildungsprozesse brauchen, müssen Pädagoginnen die Kinder kennen lernen. Dies geschieht dadurch, dass sie diese in ihrem Alltag aufmerksam wahrnehmen und sich auf das einlassen, was sie tun und möglicherweise denken. Diesem Ziel dient Beobachten im hier verstandenen Sinn. Dabei müssen zwei Formen von Beobachtung unterschieden werden, eine mit gerichteter und eine mit ungerichteter Aufmerksamkeit.

• *Beobachtung mit gerichteter Aufmerksamkeit*

Die gerichtete Beobachtung zielt auf Verhaltensweisen und Verhaltensbereiche, die bereits bekannt und theoretisch abgesichert sind. Ihr entsprechen die meisten Fragebögen oder Einschätzskalen. Mit ihrer Durchführung soll die Qualität dieser Verhaltensweisen eingeschätzt und beurteilt werden. Sie richtet sich daher auf etwas, was man von Kindern weiß, oder besser, zu wissen glaubt. Kriterium ist im besten Fall ein wissenschaftlich konstruiertes »Modellkind« und das Instrumentarium überprüft, inwieweit dieses oder jenes konkrete Kind hinsichtlich eines bestimmten Verhaltens dem »Modellkind« entspricht. Hier ein Beispiel für ein solches »Modellkind«:

Zur Zeit wird von einigen Fachleuten die Theorie vertreten, dass Kinder das Lernen lernen, indem sie darüber nachdenken, wie sie gelernt haben. Dieses Modell vom Kind versteht Kinder als Menschen, die bewusst nachdenken. Das Problem einer solchen Konstruktion liegt nicht darin, dass sie auf etwas aufmerksam macht – auf das Nachdenken z. B. als Aspekt des Lernen-lernens –, sondern in dem, was sie auslässt. Sieht man entlang einer Theorie die Kinder im Wesentlichen als rational denkende Kinder an, dann lässt man eine ganze Menge von Aspekten aus, die Kinder, Kindsein und kindliches Denken ausmachen. Man erfasst dann z. B.

nicht, was Spiel, Gedächtnis, Emotionen und anderes mehr für das Lernen des Lernens bedeuten. Achtet man beispielsweise beim Beobachten nur auf dieses Modell, dann entdeckt man vielleicht alle Hinweise auf ein Nachdenken des Kindes über Lernen, berücksichtigt aber nicht seine sonstigen Gedanken und Verhaltensweisen.

- ***Beobachtung mit ungerichteter Aufmerksamkeit***

Zum Erfassen kindlicher Bildungsprozesse hingegen wird ein ungerichtetes Beobachten benötigt. Dieser Begriff enthält zwei Gedanken. Zum einen geht es um die Vielperspektivität: Der Beobachter will nichts Bestimmtes wissen, sondern er ist bereit, möglichst vieles wahrzunehmen, was Kinder indirekt oder direkt über sich, ihre Erlebnisse und Gedanken mitteilen. Dabei wird aber nicht unterstellt, dass man völlig ohne Voreinstellungen wahrnehmen oder beobachten könnte. Man hat immer Kategorien im Kopf, welche die Aufmerksamkeit lenken. Man kann sich aber darauf einstellen, dass man nicht nur eine oder wenige bestimmte Kategorien in der Beobachtung abfragt, sondern möglichst viele Blickweisen und Blickwinkel gelten lässt. Ungerichtetes Beobachten begrenzt die Perspektiven nicht, unter denen beobachtet wird, sondern versucht sie soweit wie möglich offen zu halten.[1]

Zum anderen meint der Begriff eine Aufmerksamkeit für das Unerwartete. Ungerichtetes Beobachten versucht all das zu erfassen, was die Aufmerksamkeit des Wahrnehmenden erregt. Es ist für Überraschungen offen. Man ist überrascht, wenn ein Verhalten von den Erwartungen, also von den Kategorien, die man im Kopf hat, abweicht. Man wird gezwungen, sie wenigstens für den Augenblick außer Kraft zu setzen und/oder neue Kategorien zu finden oder zu erfinden.

Diese Form der Beobachtung sucht daher nicht nach Übereinstimmungen des individuellen Kindes mit einem wissenschaftlichen oder privaten »Modellkind«, sondern nutzt zum einen so

---

[1] In diesem Sinne sollten auch die Wahrnehmungskategorien gelesen werden, die w.u. detaillierter angeführt werden.

weit wie möglich unterschiedliche, sich ergänzende und gegenseitig erweiternde wissenschaftliche Modellperspektiven. Zum anderen sucht es nach den Besonderheiten einzelner Kinder. Insofern ist diese Form der Beobachtung auch kein Ergebnis der Anwendung von vorgefertigten Instrumentarien, Einschätzskalen oder Tests, sondern ein Gewahrwerden mit den sinnlichen und emotionalen Möglichkeiten der Wahrnehmung, die der jeweiligen Erzieherin zur Verfügung stehen. Deshalb wird von einem wahrnehmenden Beobachten gesprochen, das zu einem entdeckenden Beobachten werden kann.[2]

Daher ist wahrnehmendes Beobachten nicht nur ein »finderischer«, sondern ein erfinderischer, ein konstruktiver Prozess, ein Prozess, in dem – möglichst bewusst und kontrolliert – entsteht, was wahrgenommen wird.

Wahrnehmendes, entdeckendes Beobachten kann gezielt eingesetzt werden. Dafür nimmt man sich Zeit, um sich in einem kleinen Zeitabschnitt – das können fünf, zehn oder zwanzig Minuten sein – aus dem allgemeinen Gruppengeschehen zurückzunehmen und aufmerksam einzelne oder mehrere Kinder bei ihrer Tätigkeit auf sich wirken zu lassen. Diese Art der Beobachtung ereignet sich aber auch spontan, wenn irgend etwas im alltäglichen Ablauf die Aufmerksamkeit der Erzieherin auf sich zieht und sie auf das neugierig wird, was sich gerade abspielt.

In den meisten Fällen wissen wir nicht, wie Kinder denken, was sie sich vorstellen, welche Bilder und Theorien sie verwenden, um sich ihre Wirklichkeit verständlich zu machen. Um daher etwas von ihren individuellen Bildungsprozessen zu erfassen, um zu entdekken, was die Ausgangspunkte und Verarbeitungswege der Kinder sind, benötigen wir offene Formen der Wahrnehmung und Beobachtung. Wir brauchen das ungerichtete Beobachten, damit wir mehr sehen, damit wir sehen, was wir noch nicht kennen.

Man kann diese Art der Beobachtung unterstützen, indem man durch Beobachtungshilfen einerseits auf mögliche Wahrnehmungsbereiche aufmerksam macht, die aus der Beobachtung nicht

---

2 Zum »entdeckenden Beobachten« vgl. w. u. 2.11.5.

ausgeschlossen werden sollten. Andererseits sollten solche Hilfen zur Beobachtung allzu feste Vorstellungen von gerichteter Beobachtung »sprengen« helfen. In diesem Sinne sind die folgenden Vorschläge zu verstehen.

Wie beobachten? [3]

Die Aufmerksamkeit liegt zunächst einmal auf den unterschiedlichen Sinnesbereichen, mit deren Hilfe wahrgenommen wird. Dabei sollte kein Sinnesbereich von vorne herein aus der Wahrnehmung ausgeschlossen werden. Jeder einzelne Bereich trägt unterschiedliche Informationen über das beobachtete Geschehen bei. Die Informationen sind am umfangreichsten und vollständigsten, wenn sie aus allen Wahrnehmungsbereichen kommen und zur Beurteilung des Gesamtgeschehen beigetragen haben. Wenn dabei auch die emotionale Wahrnehmung berücksichtigt wird, dann bedeutet dies zunächst einmal nur, sich darüber klar zu werden, welche Gefühle mit im Spiel waren. Gefühle enthalten wichtige Informationen über die Beziehungen, die das beobachtete Geschehen prägen. Wichtig ist dabei, sich diese Beziehungen und ihre Gefühlsqualität erst einmal bewusst zu machen, bevor daraus wertende Urteile gezogen werden.

Orientierungsfragen

Orientierungsfragen könnten sein:

- Was sehe ich?
- Was höre ich?
- Was empfinde ich über meine Körperwahrnehmungen?
- Was fühle ich (Emotionen)?

---

3 Die folgenden Fragen und Stichworte sind als vorläufig und keineswegs erschöpfend anzusehen. Sie dienen als Anhaltspunkte dafür, worauf sich ein offenes Beobachten richten kann.

Wer oder was wird beobachtet?

Beobachtet wird in Alltagssituationen, wie sie sich in einer mehr oder weniger pädagogisch vorstrukturierten Umgebung abspielen. Dabei richtet sich die Aufmerksamkeit auf:

- einzelne Kinder;
- Kindergruppen;
- die eigene Beteiligung der Erzieherin oder anderer Erwachsener;
- die Rahmenbedingungen, in die das beobachtete Geschehen eingebettet ist.

Was bringt wahrnehmendes, entdeckendes Beobachten der Erzieherin?

Wahrnehmendes Beobachten sensibilisiert die Erzieherin für eigene Wahrnehmungsprozesse und ihre emotionale Einordnung

Wahrnehmendes, entdeckendes Beobachten bedeutet, in das Geschehen mit einzutauchen und empathisch mit dabei zu sein. »Empathisch mit dabei sein« verlangt, sich selbst mit wahrzunehmen. Wahrnehmen geschieht über alle Sinneskanäle (Fernsinne, Körpersinne, Gefühle) gleichzeitig. Man nimmt wahr, was man als bedeutungsvoll erlebt.

Dabei sind es die Gefühle, welche die Aufmerksamkeit der Beobachterin und des Beobachters lenken. Diese Gefühle hängen eng mit den eigenen biografischen Erfahrungen zusammen. Die Beobachterin sollte sich immer wieder ins Bewusstsein rufen, inwiefern ihre Aufmerksamkeitsrichtung etwas mit ihren eigenen Lebenserfahrungen zu tun hat. Die pädagogische Arbeit wird unterstützt, wenn man sich bewusst macht, wo eigene Stärken und Schwächen liegen.

Wahrnehmendes, entdeckendes Beobachten
sensibilisiert die Erzieherin
für die Erzieherinnen-Kind-Interaktion

Wahrnehmendes, entdeckendes Beobachten nimmt nicht isolierte Dinge oder Ereignisse wahr, sondern Zusammenhänge und Beziehungen. Das können verschiedene Formen von Beziehungen sein:

- Beziehungen der Kinder untereinander;
- Beziehungen der Kinder zu ihren Tätigkeiten und den damit verbundenen Materialien oder Gegenständen;
- Beziehungen von Kindern zu Erwachsenen und umgekehrt von Erwachsenen zu Kindern;
- Beziehungen der Beobachterin zu Kindern, Gegenständen, Prozessen, die beobachtet werden, wie auch zu anderen Erwachsenen, die sich an den Szenen beteiligen.

Klar sein sollte, dass auch Beobachten eine Form der Beziehung ist, die zu den Kindern aufgenommen wird. Deshalb kann man Beobachten nicht in eine Technik verwandeln und die auftretenden Fragen und Probleme nur als methodisch-technische Probleme betrachten.

Beobachtendes Wahrnehmen bedeutet also nicht, eine distanzierte Haltung zum Kind aufzubauen. Zwar verlangt die Durchführung geplanter Beobachtungen, dass die Erzieherin nicht von anderen Aufgaben absorbiert oder abgelenkt wird. Doch ist damit nicht gemeint, dass sie sich demonstrativ als außenstehend und unerreichbar darstellt. Die Frage, ob sie durch eine teilnehmende Haltung die Situation nicht zu sehr beeinflusst, muss mit der Gegenfrage beantwortet werden, ob sich durch bewusste Distanzierung die Situation nicht ebenso und zudem in pädagogisch unerwünschter Weise verändern würde.

*Wahrnehmendes, entdeckendes Beobachten
geht davon aus, dass jeglichem kindlichen Tun
ein Sinn zugrunde liegt*

Der Grundgedanke, der die Beobachtung leitet, könnte so zusammengefasst werden: Wie muss ich mir die Situation des Kindes und sein Erleben vorstellen, dass das, was ich von ihm wahrnehme, als sinnvoll erscheint. Gefragt ist also eine Perspektive, in der das Tun und Erleben des Kindes einen Sinn macht, auch wenn es aus einer Außenperspektive vielleicht unsinnig scheint. Wenn dieser Grundgedanke das entdeckende Beobachten leitet, ist die Voraussetzung gegeben, dass das Kind sich von der Beobachterin auch in seiner Eigenwertigkeit respektiert und anerkannt fühlt. Insofern trägt es zu einer wertschätzenden Haltung dem Kind gegenüber bei.

*Wahrnehmendes, entdeckendes Beobachten
ermöglicht Verständigung.*

Wahrnehmendes, entdeckendes Beobachten ermöglicht der Erzieherin, zwischen Zurückhaltung einerseits und Aktivität andererseits abzuwägen, sowie zwischen der Herausforderung von Themen oder der Erweiterung der Fragen, mit denen Kinder beschäftigt sind, und einem Zurückhalten erwachsener Initiativen. Es erleichtert einen Prozess der Verständigung zwischen Erwachsenen und Kindern, in dem ausgehandelt werden kann, was an Eigeninitiative für Kinder und Erwachsene jeweils möglich und zuträglich ist. Anstelle von auf gleicher Ebene gedachter Ko-Konstruktion entsteht Zusammen-Arbeit auf der Basis von Verständigung, einer Verständigung, welche die unterschiedlichen Ebenen von Denk- und Handlungsvoraussetzungen bei Erwachsenen und Kindern berücksichtigt. Sie beruht auf einem Handeln, in dem Erwachsene ergänzend das beitragen, was von den Kindern nicht geleistet werden kann, aber nicht ersetzen, was Kinder leisten können. Dazu müssen sie wenigstens ansatzweise das Potenzial der Kinder erfassen, das diese für eine Aufgabenstellung einbringen können. Dem dient wahrnehmendes, entdeckendes Beobachten. Über das, was wahrgenommen wurde, muss man sich mit den Kindern einig werden. Dadurch wird nicht Gleichheit (wie bei der Ko-Konstruktion) unterstellt, sondern Gleichwertigkeit, bei durchaus unterschiedlichen Ausgangslagen.

Beobachtungen reflektieren – oder: Vom wahrnehmendem zum entdeckenden Beobachten

Damit aus einem wahrnehmenden ein entdeckendes Beobachten wird, muss man seinen Wahrnehmungen Aufmerksamkeit schenken. Auf sie aufmerksam werden heißt nicht gleich, sie zu beurteilen. Zu einer Bewertung gelangt man oftmals erst, wenn man die eigene Wahrnehmung anderen mitgeteilt und von diesen eine Resonanz erfahren hat. Für sich selbst über die eigenen Beobachtungen nachdenken, mit den anderen im Team oder mit einer außenstehenden, fachlichen Beratung, das sind einige Wege, wie aus Wahrnehmungen Entdeckungen werden können.

Man kann die folgenden Fragen als eine Art Wegweiser für die Reflexion einer Beobachtung betrachten. Wegweiser weisen den Weg in unterschiedliche Richtungen, die man aber nicht gleichzeitig gehen kann.

Anregungen zum wahrnehmenden, entdeckenden Beobachten des Kindes / der Kinder [4]

Welche Sinneserfahrungen werden angesprochen?

- Was nehmen die Kinder mit ihrem Körper wahr?
- Was sehen sie?
- Was hören sie?

---

4 Die folgenden Fragen sind vorläufige Versuche, das zu konkretisieren, was zu den jeweiligen Selbstbildungspotenzialen beobachtet werden kann.

- Welche Gefühle drücken sie aus? Welche Wege innerer Verarbeitung können wahrgenommen werden?
- Welche Vorstellungen, Interessen oder Themen beschäftigen die Kinder?
- Welche Vorstellungen oder Bilder entwickeln die Kinder zu ihren Themen?
- Wie stark lassen sie sich auf ihre Tätigkeit ein und bleiben bei der Sache?
- Welche Handlungsformen und welches Können setzen die Kinder ein?
- Werden neue Ideen entwickelt, besprochen, ausprobiert?
- Welche Theorien äußern die Kinder zu ihren Themen?
- Welche Fantasien werden weitergesponnen?
- Wie gehen sie mit Unsicherheiten und Schwierigkeiten um?
- Welchen Sinn geben die Kinder ihrem Tun?
- Was wird gesprochen/in Worte gefasst?
- Gibt es Ansätze für ein Denken in Quantitäten oder mathematischen Vorformen?

*Welche Formen sozialer Beziehungen
können wahrgenommen werden?*

- Wie verständigen sich die Kinder untereinander, mit oder ohne Worte?
- Wie verständigen sich die Kinder mit Erwachsenen?
- Worüber wird gesprochen?
- Werden Wahrnehmungen, Empfindungen, Gefühle ausgesprochen?
- Gehen die Kinder einfühlsam miteinander um?
- Tauschen Kinder ihre Ideen aus?

Lernen in komplexen Situationen und Sinnzusammenhängen

- Ergibt sich die Lern- oder Bildungssituation aus dem Alltagszusammenhang?
- Ist der beobachtete Prozess aus einer für das Kind nachvollzieh-

baren und sinnvollen Situation hervorgegangen?

- Ist ein Zusammenhang mit vorangegangen Erfahrungssituationen erkennbar?
- Gibt es in der beobachteten Situation mehrere Handlungsmöglichkeiten und Handlungsalternativen, die auch von den Erwachsenen akzeptiert werden können?

Forschendes Lernen

- Welchen Herausforderungen stellt/en sich das/die Kind/er?
- Probieren die Kinder aus, was sie noch nicht kennen/können?
- Was fragen die Kinder?
- Welche Überlegungen (Theorien) stecken hinter ihren Fragen?

Was wurde über Material/Raumbedingungen erfahren?

Bildungsprozesse spielen sich nicht im luftleeren Raum ab, sondern sind auf Anregungen von außen angewiesen. Es macht wenig Sinn, nach selbständigen Bildungsprozessen der Kinder zu forschen, wenn das Umfeld, in dem sie sich befinden, keine Anregungen und Herausforderungen bereit hält, wenn der Neugier und dem kindlichen Können keine adäquate Nahrung geboten wird. Deshalb muss jede Beobachtung die situativen Umstände, die personellen und räumlichen Bedingungen sowie die Ressourcen an Material, das die Kinder benutzen können, mit berücksichtigen. Sie sind also ein wesentlicher Teil der Reflexion. Fragen könnten sein:

- Standen dem Kind Personen zur Verfügung, mit welchen es seine Tätigkeit teilen konnte?
- Welche Materialien wurden genutzt?
- Wie haben sich die räumlichen Gegebenheiten auf die Kinder ausgewirkt?
- Wie haben die Kinder die strukturellen Gegebenheiten genutzt? Ergeben sich Folgerungen aus der Beobachtung? Schließlich wird man sich fragen müssen, was man aus den Beobachtungen schließen kann. Man könnte z.B. fragen:

- Eröffnen sie Anregungen für die weitere Arbeit mit den Kindern?
- Deuten sie Hindernisse oder Irrwege an?
- Welche materiellen/strukturellen Ressourcen werden benötigt?
- Wie kann die Erzieherin durch eigene Beteiligung den Prozess voranbringen?

Dokumentieren

Dokumentation/Bildungsberichte

Die Ergebnisse dieser wahrnehmenden und entdeckenden Beobachtung sollen in einer Art Bildungsbericht für die einzelnen Kinder niedergelegt werden. Er dient dazu, über die Zeit des Besuchs einer Kindertageseinrichtung vor der Schule all das zu sammeln, zu dokumentieren, zu berichten und zu beschreiben, was für den Bildungsweg des Kindes bemerkenswert ist, und zu zeigen, welche Anregungen sich daraus für weitere Bildungsprozesse ergeben.

Was wird dokumentiert?

- Die Ergebnisse der wahrnehmenden und entdeckenden Beobachtung sind das wichtigste Material für ihre Dokumentationen. Die Erzieherinnen notieren dazu alles, was sie an ihren Beobachtungen und Überlegungen bemerkenswert finden. Je vertrauter sie mit dem regelmäßigen, wahrnehmenden und entdeckenden Beobachten werden, desto reichhaltiger wird das Material für Dokumentationen werden.
- Ergebnisse von Projektarbeit;
- Erzeugnisse, Einfälle, Ideen von Kindern, nach Möglichkeit mit einem erläuternden Kommentar, der sie auch Außenstehenden verständlich macht;
- Ereignisse, die bemerkenswert, aber unverstanden sind;
- individuell unterschiedliche Weisen, bestimmte Fragen anzugehen oder Probleme zu lösen.

175

Wie wird dokumentiert?

In vielen Kindertagesstätten gibt es bereits Ansätze für Dokumentationen, die hier aufgegriffen werden. Ein wichtiger Grundsatz dürfte sein: Dokumentiert wird nicht – wenigstens nicht in erster Linie –,um Ergebnisse zur Schau zu stellen, sondern um Bildungsprozesse, Bildungswege und -umwege festzuhalten und für die Erzieherinnen wie für Außenstehende nachvollziehbar, vielleicht durchsichtig und verständlich zu machen. Dazu dienen u. a. durchaus bereits bewährte Dokumentationsverfahren, wie z. B.:

- Aufschreiben und über das erzählen, was man wahrgenommen und erlebt hat;
- Fotos und/oder Videos, die nach Möglichkeit so kommentiert werden sollten, damit an der Situation Unbeteiligte begreifen können, was sich da abspielt;
- Sammlungen, in denen die Ergebnisse vieler Kinder zu einem Thema zusammengestellt werden und der jeweils individuelle Betrag sich dadurch nachvollziehen lässt;
- szenische Aufführungen, Theaterstücke zu einem Thema, die auch im Bild festgehalten werden.

Wozu brauchen wir Dokumentationen?

- Dokumentationen sind das professionelle Werkzeug der Erzieherin, um ihre Arbeit zu überdenken und um daraus neue Vorschläge zu entwickeln – allein oder im Team.
- Dokumentationen sind ein externes Gedächtnis für die Kinder.
- Dokumentationen sind wie eine Piazza (ein öffentlicher Raum), auf der sich die Kinder mit ihren Ideen treffen, austauschen und zusammenfinden.
- Dokumentationen sind ein Schaufenster, in dem die Arbeitsergebnisse der Kinder anderen Kindern und den Erwachsenen/Eltern gezeigt werden.
- Dokumentationen sind Zeugen einer Geschichte, welche die Basis für Informationen und Empfehlungen bildet, die u.a. für den

Übergang in die Schule benötigt werden. Als solche enthalten sie – mit Zustimmung der Eltern – einen für die Schule bedeutsamen Auszug aus dem Bildungsweg des Kindes in der Kindertageseinrichtung.

Anmerkung über Rahmenbedingungen

Beobachtung und Dokumentation dienen dazu, dass Kinder ihren forschenden Lernprozess zunehmend eigenständiger voranbringen können. Sie sind also ein professionelles Mittel, das Tun der Erzieherin von einer Orientierung an vorgefertigten Angeboten zu einer Orientierung an den Themen umzugestalten, die mit den Kindern abgestimmt sind. Sie sind eine Voraussetzung dafür, dass sich die Rolle der Erzieherin von einer Person, die sich vorwiegend als Gebende und Lehrende sieht, in eine Person, die die Lern- und Forschungsprozesse des Kindes herausfordert und mit gestaltet, wandeln kann. Es ist klar, dass die Aufgaben der Beobachtung und Dokumentation einen passenden zeitlichen und organisatorischen Rahmen brauchen. Beide Anforderungen können nicht einfach zusätzlich zum üblichen Arbeitspensum der Erzieherinnen bewältigt werden. Zu den dazu gehörigen institutionellen Rahmenbedingungen gehören auch didaktische, welche die Eigeninitiativen der Kinder stärken und dadurch Zeit freigeben, in der die Erzieherin sich aufmerksam darauf einstellen kann, zu entdecken, was Kinder tun und denken.

Resümee

Beobachtung und Dokumentation, so wie sie hier verstanden werden, dienen als Werkzeuge zu einer systematischen Erforschung der biografischen, der sachlichen sowie der sozialen Ressourcen, die den Kindern für Aufgabenstellungen zur Verfügung stehen. Sie ermöglichen Vorschläge, die auf diese Ressourcen situativ, individuell oder gruppenorientiert eingehen und daraus Perspektiven für die pädagogische Weiterarbeit entwickeln. Sie halten, wie ein Gedächtnis, die Ergebnisse dieser Bildungsprozesse fest und machen sie dem Nach-Denken zugänglich. In ihrer offenen Form sind sie sensibel für Unerwartetes, reagieren auf Differenz und bereiten gleichwertige Kooperation vor. Subjektive Wahrnehmungen gehen in sie genauso ein wie objektivierbare. Subjektivität kann man nicht weglassen, sondern man muss mit ihr umgehen. Das bedeutet, Subjektivität gehört zur Beobachtung, aber bewusst und reflektiert.

Wahrnehmendes, entdeckendes Beobachten bildet von daher einen wesentlichen Teil der professionellen Kompetenz von Pädagoginnen und Pädagogen. Es gehört insbesondere dann dazu, wenn man davon ausgeht, dass Kinder nicht nur Adressaten für die mehr oder weniger gut gemeinten Absichten von Gesellschaft, Erwachsenen oder Schule sind, sondern Individuen, die von Beginn des Lebens an befähigt sind, die Welt, die sie umgibt, von den eigenen Ressourcen ausgehend, zu begreifen, um in ihr befriedigend leben zu können. Pädagogisch unterstützte Bildungsprozesse greifen diese Ressourcen auf, differenzieren, erweitern sie und fordern sie zu neuen Aufgabenstellungen heraus. Wie weit man dabei gehen kann, wird durch Verständigung mit den Kindern auf der Basis wahrnehmender, entdeckender Beobachtung abgesteckt.

Angelika von der Beek,
Ranghild Fuchs, Gerd E. Schäfer,
Rainer Strätz

Teil 3

Schlussfolgerungen für die Gestaltung von Bildungsprozessen in Kindertagesstätten

3.1 Allgemeine Grundlagen

Die Kindertagesstätte hat einen gegenüber der Schule eigenständigen Bildungsauftrag. Er leitet sich aus wissenschaftlichen Erkenntnissen, insbesondere aus der Entwicklungspsychologie, der beobachtenden Kleinkindforschung sowie der Kognitionsforschung ab, die als Basis einer Bildungstheorie für die frühe Kindheit herangezogen werden können. Darüber hinaus bietet die Kindertagesstätte den Eltern ein familienergänzendes und -unterstützendes Angebot und trägt damit zur Vereinbarkeit von Familie und Beruf bei.

Bildung, Erziehung und Betreuung gestalten sich in der Kindertagesstätte als eine Einheit, die dem Kind den bestmöglichen Rahmen zur Entfaltung seiner Selbstbildungs-Potenziale bieten soll. Bei der Umsetzung des Bildungs-, Erziehungs- und Betreuungsauftrags in die pädagogische Praxis müssen die

- Orientierung an der subjektiven Weltsicht;
- Orientierung an der Lebenswelt und dem Alltag der Kinder (Kindeswohl);
- Orientierung an humanistischen Werten einer demokratischen Gesellschaft und Partizipation der Kinder;
- sowie die Berücksichtigung individueller, sozialer, kultureller und geschlechtsspezifischer Bedürfnisse gewährleistet sein.

179

Zur Abstimmung dieses Auftrags ist die Kindertageseinrichtung auf eine enge Zusammenarbeit mit den Eltern angewiesen. Weiterhin nimmt sie ihre Beratungsfunktion gegenüber den Eltern wahr und nutzt die Beratungsressourcen des Umfelds. Der Austausch mit externen Experten und Expertinnen aus den Reihen der Kolleginnen und Kollegen anderer Einrichtungen, der Fachberatung, Qualitätsbeauftragten sowie mit Vertretern von Wissenschaft und Forschung tragen dazu bei, eine kontinuierliche Reflexion und Weiterentwicklung der eigenen Arbeit zu garantieren.

3.2 Beschreibung frühkindlicher Bildungsprozesse

3.2.1 Selbstbildungspotenziale als Ausgangspunkte der Bildungsarbeit

Frühkindliche Bildungsprozesse entstehen auf der Grundlage von Selbstbildungspotenzialen, die ein Kind von Geburt an mitbringt. Um diese Potenziale bestmöglich einsetzen und weiterentwickeln zu können, benötigt es sensibel wahrnehmende Bezugspersonen, die seine Entwicklungsmöglichkeiten erkennen und entsprechende Entwicklungsräume bereitstellen. Es braucht eine anregungsreiche und herausfordernde Umgebung, die es anspornt, schrittweise die eigenen Möglichkeiten zu erweitern. Unter kognitionswissenschaftlicher Perspektive ist es nicht allein das mehr oder weniger logische Denken, das zur Klärung der Selbst- und Welterfahrung dient. Vielmehr kann von folgenden Selbstbildungspotenzialen in der frühen Kindheit ausgegangen werden:

- Die Strukturierung der Wirklichkeit erfolgt bereits durch den Wahrnehmungsprozess. Dabei spielen die
  - Fernsinne
  - Körpersinne
  - Gefühle

die herausragende Rolle. Dadurch dass Wahrnehmungsverarbeitung aus einer undifferenzierten Fülle von Informationen verständliche Bilder, Muster oder Zusammenhänge konstruiert und dabei unwesentliche sinnliche Informationen wegfallen lässt, werden Wahrnehmungserfahrungen überhaupt erst »denkbar«.

- Frühkindliche Bildung geht von weiteren differenzierenden inneren Verarbeitungsmöglichkeiten aus und entwickelt diese weiter. Als solche wären anzusehen:
  – innere Repräsentation der wahrgenommenen Wirklichkeit (Rekonstruktion der Wirklichkeit mit Mitteln des Gehirns),
  – Vorstellungskraft und Fantasie,
  – sprachliches Denken,
  – naturwissenschaftlich-mathematisches Denken.
- Ausreichend gute Beziehungen ermöglichen es kleinen Kindern, sich Wirklichkeitserfahrungen so zu überlassen, dass sie Gewinn daraus ziehen können. Diese mehr oder weniger förderlichen Beziehungen entscheiden mit darüber, welche Erfahrungen für ein Kind in welcher Weise wichtig werden.
- Frühkindliche Bildungsprozesse setzen voraus, dass Kinder auch Beziehungen zu den Gegenständen, Bildern und Gedanken entwickeln, mit denen sie sich befassen. Dadurch, dass sie solche Beziehungen eingehen, spielen auch Gefühle, ästhetische Empfindungen, Werte im Bildungsprozess – neben dem rationalen Denken – eine wichtige Rolle.
- Bildungsprozesse gehen davon aus, dass die Wirklichkeit nicht in Funktionen geordnet vor uns liegt. Sie beschränken sich auch nicht auf die isolierte Nutzung einzelner Kompetenzen, sondern sehen das Zusammenspiel von Kräften, Funktionen, Kompetenzen als eine wichtige Aufgabe beim produktiven Lösen von Aufgaben an.
- Bereits kleine Kinder müssen den Sinn ausfindig machen, den die Dinge für sie haben. Sie erforschen daher die Gegenstände ihrer Umwelt, um deren Bedeutung für sich selbst herauszufinden. Die Fähigkeit zur Problemlösung liegt bereits frühkindlicher Bildung zu Grunde.

3.2.2 Der leitende Bildungsgedanke

Der Bildungsgedanke, der diese Vereinbarungsvorschläge trägt, wird durch folgende Bestimmungen geprägt:

- Bildungsprozesse gehen von der individuellen Denk- und Verarbeitungstätigkeit der Kinder aus.
- Sie können nicht funktional beschrieben werden, sondern setzen eine hinreichende Komplexität von Aufgabenstellungen voraus.
- Sie sind in individuelle, sachliche und soziale Sinnzusammenhänge eingebettet.
- Sie brauchen eine Resonanz innerhalb ausreichend guter Beziehungen.
- Sie sprechen die Vielfalt und die differenzierte Qualität der subjektiv möglichen inneren Verarbeitungsmöglichkeiten an.
- Sie zeichnen sich dadurch aus, dass sie nicht nur mit einer Vermehrung des Wissens über sich und die Welt einhergehen, sondern auch mit einer permanenten Veränderung, Anpassung und Ausdifferenzierung der Prozesse der inneren Verarbeitung.

3.3 Bildungsziele

3.3.1 Entwicklung der Persönlichkeit

Ziel der Bildungsarbeit in der Kindertagesstätte ist es, die Kinder in der Entwicklung ihrer Persönlichkeit zu unterstützen. Daher umfasst der Begriff der Bildung nicht nur die Aneignung von Wissen und Fertigkeiten. Vielmehr geht es in gleichem Maße darum, die Kinder in allen ihnen möglichen Entwicklungsbereichen zu begleiten, zu fördern und herauszufordern. Dazu zählen sensorische, motorische, emotionale, ästhetische, kognitive und sprachliche, später auch mathematische Entwicklungsbereiche. Zudem muss die Entwicklung von Selbstbewusstsein und Identität beachtet werden.

Dabei handelt es sich darum, dass Kinder einerseits eine wachsende Stabilität in ihren persönlichen Leistungen gewinnen, andererseits für immer neue (Lern-)Erfahrungen flexibel und offen bleiben. Die Bereitschaft, vertraute Denk- und Handlungsmuster zu Gunsten neuen Lernens in Frage zu stellen, zeichnet eine gefestigte Identität geradezu aus.

3.3.2 Selbstbildungspotenziale ausschöpfen

Ziel der Bildungsarbeit in der Kindertagesstätte muss es ferner sein, den Kinder Gelegenheiten zu verschaffen, ihre Selbstbildungspotenziale möglichst vielseitig auszuschöpfen und im Zusammenspiel der Kräfte ihre produktiven Verarbeitungsmöglichkeiten zu erfahren. Dies gelingt da, wo Kinder in solchen Situationen unterstützt, gefördert und herausgefordert werden, die für sie selbst sinnvoll sind. Bildungsarbeit in der Kindertagesstätte muss an den Fragen und Ideen der Kinder ansetzen und ihnen Impulse geben, ihr eigenes Forschungsinteresse zu erweitern. Die Motivation, zu lernen und sich in verschiedenen Entwicklungsbereichen neuen Herausforderungen zu stellen, ergibt sich dann aus dem eigenen Interesse des Kindes, den Dingen auf den Grund zu gehen. Der Beitrag der Erwachsenen besteht darin, das Umfeld so zu gestalten und solche Angebote zu machen, dass sich der Horizont des Erforschens erweitert und die Kinder dabei ihre verschiedenen Entwicklungsbereiche produktiv einsetzen.

3.3.3 Vorbereitung auf zukünftige Lebenssituationen

Diese Aufgabe hat zwei Aspekte: Zum einen geht es um eine sachliche, zum anderen um eine soziale Zukunft.

Vorbereitung auf eine sachliche Zukunft

In dem Bemühen, die Kinder auf künftige Lebens- und Lernaufgaben vorzubereiten, setzt die Kindertagesstätte am Können des Kindes an, das es ab der Geburt mitbringt: an seiner nicht abreißenden Lernmotivation und Neugierde; an seiner Fähigkeit, das Lebensumfeld in sinnvollen Zusammenhängen wahrzunehmen und dabei Bilder von der Welt zu entwerfen, zu verwerfen oder weiterzuentwickeln; an der Fähigkeit, sich auf immer neue und sich wandelnde Situationen einzustellen; an der Bereitschaft, mit anderen zu kooperieren. Durch all dies werden nicht nur Wissen und Können vermehrt, sondern – das ist der Kern von Bildungsprozessen – es erweitern, differenzieren sich dadurch auch die jeweils gegebenen Verfahren, wie man mit den erfahrenen Wirklichkeiten ordnend und verarbeitend umgeht.

Dies sind Bildungsqualitäten, die ein Kind bereits in der Kindertagesstätte nutzen kann. Zugleich sind es aber auch die Qualitäten, die es auf eine Zukunft, in der bislang ungelöste Probleme warten, am besten vorbereiten.

**Vorbereitung auf eine soziale Zukunft –
Teilhabe an der Gesellschaft**

Um Kinder zur zukünftigen Beteiligung am Zusammenspiel in der demokratischen Gesellschaft zu ermutigen, bietet die Kindertagesstätte alle Voraussetzungen. Das alltägliche Zusammenleben mit gleich- und ungleichaltrigen Kindern sowie mit Erwachsenen enthält alle sozialen Aufgaben, die einerseits aktuell zu bewältigen sind, andererseits die wesentlichen Bereiche des sozialen Miteinanders umfassen, die auch in der Zukunft benötigt werden. Darüber darf nicht vergessen werden, dass die Fähigkeit zum Alleinsein die

Basis für einen selbstbewussten sozialen Austausch bildet. Angesichts der Bedeutung des sozialen Miteinanders entgehen das Allein-sein-können und ein Allein-durchhalten-können leicht der pädagogischen Aufmerksamkeit. Kindertagesstätten bieten den Kindern einen Rahmen an, der sie dabei unterstützt, Eigenständigkeit, soziale Beziehungsfähigkeit, tätiges Miteinander in gegenseitiger Toleranz und Anerkennung zu entwickeln (vgl. auch 4.2.5, Bemerkungen über das soziale Lernen).

3.3.4 Ausgleich von Benachteiligungen

Ein Bildungsansatz, der sich an den jeweils gegebenen individuellen Voraussetzungen orientiert und fragt, welche Kräfte in welcher Weise angeregt und weiterentwickelt werden können, ist geeignet, individuelle und soziale Benachteiligungen auszugleichen. Der Ausgleich erfolgt also nicht über ein normiertes Ziel, sondern durch das Aufgreifen der gegebenen kindlichen Potenziale.

3.4 Voraussetzungen gelingender Bildungsarbeit

3.4.1 Die Rolle der Erzieherin

Die Begleitung und Förderung frühkindlicher Bildungsprozesse stellt professionelle Anforderungen an die Erzieherin. Eine sensible, fachlich geschulte Wahrnehmungsfähigkeit vor dem Hintergrund eines zeitgemäßen Fachwissens, eine zuverlässige und interessierte Beziehung zum Kind sowie die kontinuierliche Überprüfung des jeweiligen situativen pädagogischen Handelns bieten dem Kind einen geeigneten Rahmen zur Entfaltung seiner Selbstbildungspotenziale.

185

Grundorientierungen

Zur Unterstützung kindlicher Bildungsprozesse sind folgende Grundorientierungen wesentlich:

- Anerkennung der subjektiven Weltsicht des Kindes;
- Orientierung an alltäglichen Zusammenhängen und an den lebensweltlichen Bedingungen, unter denen Kinder aufwachsen;
- vorbereitete Umgebung;
- Bereitschaft zur sprachlichen und nichtsprachlichen Verständigung mit den Kindern;
- Berücksichtigung der Möglichkeiten kindlicher Selbstregulierung, soweit verantwortbar;
- Partizipation und Partnerschaftlichkeit;
- positiver Umgang mit individueller, geschlechtlicher, sozialer und kultureller Differenz;
- Wahrnehmen und Berücksichtigen des regionalen Bedarfs.

Professionelle Einstellungen

Andererseits erfordert die Unterstützung und Herausforderung kindlicher Bildungsprozesse professionelle Einstellungen:

- Sich selbst als Lernende zu begreifen und zwar in doppelter Hinsicht: einmal als Lernende, die von den Kindern lernt (im Sinne eines besseren Begreifens ihrer Handlungs-, Denk- und Vorstellungsweisen), zum anderen in fachlicher Hinsicht im Sinne des Studiums aktueller Fachliteratur, des Besuchs von Fort- und Weiterbildungen sowie einer Bereitschaft zur fortlaufenden Überprüfung des eigenen pädagogischen Handelns (Evaluation).
- Die Begleitung von kindlichen (Selbst-)Bildungsprozessen, erfordert die Wahrnehmung und Akzeptanz kindlicher Selbstständigkeit, soweit es möglich und zu verantworten ist. Konkret bedeutet das:
- Erzieherinnen müssen zunächst diese Eigentätigkeit erkennen;

- sie müssen ertragen, dass Kinder eigene Wege gehen, auch wenn diese Wege nicht den Vorstellungen der Erzieherinnen entsprechen;
- Erzieherinnen sollten sich darüber hinaus darum bemühen, den Sinn zu begreifen, den solche Eigenwege für die Kinder haben, um schließlich eine Brücke schlagen zu können zwischen dem, was kindlicher Sinn will, und dem, was die Erwachsenenwelt als sinnvoll ansieht;
- so weit die Kinder ihren eigenen Weg sinnvoll und erfolgreich gehen, ist es die Aufgabe der Erzieherinnen, diesen Weg mit interessierter Aufmerksamkeit zu begleiten, also mit den Kindern im Gespräch darüber zu bleiben, was, wie und warum sie etwas tun oder denken;
- wenn Kinder auf diesem Weg stecken bleiben, sollten Erzieherinnen in der Lage sein, Vorschläge für das weitere Vorgehen zu machen. Daraus können sich größere Projekte entwickeln, deren Gelingen von einer ausreichenden Verständigung zwischen Erwachsenen und Kindern abhängt.
- Die Kinder in ihrem Interesse an der Welt ernst zu nehmen heißt, sie zu Aufgaben herauszufordern, die sie bewältigen können. Die Herausforderung kann aber auch darin bestehen, dass man wichtige Fragen stellt und damit das Nachdenken über das hinaustreibt, was Kinder von sich aus erfassen. Das signalisiert, dass man ihnen etwas zutraut, dass man sie für fähig hält.
- *Wahrnehmen, Aushalten, Verständigung* und *Verstehen, interessiertes Begleiten, Anregen, Herausfordern* – das sind Begriffe, mit denen man die wesentlichsten Handlungskompetenzen, die von Erzieherinnen erwartet werden müssen,beschreiben kann.
- Erzieherinnen sollten sich um ein Verständnis kultureller Differenzerfahrungen bemühen, das diese Erfahrungen nicht nur tolerant anerkennt, sondern auch die produktiven Möglichkeiten wahrnimmt, die sich für die Kinder aus der Begegnung mit anderen kulturellen Welten ergeben.

Erziehungswissenschaftliches und praktisches Rüstzeug

Erzieherinnen – verstanden als Fachkräfte für Erziehung und Bildung im Elementarbereich – benötigen ein theoretisches, erziehungswissenschaftliches und erziehungspraktisches Rüstzeug, vor dessen Hintergrund sie das tägliche Erziehungs- und Bildungsgeschehen kritisch bedenken und entsprechend gestalten können. Dieses Rüstzeug sollte wenigstens die folgenden Bereiche umfassen:

- Kenntnisse der historischen, sozialen, institutionellen und sozialpolitischen Bedingungen, unter denen frühpädagogisches Handeln stattfindet.
- Wissen über individuelle Bildungsprozesse, ihre Voraussetzungen und ihre soziale Einbettung.
- Ein Instrumentarium an theoretischen Einsichten, das erlaubt, das Bild vom Kind zu erfassen, das den Theorien, Konzepten und dem konkreten pädagogischen Handlungen zu Grunde liegt.
- Ferner sollten die eigenen biografischen Erfahrungen des Kindseins, des subjektiven Bildungswegs und des Erzogenwerdens sowie ihre Begrenzungen in die Reflexion von Erziehungs- und Bildungsprozessen einbezogen werden, sei es als besondere subjektive Möglichkeiten, sei es als Begrenzungen.
- Erzieherinnen müssen fähig sein, kindliche Bildungsprozesse fachlich differenziert wahrzunehmen und sie in sachliche und soziale Zusammenhänge einzubetten. Solche Wahrnehmungen und Beobachtungen müssen in konkrete Bildungsaufgaben und Bildungswege umgesetzt werden. Daraus ergibt sich die weitere Aufgabe, die konkreten Wege und Ergebnisse dieses Vorgehens in Dokumentationen zu veranschaulichen und in Bildungsberichten individuell und/oder gruppenbezogen zusammenzufassen.
- Hinzu kommt die fachlich reflektierte Kenntnis von Bildungskonzepten für den Elementarbereich. Dies reicht jedoch für praktisches Handeln nicht aus.
- Deshalb sind gefestigte praktische Erfahrungen in didaktischen

und methodischen Verfahren notwendig, die Bildungsprozessen den Weg bereiten, die von den Selbstbildungsprozessen des Kindes ausgehen.

- Der Bildungsgedanke im Elementarbereich verlangt vertiefte Kenntnisse über sachliche Themen (wie Bewegung, Ästhetik, Sprache, Natur, Kultur), die für Kinder interessant sein können.
- Fachkräfte für Erziehung und Bildung im Elementarbereich sollten die Ressourcen der Unterstützungssysteme für die Bildungsarbeit nutzen. Hierzu gehören die Zusammenarbeit im Team und mit den Eltern, die Einbeziehung der und die Kooperation mit den örtlichen kulturellen und sozialen Einrichtungen (etwa den Einrichtungen der Kinderkulturarbeit wie Kunst- und Musikschulen, Museen, Kinder-Museen, Kirchen, kommunalen Spiel- und Freizeitprojekten oder den verschiedenen Beratungsstellen), die Öffentlichkeitsarbeit, die Zusammenarbeit mit anderen Kindertageseinrichtungen, die Zusammenarbeit mit dem Träger, der Fachberatung und gegebenenfalls der Fachschule und der Wissenschaft.

3.4.2 Raumgestaltung

Noch bevor Erzieherinnen mit ihren eigenen Vorstellungen die Bildungsprozesse der Kinder mitgestalten, sind es die Räume, die den Kindern Gelegenheit geben, sich aus eigener Initiative mit Tätigkeiten oder Themen zu beschäftigen, d.h. ihre Selbstbildungspotenziale zu entwickeln. Ob wir es wollen oder nicht, allein dadurch, dass Kinder sich in Innen- und Außenräumen aufhalten, werden Räume zu einem Teil frühkindlicher Erziehung und Bildung. Als unentrinnbare Lebensumwelt sind sie der Ausgangspunkt vielen kindlichen Wahrnehmens, Fragens und Forschens. Wir können die Bedeutung von Räumen für kindliche Bildungsprozesse gering schätzen oder ausdrücklich fachlich berücksichtigen. Die Bedeutung sinnlicher Bildung in der frühen Kindheit spricht jedoch dafür, dieser fachlichen Aufgabe die notwendige Aufmerksamkeit zu schenken. Deshalb sollten Kindertagesstätten Kindern Räume im

Innen- und im Außenbereich zur Verfügung stellen, in denen sie den Initiativen nachgehen können, die sie für ihre Selbstbildungsprozesse brauchen. Die Räume und ihre Ausstattung müssen es ihnen erlauben, Orte, Zeitdauer, Materialien sowie Spiel- und Arbeitspartner selbst zu wählen.

Räume im Raum

Da die von Kindern im Vorschulalter selbstständig gebildeten Gruppen meistens nicht mehr als zwei bis fünf Kinder umfassen, sollten in der Kindertagesstätte »Räume im Raum« gebildet werden. Dabei kann nicht nur die Fläche, sondern auch die Höhe der Räume unterteilt werden. Der Einbau von zwei oder mehr Spielebenen vergrößert zum einen die verfügbare Fläche. Zum anderen erhält dieser Teil des Raumes Proportionen, die der Körpergröße der Kinder angemessen sind. Die Kinder können sich allein oder in kleinen Gruppen dorthin zurückziehen. Um die Selbstregulierung der Kinder zu unterstützen, scheint es wichtig zu sein, dass sie auch unbeobachtet spielen können. Dabei muss in der Raumgestaltung berücksichtigt werden, dass Kinder das »Band«, das sie mit den Erzieherinnen verbindet, aktivieren – sie also die Erzieherinnen sehen oder rufen – können. (Bewährt: Verglaste oder teilverglaste Türen, Innenfenster und »Durchblicke« in Hochebenen.) In der Raumgestaltung sollte deshalb ein ausgewogenes Verhältnis von Abgeschlossenheit und Transparenz hergestellt werden.

Sinnesanregende Materialien und Räume

Damit Kinder selbstständig handeln können, müssen die Räume und Materialien zugänglich sein. Das allein reicht jedoch nicht. Nur wenn Räume und Materialien auch die Sinne (Körper- und Fernsinne, Gefühle) und die Interessen der Kinder anregen, eignen sie sich zur Entwicklung der Selbstbildungspotenziale.

Das soll am Beispiel von Räumen für die basalen körperlichen Wahrnehmungserfahrungen erläutert werden: Kinder brauchen Räume für Bewegung – nicht nur draußen, sondern auch drinnen. Diese Räume sollten sie jederzeit nutzen können. Bei Neu- und Umbauten sollte also ein Bewegungsraum pro Bereich (zwei bis drei Gruppen) geplant werden. In den vorhandenen Kitas können Gruppenräume in Bewegungsräume verwandelt werden. Sie werden hier bewusst nicht Toberäume genannt, weil sie den Kindern nicht nur eine freie Fläche, wie der Flur, sondern differenzierte (taktile, kinästhetische, viscerale und vestibuläre) Wahrnehmungsmöglichkeiten über ihren Körper und ihre Fernsinne bieten sollten. Die Bewegungsmöglichkeiten der Kinder im Außengelände müssen also ergänzt werden durch Innenräume, die nach dem Vorbild der Natur gestaltet sind. Spielebenen – oder besser noch Spielpodestlandschaften – ermöglichen es den Kindern, wie in einer natürlichen Landschaft, Standorte und Perspektiven zu wechseln. Bewegungsräume sollten sich von Turnhallen dadurch unterscheiden, dass die Gelegenheiten zur Bewegung (Kletterwände, Podeste, Stiegen, Gruben, Türme, Netze, Höhlen, »Schwalbennester« usw.) Bestandteile eines Weges durch den Raum sind. Auf solchen Wegen gibt es nicht nur vielfältige Gelegenheiten zur Bewegung. Die Kinder können auch in ihren Bewegungen innehalten, sich zurückziehen und still beobachten. Das ist wichtig, damit sie ihren eigenen Rhythmus von Aktivität und Ruhe finden können.

Bewegungsräume – drinnen und draußen – entfalten ihre wichtige Rolle für die Differenzierung der körperlichen Wahrnehmungserfahrungen der Kinder jedoch nur, wenn in der Kindertagesstätte auch ein bewegungsfreundliches Klima herrscht. Die Erzieherinnen müssen nicht nur über die Bedeutung der Bewegung für die kindliche Entwicklung Bescheid wissen, sondern sollten sich auch selbst gerne bewegen. Zumindest müsste es in jedem Team eine Erzieherin geben, die sich für das Thema interessiert – also eine Fachfrau für Bewegung.

Spiel-Räume

Neben Bewegungsräumen brauchen Kinder Räume zum Spielen. Hier muss gefragt werden: Werden die vorhandenen Räume der Tatsache gerecht, dass Spiel die wichtigste Form der Weltaneignung der Kinder ist? Bieten sie Anforderungen und Herausforderungen für alle Facetten kindlichen Spiels? Können die Kinder beim Bauen, Konstruieren, Rollenspiel usw. in den Räumen und mit den Materialien nicht nur rezeptiv verarbeitend, sondern auch produktiv schöpferisch umgehen? Ist es möglich, dass die Kinder ihren eigenen Rhythmus finden, Dinge zu tun? Welche Formen sinnlich-körperlicher Erfahrungen bieten zum Beispiel die Gelegenheiten zum Bauen oder Gestalten? Gibt es Bereiche, deren Funktion nicht definiert ist und die die Kinder mit eigenem Sinn füllen können?

Professionelle Raumgestaltung

Räume so zu gestalten, dass sie die Neugierde und den Forscherdrang der Kinder befriedigen, stellt hohe Anforderungen an das professionelle pädagogische Handeln der Erzieherinnen. Zu ihrer professionellen Ausrüstung gehören auch Grundeinsichten in die Möglichkeiten der Raumgestaltung. Die Erzieherin muss dieses Wissen gestaltend in der Einrichtung umsetzen. Sie benötigt also so etwas wie eine Didaktik des Raumes. Es ist jedoch nicht nötig, dass eine einzelne Erzieherin bzw. alle Erzieherinnen gleichermaßen über alle Kompetenzen verfügen. Es kann und sollte eine Arbeitsteilung zwischen den Erzieherinnen geben, die am besten mit ihren subjektiven Interessen übereinstimmt.

Durch die Raumgestaltung formuliert die Erzieherin die Bildungsaufgaben nicht verbal, sondern lässt die Materialien »sprechen«. Indem sie sammelt, auswählt, aussortiert, herbeischafft und konstruiert – alleine, mit Hilfe von anderen oder als Ideengeberin in der Zusammenarbeit mit Handwerkern und Künstlern –, bahnt sie Kindern einen Weg, auf dem Bildungserfahrungen gemacht werden können. Die räumliche Gestaltung und materielle Ausstattung von Bildungsbereichen ist eine komplexe Aufgabe. Sie muss der Tatsache gerecht werden, dass an den Bildungsprozessen der Kinder alle Sinne beteiligt sind und die sinnlichen Sensibilitäten sich in dem Maße differenzieren, in dem sie tatsächlich angesprochen werden. Es ist daher nicht beliebig, welche ästhetischen Anregungen von der räumlichen Umwelt ausgehen. Aus diesem Grund sollte dem Licht, der Farbe und der Akustik in den Räumen nicht nur unter praktischen, sondern auch unter ästhetischen Gesichtspunkten Beachtung geschenkt werden. Weil die Sinne der Kinder nicht getrennt wirken, müssen Räume vielsinnige Anregungen enthalten. Darunter darf aber die Übersichtlichkeit der »vorbereiteten Umgebung« nicht leiden. Je klarer die Räume strukturiert sind, desto erfolgreicher können sich die Kinder ihren Interessen und Bedürfnissen gemäß entscheiden. Je übersichtlicher die Materialien geordnet sind, desto zielgerichteter können die Kinder sich betätigen.

Räume, die die Bildung fördern, sind nie »fertig«. Die Kinder selbst und die Beobachtung ihres Handelns machen deutlich, was an den Räumen stimmt und was verändert werden muss. Raumgestaltung im Dienste von Bildungsprozessen bleibt eine fortlaufende Aufgabe. Deshalb sollte diese Aufgabe in der fachlichen Beratung, Fort- und Weiterbildung ihrem Stellenwert entsprechend berücksichtigt werden.

3.4.3 Gestaltung des Tagesablaufs

Die Gestaltung des Tagesablaufs dient dazu, die Selbstbildungsprozesse des Kindes zu unterstützen. Qualität in der Gestaltung des Tagesablaufs zeigt sich darin, wie flexibel die Einrichtung es einzelnen Kindern oder einer Gruppe ermöglicht, ihre laufenden Spiele, Gestaltungsprozesse, Sammeltätigkeiten, Gespräche, Denk- und Arbeitsprozesse, die allesamt Ausdruck der Bildungstätigkeit der Kinder sind, intensiv zu betreiben.

Flexibilität

Kinder können ihre eigenen Möglichkeiten entwickeln, Probleme zu lösen, wenn sich Erzieherinnen auf die Themen der Kinder einlassen und die geeigneten räumlichen Materialien und medialen Voraussetzungen zur Bearbeitung dieser Themen schaffen. Besonders dann werden Kinder ihre Denk- und Arbeitsprozesse in ihrem eigenen Rhythmus vollziehen und zu Ende bringen können, wenn sie Räume und Materialien selbstständig finden und gebrauchen können. Dazu müssen sie wissen, wo sie welche Materialien finden und wo sie beispielsweise geeignete Gelegenheiten finden, um sich zu bewegen, zurückzuziehen oder zu entspannen.

Selbstorganisation

Die Selbstorganisation der Kinder hat einen wesentlichen Anteil an der Strukturierung des Tagesablaufs. Wenn geeignete Bedingungen in Innen- und Außenräumen vorhanden sind, gestalten Kinder ihre eigenen Tätigkeiten in kleinen Gruppen oder für sich allein. Die aufmerksame Begleitung der Kinder durch die Erzieherin ermöglicht es dann, die Aktivitäten der Kinder aufzunehmen, zu unterstützen und durch Anregungen zu erweitern.

Orientierung und Offenheit

Kinder brauchen eine Zeitstruktur für den Tagesablauf, die ihnen Orientierungshilfen gibt. Ihnen muss aber auch – im Sinne von Partizipation und Selbstregulierung – die Möglichkeit gegeben werden, Zeitstrukturen mitzugestalten. Wird der Tagesablauf auf diese Weise offen strukturiert, können die Kinder erfahren, dass sie mit ihren Bedürfnissen und Fragen wahrgenommen werden und zum Mitbestimmen und Mitgestalten aufgefordert sind.

Orientierung im Tagesablauf können zum einen Fixpunkte geben, die organisatorisch bedingt sind, zum Beispiel das Bringen und Abholen der Kinder, Frühstück und Mittagessen, das Einbeziehen von Eltern, Honorarkräften oder weiteren Personen. Andere Orientierungspunkte ergeben sich durch Angebote für bestimmte Gruppen, beispielsweise Projekte.

Dazu kommen Fixpunkte, die die Erzieherin setzt:

- Ritualisierungen, die auch Verbindung zwischen den unterschiedlichen Zeitabschnitten eines Tages herstellen (etwa tägliche Kinderbesprechungen) oder
- zusätzliche Orientierungspunkte im Tagesablauf für Kinder von Migranten oder neu aufgenommene Kinder, die sich in der neuen Umgebung noch nicht orientieren können.

Offenheit im Tagesablauf benötigen Kinder,

- damit sich Spiel- und Entdeckungsprozesse über einen längeren Zeitraum entwickeln können. Hierzu ist ausreichend zusammenhängende Zeit erforderlich;
- damit individuelle und entwicklungsbedingte Unterschiede in der Ausdauer und Konzentrationsfähigkeit der Kinder berükksichtigt werden können;
- damit die Kinder ein Gefühl für den eigenen Rhythmus von Aktivität und Ruhe finden können.

Die Erzieherin hat die Aufgabe, in regelmäßigen Abständen zu reflektieren, ob die von ihr gesetzten Zeitstrukturen noch notwendig und sinnvoll sind. Beobachtung und Situationsanalysen unterstützen sie dabei, ein ausgeglichenes Verhältnis zwischen der Selbstorganisation der einzelnen Kinder und den Hilfen durch eine äußere Struktur zu finden.

Eingewöhnung in Struktur und Offenheit des Tagesablaufs

Damit die Selbstorganisation der Kinder, offene Formen der Arbeit, sowie Bildungsprozesse (zum Beispiel als Unterstützung von Selbstbildungsprozessen) sich bestmöglich entwickeln können, müssen Kinder von ihrem Eintritt in die Kindertagesstätte an mit diesen Möglichkeiten sowie den Alltagsstrukturierungen vertraut gemacht werden. Sie brauchen eine Phase der Eingewöhnung, die nicht nur die sozialen Prozesse der Trennung und des Aufbaus neuer Beziehungen betreffen, sondern auch in den Umgang mit den Möglichkeiten der Spiel- und Arbeitsformen der Kindertagesstätte einführen.

3.4.4 Zusammenarbeit mit den Eltern

Um die bestmögliche Entwicklung und Förderung von Kindern zu erreichen, ist es nicht nur wünschenswert, sondern notwendig

- die Familien und Institutionen (einschließlich des Trägers),
- die verschiedenen Institutionen, in denen ein Kind nacheinander oder gleichzeitig lebt, und
- die verschiedenen Personen, zu denen das Kind in Beziehung tritt, in einem systemischen Zusammenhang zu sehen, der in wechselseitigem Einfluss einen Rahmen für die Bildungsarbeit des Kindes bildet.

Das Kinder- und Jugendhilferecht gibt vorrangig den Eltern das Recht auf und die Pflicht zur Erziehung ihrer Kinder und verpflichtet die Tageseinrichtung zur engen Zusammenarbeit mit den Eltern. Dies hat die Verpflichtung der Tageseinrichtung zur Folge, die Erziehungskompetenz von Eltern zu stärken, indem die Fachkräfte:

- sich in Fragen von Erziehung und Bildung mit ihnen abstimmen,
- die Vereinbarkeit von Familie und Beruf berücksichtigen und
- in Fragen der Prävention beraten und kooperieren.

Zusammenarbeit bei der Bildungs- und Erziehungsarbeit

Eltern und Erzieherinnen müssen sich über Bildungs- und Erziehungsziele sowie über Zusammenspiel und Abgrenzung der Aufgaben in Familie und Institution verständigen. Zusätzlich geht es

- um Verständigung und Austausch über die biografischen Erfahrungen des Kindes (einschließlich möglicher Migrationshintergründe);
- seine spezifische Lebenssituation, einschließlich der wichtigsten Personen und Institutionen, mit denen das Kind Kontakt hat;

- die familiäre Sprachsituation und die Sprachsituation seiner unmittelbaren Umgebung (Wer spricht welche Erstsprache(n)? Wie gestaltet sich die Kommunikations- und Sprechfreude zu Hause etc.?);
- die besonderen Interessen und Vorlieben des Kindes.

Doch gibt es auch den umgekehrten Informationsfluss

- nämlich die Beteiligung der Eltern an dem, was ihre Kinder in der Kindertagesstätte tun und zustandebringen, wo sie ihre Stärken und Grenzen entwickeln und welche Entwicklungen sie im Hinblick auf ihr Weltverständnis nehmen.
- Dafür müssen Formen der Präsentation der Arbeit der Kindertagesstätte entwickelt werden, die über mündliche und/oder schriftliche Mitteilungen hinausgehen und den Eltern eine Beteiligung an dem ermöglichen, was in ihren Kindern und mit ihnen vor sich geht (Ausstellungen, Dokumentationen von Projektergebnissen usw.).

Dieser wechselseitige Austausch hilft mit, besondere Interessen und Vorlieben des Kindes, seine Verarbeitungsformen und -leistungen sowie seine subjektive Weltsicht zu begreifen.

Zusammenarbeit im Hinblick auf die Vereinbarkeit von Familie und Beruf

- Zum einen wird die Beteiligung der Eltern bei der Festsetzung und regelmäßigen Überprüfung der Öffnungszeiten gebraucht;
- zum anderen muss die Planung von Unternehmungen und Projekten mit den Kindern auf die zeitlichen Möglichkeiten der Eltern abgestimmt werden;
- schließlich können fachliche Kompetenzen der Eltern in die Arbeit der Kindertagesstätte einbezogen werden.

Zusammenarbeit bei der präventiven Arbeit

Kindertagesstätte und Familie arbeiten zusammen, wenn es darum geht,

- Kindern die Übergänge zwischen den verschiedenen Institutionen (insbesondere Familie, Kindertagesstätte, Schule) zu erleichtern;
- Möglichkeiten der Familienberatung, Familienbildung, Familienhilfe sowie der Frühförderung in Anspruch zu nehmen;
- in Kooperation mit diesen Institutionen zu treten,
- um etwa Hilfe für Fachkräfte und/oder Eltern bei Fragen des zusätzlichen Förderbedarfs einzelner Kinder zu suchen;
- zum Zweck der Durchführung von gemeinsamen Veranstaltungen oder
- zum Abbau von »Schwellenangst« bei den Eltern, sich mit ihren Fragen an eine Beratungs- oder Frühförderstelle zu wenden.

Träger und Einrichtungen sollten sich darum bemühen, die verschiedenen Formen der Zusammenarbeit immer wieder zu aktualisieren, so dass eine selbstverständliche Kontinuität entstehen kann. Wechselseitige Kooperation und gegenseitiger Austausch – der nicht unbedingt völlige Übereinstimmung bedeuten muss – zwischen Familie, Institutionen und Personen, die an der Erziehung und Bildung der Kinder beteiligt sind, bilden für eine optimale Förderung der Kinder eine wichtige Grundlage.

3.4.5 Formen professionellen pädagogischen Handelns

Im Bereich der Elementarerziehung gibt es bislang keinen Konsens über methodische Verfahren, die sich zur Unterstützung und Anregung von kindlichen Bildungsprozessen besonders eigenen. Solche Verfahren sind darüber hinaus abhängig von den pädagogischen Einstellungen und Konzepten, vom Bild des Kindes, das zu Grunde gelegt wird, von den Persönlichkeiten der Erzieherinnen, vom Stand der Wissenschaft und vielen anderen Bedingungen. Deshalb war auch bei allen bisherigen Überlegungen wenigstens indirekt von solchen Handlungsformen und ihren Voraussetzungen die Rede. Wenn man davon ausgeht, dass Vereinbarungen über Verbindlichkeiten im elementaren Bildungsbereich gegenüber verschiedenen Konzepten und Einstellungen unterschiedlicher Träger offen sein sollen, wenn man diese Offenheit als eine spezifische Möglichkeit begreift, die daraus resultiert, dass es kein einheitliches Konzept für vorschulische Bildung und Erziehung gibt und vielleicht auch nicht geben sollte, dann verbietet es sich, auf der Basis der bisherigen Erfahrungen im Bereich frühkindlicher Bildung einen verbindlichen Kanon methodischen Handelns festzulegen. Die folgenden Überlegungen dienen der Anregung, vor allem im Hinblick auf pädagogische Handlungsformen, die die Selbstbildungsprozesse der Kinder besonders unterstützen.

Beobachtende Wahrnehmung als Grundlage von Bildungsberichten

Beobachtende Wahrnehmung meint eine durch regelmäßige, gezielte Beobachtung von Kindern vertiefte Aufmerksamkeit für das, was Kinder tun, erleben, denken. Sie ist vornehmlich auf die Möglichkeiten der Kinder gerichtet und weiter auf die individuelle Vielfalt ihrer Handlungen, Vorstellungen, Ideen, Werke, Problemlösungen usw. Diagnostische oder leistungsüberprüfende Beobachtungsverfahren sind damit nicht gemeint. Stattdessen geht es darum, etwas über die kindlichen Vorstellungen, Denk- und Problemlösungswege zu erfahren und die Aufmerksamkeit dafür zu verbessern. Daraus kann dann zum einen erschlossen werden, wovon man ausgehen kann, wenn man die Bildungsprozesse der Kinder unterstützen will. Zum anderen ist dieses beobachtend unterstützte Wahrnehmen als Art und Weise der anerkennenden Resonanz auf das zu verstehen, was Kinder zu Stande bringen.

Solche Beobachtungen sollten nicht als einmal festgelegte Ergebnisse aufgefasst werden. Wie gut sie die subjektiven Besonderheiten der Kinder widerspiegeln, ersieht man aus den Reaktionen der Kinder, wenn man die Beobachtungserfahrungen in das alltägliche Handeln einbezieht. Auf diese Weise werden punktuelle Beobachtungen bestätigt oder von den Rückmeldungen der Kinder korrigiert. Kinder zu beobachten, um sie besser zu verstehen, bedeutet also, dass man bereit sein muss, seine Wahrnehmungsergebnisse gegebenenfalls durch die Rückmeldungen der Kinder verändern zu lassen. So sind sie auch Teil des Prozesses der Verständigung zwischen Erwachsenen und Kindern (vgl. nächster Abschnitt).

Es sollte Gelegenheit geben, die für bedeutsam gehaltenen Wahrnehmungen einzelner zufälliger Episoden oder wiederholter besonderer Beobachtungssituationen regelmäßig mit Kolleginnen und Fachberaterinnen zu reflektieren. Beobachtung und Auswertung sollten notiert und als Protokoll von Bildungsprozessen einzelner Kinder oder von Projektgruppen gesammelt werden. Zusammen mit Dokumentationen der kindlichen Gedanken, Tätigkeiten und Arbeitsergebnisse – in Form von Protokollen, Fotos, Videos, Sammlungen usw. – ergeben sich daraus fortlaufende Bildungsberichte, die über das, was Kinder können, differenzierter Auskunft geben als gelegentliche Tests. Über die Jahre in der Kindertagesstätte aus den Blickwinkeln verschiedener Erzieherinnen gesammelt, ergeben sie beim Übergang in die Grundschule genaue Hinweise auf den Stand der bisherigen Bildungsbemühungen der Kinder.

Solche fortlaufenden Beobachtungen und Wahrnehmungen von Kindern brauchen eine Struktur von Tagesabläufen, die Zeit für die Erzieherinnen freisetzt, in der sie ohne dringende Aufgaben immer wieder Kindern ihre volle Aufmerksamkeit zuwenden können.

Verständigung

Will man von den Selbstbildungspotenzialen der Kinder ausgehen, muss man sich mit ihnen darüber verständigen, was für sie wichtig und von Bedeutung ist. Sich verständigen ist dabei ein weiter Begriff, der auch alle Formen der nichtsprachlichen Kommunikation einschließt. Aus der Sicht der Erzieherin kann man sich mit Kindern verständigen, indem man ihnen zuhört oder zusieht. So wird auch die beobachtende Wahrnehmung der Kinder zu einer Form, in der sich Verständigung ereignen kann. Vieles von dem, was Kinder in die Kommunikation einbringen, ist nichtsprachlicher Art. Nichtverbale, aber auch verbale Kommunikation ist vor Missverständnissen nicht sicher. Deshalb besteht Verständigung nicht nur aus einem Verstehensversuch der Erwachsenen. Vielmehr müssen sie darauf achten, was ihre Schlussfolgerungen aus dem Verstandenen bei den Kindern auslösen. Gegebenenfalls müssen sie sich von den Kindern korrigieren lassen. Verständigung, ob verbal oder nonverbal, schließt einmal den Versuch ein, jemanden aus einer Handlung, Geste oder dem gesprochenen Wort zu verstehen. Dem folgt ein Antworten. Aber erst die Antwort der Kinder auf die Antwort zeigt, ob wirklich etwas von dem verstanden wurde, was das Kind gemeint hat.

Der Versuch zur wechselseitigen Verständigung bildet die Basis jeder Pädagogik der frühen Kindheit.

Projekte

In der Projektarbeit entsteht ein soziales Geflecht aus Kindern und Erwachsenen, in dem sich Ideen, Vorstellungen, Bilder im gemeinsamen Austausch weiter entwickeln können. Die Geschichten, die sich im Kopf des einen Teilnehmers gestalten, stoßen auf die Geschichten in den Köpfen anderer Mitwirkender und lösen, indem sie aufeinander treffen, neue Geschichten aus. Projektarbeit ist ein Rahmen, in dem Selbstbildung sich als Prozess des sachlichen und sozialen Austauschs produktiv entwickeln kann.

- Der Projektgedanke setzt an den Alltagserfahrungen der Kinder an. Alltag ist der Kontext, in dem die Fragen der Kinder entstehen. Man wird den Kindern erst einmal Gelegenheit geben, ihren eigenen Fragen ernsthaft nachzugehen, bevor man ihnen Fragen zu lösen aufgibt, die sie sich nicht selbst gestellt haben.
- Projekte kann nur jemand in Gang bringen, der die Kinder und ihre Interessen kennt, der sie mit Aufmerksamkeit durch den

Alltag begleitet und zu den Fragen und Ideen, die Kinder äußern, eigene Fragen und Ideen hinzufügen kann. Projektentwicklung gelingt in der Kindertagesstätte nicht ohne aufmerksames Wahrnehmen der Kinder und einfühlsames Verständnis für die Themen, mit denen Kinder sich im Verlauf ihrer Spiele und Alltagtätigkeiten beschäftigen.

- Damit aus Alltagswahrnehmungen Projekte entstehen können, müssen Kinder die Sache, die sie interessiert, kennen lernen. Dabei hilft es ihnen, sich vielerlei Eindrücke aus unterschiedlichen Situationen und Blickwinkeln zu verschaffen.

- Eine wichtige Unterstützung erfahren sie dabei, wenn sie Gelegenheit bekommen, ihre eigene Sicht der Dinge mit bildnerischen Mitteln zu gestalten. Gestalten nötigt zu genauem Hinsehen und zu einem Ordnen des Wahrgenommenen mit ästhetischen Mitteln. Der Wechsel von Materialien und Perspektiven bringt dieses Kennenlernen und Ordnen in immer neuen Versuchen voran. Bildhaftes Gestalten wird als Instrument der Erforschung von Wirklichkeit verstanden. Sachliches Interesse und persönliche Sinnfindung werden dabei nicht voneinander getrennt.

- Indem Kinder ihre Bilder von dem Stückchen Welt zusammentragen, mit dem sie Beziehung aufgenommen haben, fordern sie sich gegenseitig dazu heraus, über diese »Welt-Bilder« nachzudenken. Dazu kommt es, wenn die Beiträge der einzelnen Kinder aufgenommen und in ihrer Vielfalt dokumentiert werden. Indem man sie betrachtet, vergleicht und über sie spricht, wird ein Prozess in Gang gesetzt, in dem die Kinder wechselseitig ihr Bild von dieser Wirklichkeit fragend und forschend verändern (Ko-Konstruktion). Die Dokumentation der Beiträge der einzelnen Kinder dient also weniger der abschließenden Präsentation von Ergebnissen, sie ist vielmehr ein wichtiger Beitrag, den Diskussionsprozess in der Kindergruppe in Schwung zu bringen und die Denkprozesse der Kinder in gegenseitiger Herausforderung und Abstimmung voranzutreiben.

- Erzieherinnen sichern erstens den institutionellen, zeitlichen und materiellen Rahmen, den Kinder brauchen, um vom Stand ihrer Kenntnisse aus den nächsten Schritt zu tun. Zweitens beteiligen Erzieherinnen sich weniger durch eigene Wissensbeiträge als durch die Strukturierung der kindlichen Denkprozesse, durch Fragen, Anregen, Problematisieren, durch die Bereitstellung neuer Mittel und Materialien und durch Dokumentationen an diesen kindlichen Weltbildkonstruktionen. Zum Dritten sind sie die Garanten dafür, dass Kinder all das ansprechen können, was durch ein Thema in ihnen an Empfindungen, Gefühlen, Vorstellungen, Fantasien und Gedanken angerührt wird. Zum Vierten besteht die Aufgabe der Erzieherinnen nicht darin, das Denken der Kinder zu korrigieren, sondern erst einmal herauszufinden, welchen Sinn es für das Welt- und Sach-Bild der Kinder hat, wenn sie so denken, wie sie denken.

3.5 Strukturelle Rahmenbedingungen gelingender Bildungsarbeit

3.5.1 Leitungsprofil und Leitungsfreistellung

Die Leitung erfüllt Managementfunktionen in einem pädagogischen Aufgabenfeld. Sie ist für das laufende Geschehen in der Kindertagesstätte verantwortlich und gegenüber allen Mitarbeiterinnen weisungsbefugt. Sie sorgt in Zusammenarbeit mit dem Träger, dem Team und der Fachberatung dafür, dass die Kindertagesstätte sich eine Konzeption gibt, die sich am Ziel der Bildungsvereinbarung orientiert. Innerhalb des Teams schafft die Leitung die Voraussetzungen dafür, dass die Konzeption kontinuierlich weiterentwickelt wird.

Die Leitung gewährleistet die Kooperation zwischen der Einrichtung, dem Träger und der Fachberatung. Sie trägt die Verantwortung dafür, dass sich die pädagogische Praxis an der Konzeption orientiert und unterstützt die Mitarbeiterinnen darin, sich an einem kontinuierlichen Evaluationsprozess zu beteiligen. Die Leitung ist verpflichtet, Prinzipien von Partizipation gegenüber den Mitarbeiterinnen zu verwirklichen (kooperativer Führungsstil). Ihre Aufgabe besteht darin, die fachliche Kompetenz der einzelnen Erzieherin sowie die Selbstregulierungsfähigkeit des Teams zu stärken.

Sie ist fachlich zuständig für die Auswahl der Erziehungskräfte und eventueller weiterer Beschäftigter und für die Einarbeitung des Personals, sie führt Beurteilungsgespräche.

Sie ist verantwortlich für die Planung und Durchführung der Vor- und Nachbereitungszeiten der Erzieherinnen für die Bildungsarbeit in Projekten, für die Teambesprechungen, die Kooperation mit der Fachberatung sowie die Dokumentation von Beobachtungen.

Sie stellt sicher, dass mit den Eltern im Sinne der Grundsätze der Bildungsvereinbarung zusammengearbeitet wird.

Die Leitung hat die Aufgabe, in Zusammenarbeit mit den Mitarbeiterinnen die Arbeit der Kindertagesstätte in der Öffentlichkeit darzustellen. Sie pflegt die Kontakte zu anderen sozialen Institutionen.

Die Leitungen von Kindergärten müssen sich im Laufe ihrer Tätigkeit kontinuierlich weiter qualifizieren.

Eine Freistellung von der Leitung einer eigenen Gruppe ist ab drei Gruppen bzw. ab zwei Tagesstättengruppen notwendig; bei weniger Gruppen erfolgt eine entsprechende anteilige Freistellung.

3.5.2 Personelle Ausstattung und Gruppenstärke

Eine gelingende Bildungsarbeit in der Kindertagesstätte setzt ein überschaubares Verhältnis von Erzieherinnen und Kindern voraus. Das bedeutet, das zwei Erzieherinnen nicht mehr als 15 Kinder betreuen.

3.5.3 Fachberatung

Die verstärkte Berücksichtigung des eigenständigen Bildungsauftrags der Kindertagesstätte, die Umsetzung der Bildungsziele sowie die Qualitätssicherung und -weiterentwicklung der Bildungsarbeit in der Praxis erfordern eine entsprechend qualifizierte, prozessbegleitende Fachberatung. Dabei sollte eine Fachberatung für nicht mehr als 30 Erzieherinnen zur Verfügung stehen.

3.5.4 Fort- und Weiterbildung

Die Weiterqualifizierung erfolgt arbeitsprozessbegleitend – und zwar sowohl extern als auch intern –, also in Form von Fortbildungen wie auch in vielfältigen Formen der Qualifizierung innerhalb der Kindertagesstätte. Der Schwerpunkt sollte auf der internen Qualifizierung liegen, für die den Erzieherinnen zeitliche Ressourcen zur Verfügung gestellt werden müssen. Neben den bewährten Formen der internen Qualifizierung (Teamgespräch, Studientage, Hospitation, Exkursion usw.) müssen neue Formen entwickelt werden. Das betrifft die Vor- und Nachbereitung der Bildungsarbeit in Projekten, die Dokumentation von Beobachtungen und die Beteiligung an Evaluationsprozessen. Um dem eigenständigen Bildungsauftrag der Kindertagesstätte gerecht zu werden, braucht das Team Zeit zu Besprechungen und die kontinuierliche Zusammenarbeit mit Experten. Erzieherinnen und Leiterinnen müssen regelmäßig die Gelegenheit haben, ihre Arbeit mit einer Fachberatung zu reflektieren, sie veränderten Bedingungen anzupassen und neue Impulse zu empfangen. Die Kontinuität, Regelmäßigkeit und Individualität der Beratungen steht in engem Zusammenhang mit der Anzahl der Kindergärten, die zu beraten sind (eine Fachberaterin für 30 Erzieherinnen).

3.6 Gestaltung des Übergangs vom Kindergarten zur Grundschule

Diesem Entwurf einer Bildungsvereinbarung liegen Forschungsergebnisse der letzten Jahrzehnte zu Grunde, die sich mit inneren Verarbeitungsprozessen, Denken, Gedächtnis, Emotion und ihren frühen Entwicklungen beschäftigen. Diese Ergebnisse besagen, dass Bildungsprozesse mit der Geburt beginnen. Es handelt sich dabei in gewisser Weise um die Umkehrung des üblichen Verständnisses von Bildung: Wir sollten davon ausgehen, dass Kinder nicht gebildet werden können, sondern sich selbst bilden (müssen) und wir ihnen dabei behilflich sind. *Da Kinder, die in die Schule kommen, also in der Kontinuität längst begonnener Bildungsprozesse stehen, ist es notwendig, dass Kindertagesstätte und Grundschule miteinander kooperieren.*

3.6.1 Aufgaben des Kindergartens

- Die Kindertagesstätte sollte den Kindern auf der Grundlage der Bildungsvereinbarung die im Bildungsplan genannten Aufgaben stellen. Man kann davon ausgehen, dass Kinder, die vom 3. Lebensjahr bis zum Schuleintritt eine umfassende Förderung im Sinne solcher Bildungsaufgaben erlebt haben, schulreif sind. Dies gilt auch für Kinder aus Migrantenfamilien oder ungünstigen sozialen Verhältnissen. Bei diesen Familien müssen allerdings besondere Anstrengungen unternommen werden, um deren Kindern tatsächlich einen dreijährigen Aufenthalt in der Kindertagesstätte zu ermöglichen.
- Die Bildungsprozesse der Kinder sollten über die Zeit des Besuchs einer Kindertagesstätte dokumentiert werden. Daraus entstehen zum einen Bildungsberichte über die Kinder, die der Schule zur Verfügung gestellt werden. Zum anderen überprüfen die Erzieherinnen durch die Dokumentationen ihr Handeln kontinuierlich und evaluieren sich dadurch selbst.
- Durch die Beobachtung der Kinder soll erreicht werden, dass

sich jedes einzelne Kind so gut wie möglich entwickeln kann und dass Kinder mit Auffälligkeiten so früh wie möglich gefördert werden. Je früher die Probleme, insbesondere im Bereich der sensorischen Integration und der Sprachentwicklung, erkannt werden, desto weniger müssen die Kinder einer »Sonderbehandlung« unterzogen werden. Die Kindertagesstätte gibt den Kindern die Zeit, die sie brauchen, um in ihrem Rhythmus das nachzuholen, was ihnen fehlt. Denn in dieser Zeit können die Kinder in der Kindertagesstätte die Vielfalt täglicher Entwicklungsanreize nutzen.

- Je kleiner Kinder sind, desto individueller müssen sie in ihren Bildungsbemühungen unterstützt werden. Bereits in der Kindertagesstätte machen sie ausreichend Erfahrungen in kleineren oder größeren Gruppen. Doch wenn es um den Erhalt der Neugier, das Interesse am Fragen und die Bereitschaft zum produktiven Nachdenken geht, dürfen individuelle Zugänge zum Bildungsgeschehen auch in der Grundschule nicht vernachlässigt werden.
- Ein Bildungsangebot für *alle Kinder* bereitzustellen heißt, auf die Unterschiede individueller und sozialer Bedürfnisse einzugehen. Damit die Kindertagesstätte dem gerecht werden kann, muss sie nicht nur personell ausreichend ausgestattet sein, sondern auch professionelle Unterstützung erhalten – und zwar durch interne Weiterqualifizierung, Fortbildung, Fachberatung sowie durch Zusammenarbeit mit Experten.
- Durch die Bereitstellung von Mitteln zur regelmäßigen Evaluation der Kindergärten in NRW wird gesichert, dass das, was die Bildungsvereinbarung vorsieht, auch geschieht.

3.6.2 Gemeinsame Aufgaben von Kindergarten und Grundschule

- Die kindzentrierte Bildungsförderung, der Ausgleich sozialer Defizite und die besonderen Bedürfnisse von Migrantenkindern machen es notwendig, dass Lehrkräfte möglichst viel über den Stand der Kinder erfahren und wissen, die sie von der Kindertagesstätte übernehmen. Dazu sind regelmäßige gegenseitige Besuche und Hospitationen notwendig.
- Damit den Kindern die Freude am Entdecken und Lernen erhalten bleibt, ist es wichtig, dass die Kindertagesstätte den Kindern kein statisches und veraltetes Bild von Schule und schulischem Lernen vermittelt (Nachahmen, Auswendiglernen, Lösen von Aufgaben nach dem Schema richtig oder falsch).
- Die Schule übernimmt dabei die Aufgabe, das Wissen der Lehrerinnen über die Bedeutung von Bildungsprozessen in der frühen Kindheit durch Fortbildungsangebote zu erweitern.
- Zur inhaltlichen Vernetzung der beiden Institutionen finden gemeinsame Weiterbildungen von Erzieherinnen und Lehrerinnen zum Bildungsauftrag der Kindertagesstätte statt.
- Es gibt eine gemeinsame Einschulungskonferenz.
- Ein besondere Aufgabe in der Zusammenarbeit von Schule und Kindertagesstätte ergibt sich, wenn Kinder eine zweite Sprache bereits in der Kindertagesstätte erlernt haben. Das ist möglich, wenn es so geschieht, wie Kinder auch ihre Muttersprache lernen (Immersionsmethode). Erste Erfahrungen zeigen, dass eine zweite Sprache nach drei Jahren Kindertagesstätte weiter gepflegt, erweitert und gefestigt werden muss. Der Erwerb einer zweiten Sprache kann daher nur auf Dauer erfolgreich sein, wenn er – von solchen Ansätzen ausgehend – in der Grundschule fortgeführt wird.

3.7 Qualitätssicherung und -weiterentwicklung in der Bildungsarbeit

3.7.1 Ziel des Evaluationsprozesses

Die Begleitung und Förderung frühkindlicher Bildungsprozesse bedarf eines kontinuierlichen Evaluationsprozesses. Dieser Prozess trägt zur Reflexion, Sicherung und Weiterentwicklung der pädagogischen Arbeit in Tageseinrichtungen für Kinder bei. Bei der Evaluation der Bildungsarbeit sind folgende grundlegende Perspektiven zu berücksichtigen:

• Die Einbindung frühkindlicher Selbstbildungspotenziale in pädagogisches Denken und Handeln;
• die Umsetzung grundsätzlicher pädagogischer Orientierungen als trägerübergreifende Bezugspunkte zum Bildungs-, Erziehungs- und Betreuungsauftrag in den Einrichtungen der Jugendhilfe.

Evaluation ist in diesem Sinne Bestandteil eines kontinuierlichen Qualifizierungsprozesses der pädagogischen Fachkräfte und trägt damit entscheidend zur Festigung des Bildungs-, Erziehungs- und Betreuungsauftrags im Elementarbereich bei. Evaluationsinstrumente sollten nicht zur Bewertung und Kontrolle der Einrichtung und ihrer Mitarbeiter eingesetzt werden, da sonst die Akzeptanz des Verfahrens und die Motivation der Fachkräfte, sich offen und ehrlich dem Evaluationsprozess zu stellen, erheblich sinkt.

Unabdingbar ist es, die Ergebnisse einer Evaluation im Kontext der Rahmenbedingungen und Strukturen zu betrachten, unter denen eine Einrichtung arbeitet. Dadurch wird es möglich, die Verantwortlichen (Fachkräfte, Eltern, Träger, Ausbildung und Politik) zu benennen, die gemeinsam zur Professionalisierung der Bildungsarbeit im Elementarbereich beitragen.

Ziel der Evaluation ist es, jede Kindertageseinrichtung in NRW zunehmend in die Lage zu versetzen, den Bildungs-, Erziehungs-

und Betreuungsauftrag entsprechend neusten Forschungserkenntnissen über Bildungsprozesse in den ersten Lebensjahren und entsprechend trägerübergreifenden Grundorientierungen (s.u.) umzusetzen.

3.7.2 Voraussetzungen eines gelingenden Evaluationsprozesses

Evaluation als Grundlage zur Sicherung und Weiterentwicklung des Bildungs-, Erziehungs- und Betreuungsauftrags in der Kindertagesstätte ist ein komplexer Vorgang, der nach entsprechenden Strukturen verlangt. Die Träger verpflichten sich dazu, den Mitarbeiterinnen und Mitarbeitern einen Rahmen zu bieten, der ihnen einen kontinuierlichen Evaluationsprozess ermöglicht. Dazu zählen:

- Transparenz hinsichtlich der Zielsetzung des Evaluationsvorhabens;
- Transparenz hinsichtlich des Umgangs mit und Konsequenzen aus den Ergebnissen einer Evaluation;
- Berücksichtigung der Bedürfnisse und Interessen aller Beteiligten – mindestens derjenigen der Kinder und der Eltern;
- Beobachtung als Teil des Evaluationsprozesses;
- Bereitstellung von finanziellen und zeitlichen Ressourcen zur Fort- und Weiterbildung der Mitarbeiter/-innen zu den Themen »Grundlagen frühkindlicher Bildungsprozesse« und »Grundlagen der Evaluation«. Gleichzeitig ist zu sichern, dass den Einrichtungen Vertretungskräfte zur Verfügung gestellt werden, um die Kontinuität der Bildungsarbeit in der Kindertagesstätte zu garantieren.
- Bereitstellung von finanziellen und zeitlichen Ressourcen für einen kontinuierlichen Evaluationsprozess innerhalb der Einrichtung.

Die »Evaluationskultur« entspricht dem, was von den Fachkräften an »Kultur des Umgangs« mit den Kindern und untereinander erwartet wird: Human gestaltete Interaktion, Klärung der Absichten und Ziele, faire Einschätzung, Offenlegung der Ergebnisse, begründete Schlussfolgerungen, Darlegung möglicher Interessenkonflikte zwischen Fachkräften, Eltern und dem Träger.

3.7.3 Umsetzung des Evaluationsprozesses

Eine Qualitätsfeststellung ist nur als Bestandteil eines langfristigen Prozesses der Weiterentwicklung sinnvoll. Die Verantwortung für die Planung, Durchführung und Evaluation dieses Prozesses soll gemeinsam bei den Fachkräften und dem Träger einer Einrichtung liegen.

Jeder Evaluationsprozess umfasst

- die Festlegung der Evaluationsthemen,
- die Auswahl der Verfahren und einzusetzenden Instrumente,
- die Bestimmung der Beteiligtengruppen sowie Art und Umfang ihrer Beteiligung,
- die Bestimmung der organisatorischen Abläufe,
- die Vereinbarungen über den Umgang mit den Ergebnissen.

Empfohlen werden folgende drei Phasen:

- *Konzeptions- und Planungsphase:*

  – Anlass der Evaluation, Klärung der Aufgabe;
  – Entscheidung für eine Evaluationsform (intern/extern/Kombination);
  – Kontextanalyse;
  – Ermittlung der Beteiligten und Betroffenen;
  – Auswahl des Evaluationsinstruments bzw. der Evaluationsinstrumente;
  – Klärung des Vorgehens;
  – Klärung der Informationsquellen;
  – Vereinbarungen (Kontrakt) zu Durchführung und Auswertung.

- *Durchführungsphase:*

  – Informationssammlung;
  – Aufbereitung der Daten;
  – Dokumentation;
  – Begleitung, Beratung, möglicherweise Supervision.

- *Auswertungsphase:*

  – Dateninterpretation;
  – Erörterung und Diskussion der Ergebnisse;
  – Klärung der Verantwortlichkeiten (Wer muss was wann dafür tun?);
  – Zielvereinbarungen mit konkreten Handlungsschritten.

3.7.4 Kriterien zur Auswahl von Qualitäts-Feststellungsverfahren

Den Trägern ist freigestellt, welche Qualitäts-Feststellungsverfahren sie anwenden. Sie einigen sich jedoch darauf, nur solche Verfahren anzuwenden bzw. zu entwickeln, deren Qualitätskriterien sich auf den aktuellen Forschungsstand frühkindlicher Bildungsprozesse beziehen (siehe Kapitel 3. 2 »Beschreibung frühkindlicher Bildungsprozesse«).

Dies bedeutet, dass aus den formulierten Qualitätskriterien mindestens folgende Aspekte hervorgehen müssen:

- Einbindung frühkindlicher Selbstbildungspotenziale in die Aufgabenfelder pädagogischen Handelns (siehe Schaubild und 4. 2 Bildungsbereiche);
- Gestaltung einer entsprechenden Umgebung;
- Gestaltung eines entsprechenden Tagesablaufs;
- Zusammenarbeit mit Eltern und Beratung von Eltern;
- Berücksichtigung von Formen der Bildungsarbeit im Elementarbereich, die die Selbstbildungskräfte der Kinder herausfordern;

- professionelle Kompetenzen der Erzieherinnen;
- Aufgabenbeschreibungen der Leiterin;
- Strukturen der Arbeitsorganisation, die Planung, Reflexion und Weiterentwicklung berücksichtigen.

Ferner einigen sich die Träger darauf, nur solche Verfahren anzuwenden, die mindestens folgende Grundorientierungen zur Formulierung von Qualitätsaussagen enthalten:

- Berücksichtigung der subjektiven Weltsicht der Kinder;
- Orientierung an der Lebenswelt und am Alltag der Kinder;
- Möglichkeiten zu Partizipation und Partnerschaft;
- Verständigungsbereitschaft mit den Kindern und der Kinder untereinander;
- Spielräume zur Selbstregulierung der Kinder;
- Toleranz und Umgang mit individueller, sozialer, geschlechtlicher und kultureller Differenz;
- Berücksichtigung der regionalen Bedarfsorientierung.

Diese Bezugspunkte stellen Bewertungsgesichtspunkte für die Qualität einer Einrichtung dar, die trägerübergreifend Geltung haben. Sie enthalten Grundorientierungen, die grundsätzlich in allen Handlungsfeldern einer Einrichtung wieder zu finden sein sollten (Fragen der Partizipation sind zum Beispiel nicht nur in der Auswahl von Themen für die Projektarbeit mit Kindern aktuell, sondern auch in der Raumgestaltung, in der Zusammenarbeit mit Eltern, mit anderen Institutionen und mit dem Träger u.a.).

Auch die Qualität des Umgangs mit Unterschieden zwischen und innerhalb von Kulturen sollte in allen Bereichen pädagogischen Handelns eingebunden werden.

Neben den oben genannten Grundorientierungen ist es selbstverständlich möglich, weitere trägerspezifische Bezugspunkten in die jeweiligen Qualitäts-Feststellungsverfahren einzubeziehen.

Teil 4

Ansätze für einen offenen Bildungsplan

4.1 Vorbemerkung

Die folgenden Vorschläge haben die Form eines offenen Bildungsplans. Sie setzen die vorangegangenen Überlegungen in konkrete pädagogische Aufgabenstellungen um. Sie sind aber nicht im Sinne eines Plans gemeint, der abgearbeitet werden müsste. Vielmehr werden Denkanstöße in alle Richtungen gegeben, die nach Lage der Forschung und Meinung der Arbeitsgruppe berücksichtigt werden müssten. Die Überlegungen sind *offen* in dem Sinn, dass sie sich als Ausgangspunkt für eine kontinuierliche Weiterentwicklun verstehen. Zudem sind sie unvollständig und ungleichmäßig ausgearbeitet, weil es keine systematischen Forschungen auf diesem Feld gibt. Sie verstehen sich daher auch als Konzept und als Anstoß zu entsprechenden Forschungsbemühungen.

In den Vorschlägen werden vier wesentliche Elemente frühkindlicher Bildungsprozesse aufeinander bezogen (vgl. das Schaubild):

- Die *Selbstbildungspotenziale* der Kinder,
- die *Grundorientierungen* der Erzieherinnen,
- *Bildungsbereiche*.

Die drei Bereiche werden durch die konkreten *Aufgaben* miteinander verbunden. Diese greifen (vorläufige) Themen auf, die für Kinder interessant sein könnten und sie herausfordern.

Bildungsaufgaben

Grundorientierungen

- Subjektive Weltsicht des Kindes
- Lebensweltorientierung und Alltag der Kinder
- Vorbereitete Umgebung
- Beobachtende Wahrnehmung und Verständigung
- Partizipation und Partnerschaftlichkeit
- Selbstregulierung der Kinder
- Umgang mit individueller, geschlechtlicher, sozialer und kultureller Differenz
- Berücksichtigung des regionalen Bedarfs

Bildungsbereiche

- Bewegung
- Spielen und Gestalten, Medien
- Sprache(n)
- Natur und kulturelle Umwelt(en)

Selbstbildungs-Potenziale

Differenzierung von Wahrnehmungserfahrungen
- Fernsinne
- Körpersinne
- Gefühle

Innere Verarbeitung
- Eigenkonstruktionen
- Fantasie
- Sprachliches Denken
- Naturwissenschaftlich-mathematisches Denken

Soziale Beziehungen und Beziehung zur sachlichen Umwelt

Umgang mit Komplexität und Lernen in Sinnzusammenhängen

Forschendes Lernen

217

Der folgende Entwurf geht davon aus, die *Selbstbildungspotenziale* der Kinder genauer zu beschreiben, die in den einzelnen Bildungsbereichen angesprochen werden sollten. Den Potenzialen stehen die *Bildungsaufgaben* gegenüber. In ihnen verbinden sich die Selbstbildungsprozesse der Kinder mit dem, was Erzieherinnen dazu beitragen können, und mit den jeweiligen Herausforderungen, die in der Sache selbst liegen. Schlussfolgerungen für eine die Bildung fördernde Gestaltung von inneren und äußeren Räumen sind in diese Aufgaben einbezogen. Die Themenvorschläge werden als Beispiele genannt. Letztlich sind es Themen, die die konkreten Bildungsaufgaben vorgeben und dafür sorgen, dass Kinder die Breite ihrer inneren Verarbeitungsmöglichkeiten zu bestimmten Fragen einsetzen und nicht nur funktionale und kurzfristige Lernziele erreichen.

Im Grunde müsste ein solcher Vorschlag für einen offenen Bildungsplan, wenn er nicht in Allgemeinplätzen enden will, zeigen, aus welchen Bildungsaufgaben sich welche pädagogischen Aufgaben für die Erzieherinnen ergeben und in welcher Weise die Selbstbildungspotenziale der Kinder dabei aufgegriffen und gefördert werden. Das kann hier nicht geleistet werden. Die Begrenzungen dieses Versuchs liegen darin, dass er unternommen wird, ohne dass man auf einen Forschungsstand zurückgreifen kann, der den Versuch begründet und fundiert. Er wird deshalb in dem Bemühen unternommen, den Ausgangspunkt für praktische Schlussfolgerungen und darauf aufbauende Forschung zu formulieren. Lücken und inhaltliche Unausgeglichenheiten sind unvermeidlich und müssen durch laufende oder geplante Modellprojekte geschlossen bzw. ausgeglichen werden. Angesichts der öffentlichen Diskussion ist die Gefahr groß, dass scheinbar plausible, kurzfristig erreichbare Lösungen festgelegt werden und die produktive Entwicklung des elementaren Bildungsbereichs verstellen. Es gibt aber einen Stand der praktischen Bemühungen einzelner Einrichtungen und wissenschaftlicher Hinweise, der es rechtfertigt, festzuhalten, wovon im Augenblick ausgegangen werden kann.

Dennoch seien zwei Schwierigkeiten ausdrücklich benannt: Einerseits können zwar viele Vorstellungen und Erwartungen formuliert werden, die eine mögliche Zukunft der Kinder ins Auge fassen. Solche Erwartungen – auch wenn sie noch so berechtigt scheinen – rechtfertigen es jedoch noch nicht, bestimmte Themen als bildungsrelevant für Kinder zu erklären. Wie weiter oben deutlich gemacht wurde, müssen Bildungsprozesse von den Möglichkeiten ausgehen, die Kinder mit einem Thema verbinden. Wir haben aber keine Forschung darüber, welche Themen in welchen Kontexten und Arrangements tatsächlich die Interessen der Kinder erwecken und ihre Neugierde anstacheln.

Andererseits können wir, was die Selbstbildungs- und Lernpotenziale von Kindern angeht, zwar auf Forschungsstände in der Entwicklungspsychologie und Kognitionsforschung zurückgreifen, aber diesen Forschungen nur sehr allgemeine Hinweise auf das kindliche Bildungsgeschehen entnehmen. Die Forschung auf diesen Gebieten ist zwar so angelegt, dass wir immer mehr einzelne funktionale Facetten kindlicher Lernprozesse erfassen können. Doch kann man auf diesem Weg nichts darüber erfahren, wie solche Details bei der Erschließung von Alltagsproblemen, die ja nicht nach Funktionen geordnet vorliegen, zusammenwirken. Es fehlt eine Forschung, die Bildungsprozessen beobachtend in ihren Alltagszusammenhängen nachgeht. Sie müsste sich – analog zur beobachtenden Säuglings- und Kleinkindforschung, die sich etabliert hat – auf den Alltagszusammenhang in Familien und Kindertagesstätten richten. Eine solche, auf den Kinderalltag gerichtete Bildungsforschung gibt es für den Bereich der Kindertagesstätten erst in einzelnen Ansätzen. Erst das Zusammenspiel von analytischer Detailforschung und beobachtender Forschung im Alltagskontext bietet die Voraussetzung dafür, kindliche Lern- und Bildungsprozesse nicht nur als funktionale Trainings- und Fördermaßnahmen zu begreifen, sondern als Art und Weise, sich ein durchdachtes und an den Fragen der Kinder orientiertes Bild von der Welt zu verschaffen. Frühkindliche Bildung ist daher mehr als die Umsetzung von gesellschaftlichen Forderungen einerseits und angewandter Entwicklungspsychologie andererseits. Dieses Mehr versucht der folgende Entwurf deutlich zu machen.

4.2 Bildungsbereiche

Der Entwurf für einen offenen Bildungsplan geht von vier Bildungsbereichen aus, die nach heutiger Kenntnis für elementare Bildung wesentlich sind:

(1) Bewegung
(2) Spielen und Gestalten, Medien
(3) Sprache(n)
(4) Natur und kulturelle Umwelt(en)

4.2.1 Bildungsbereich Bewegung

Bewegung ist eine elementare Form des Denkens

Bewegung ist ein eigener, elementarer Bildungsbereich, der die grundlegenden Orientierungen im Raum, im Körper und beim Handeln vermittelt. Bewegungserfahrungen strukturieren nicht nur praktische Tätigkeiten und ihre inneren Handlungsmuster, sondern liegen auch den Vorstellungen von einer bewegten Welt zu Grunde. Damit bilden sie die Basis der Selbst- und Weltbilder, die Kinder entwickeln. Als solche werden sie auch zu einem wichtigen Ausgangspunkt für sprachliches Denken. Die Möglichkeiten, sich zu bewegen, zu handeln, tätigen Umgang mit Dingen und Menschen zu pflegen, bilden damit die Basis jeden Bildungsgeschehens, das von den Selbstbildungsprozessen und inneren Verarbeitungsmöglichkeiten der Kinder ausgeht.

Von Geburt an sind die Körperwahrnehmungen bestens ausgebildet. Es handelt sich um die Haut, die auf Druck, Temperatur und Feuchtigkeit reagiert (taktiles System), um die Wahrnehmung der inneren Organe und ihrer Funktionen, ohne die wir unsere Befindlichkeit und Leistungsgrenzen nicht erkennen könnten (viscerales System), um den Umgang mit unseren Muskeln und Sehnen, die den Bewegungsablauf steuern (kinästhetisches System), und das Empfinden der Schwerkraft über das Gleichgewichtsorgan (vestibuläres System). Diese sensorischen und motorischen Leiberfahrungen bilden bereits beim kleinen Kind die Grundlage, auf der sich die anderen Sinne entwickeln. Sie müssen im Laufe der weiteren Entwicklung an den steigenden Bewegungsanforderungen der jeweiligen Umwelt ausdifferenziert werden.

Indem Kinder sich bewegen, bilden sie auch ihre Gefühle

Wir sind von Geburt an mit primären Emotionen (Furcht, Wut, Trauer, Freude) ausgestattet. Differenzierte Formen dieser Gefühle (sekundäre Gefühle) beruhen auf einer Veränderung der emotionalen Reaktionsmöglichkeiten durch die Lebens- und Beziehungserfahrungen. Gefühle bewerten neue Situationen im Licht vorausgegangener Erfahrungen: Was einmal gefallen hat, wird herbeigewünscht, was Unlust verursacht hat, gemieden. Körper und Emotionen hängen in besonders enger Weise zusammen (Emotionen äußern sich körperlich). Deshalb kommt dem Körper samt seinen Bewegungsformen eine besondere Bedeutung bei der Sensibilisierung für Empfindungen und der Ausdifferenzierung von Emotionen zu.

Emotionen sind aber auch ein Ausdruck für die Qualität von Beziehungen. Bewegung bildet vielleicht den elementarsten Bereich, in dem sich Kinder von Erwachsenen unabhängig machen können. Deshalb bildet sich in diesem Bereich – vom Krabbelalter an – die ganze Spannbreite der emotionalen Konflikte zwischen Bindung und Loslösung, zwischen ängstlichem Festhalten oder tollkühnem Ausreißen, zwischen Verzagen und Selbstüberschätzung aus. Durch das jeweilige »emotionale Band« zwischen Kind und Erwachsenen kann das Kind seinen Handlungsraum erweitern, seine Grenzen, die Grenzen der Dinge und der anderen Menschen schrittweise deutlicher wahrnehmen und akzeptieren oder dieses Band behindert seine Expeditionen in die ihm fremde Umwelt. Situationen, die das Kind dabei häufig in ähnlicher Weise erlebt, bleiben als Muster gelebter Erfahrungen in Erinnerung. Dem müssen Erzieherinnen durch die Herstellung emotional abgestimmter Beziehungen zu den Kindern, die die Möglichkeiten des Kindes ausreichend schützen, ohne sie unnötig einzuschränken, Rechnung tragen. Verlässlich aufeinander abgestimmte Beziehungen bewähren sich dadurch, dass sie die dem Kind möglichen Schritte in die Eigenständigkeit aushalten und unterstützen. Pädagogische Hilfen sollten daher so angelegt sein, dass sie nicht nur auf die ausreichend sicheren Bindungen achten, sondern sich gleichermaßen als Werkzeug für die Verselbstständigung der Kinder eignen.

Körperwahrnehmungen müssen differenziert werden

Zur Förderung der Körperwahrnehmung ist es wichtig, dass Kinder ihren Körper im Alltag erproben können. Es sollten ihnen daher viele verschiedene Möglichkeiten zur Differenzierung ihrer Körpererfahrung in Bewegungsräumen und auf dem Außengelände sowie in natürlichem Gelände (etwa im Wald) geboten werden. Dabei sollte nicht vergessen werden, dass die Hand das für den Menschen wohl bedeutsamste Werkzeug im Umgang mit seiner Umwelt ist.

Selbstbildungspotenziale / Bildungsaufgaben

Differenzierung von Wahrnehmungserfahrungen

- ### *über den Körper*
  Die Kinder erhalten täglich Gelegenheit zum Schaukeln, Schwingen, Wippen, Rotieren, Springen, Steigen, Klettern, Gleiten, Rollen, Balancieren, Kriechen, Ziehen, Schieben, Heben, Werfen, Fangen, Prellen, Gehen und Laufen. Das geschieht durch die zweckentsprechende Gestaltung der Innen- und Außenräume. Den Kindern sollten Alltagsmaterialien und Material aus der Natur zur Verfügung stehen, dazu Materialien aus dem Freizeitbereich. Darüber hinaus können ausgewählte, herkömmliche Sportgeräte wie auch Geräte aus der Krankengymnastik oder Psychomotorik eingesetzt werden.

- *über die Gefühle*
In der Kindertagesstätte gibt es ein bewegungsfreundliches Klima. Die Kinder werden in ihrer Hingabe an die Bewegung – sowohl drinnen als auch draußen – bestärkt. Zur Entwicklung einer verlässlichen, abgestimmten Beziehung zwischen Erzieherinnen und Kindern trägt bei, dass die Erzieherinnen aufmerksam wahrnehmen, welche Gefühle die Kinder mit ihren Bewegungserfahrungen verbinden – zum Beispiel Angst und Wagemut, Beziehungsangebote und Abgrenzungen, Macht und Ohnmacht – und dass sie passend darauf antworten.

Innere Verarbeitung

- *durch Eigenkonstruktionen*
Damit die Kinder ihre bereits vorhandenen Körpererfahrungen nutzen können, brauchen sie alters- bzw. entwicklungsspezifische Gelegenheiten zur Bewegung: Also zum Beispiel Podeste in den verschiedenen Körpergrößen, angepassten Höhen zum Herunterspringen, unterschiedlich schwierige Gelegenheiten zum Klettern, kleinere und größere Möglichkeiten zum Rückzug wie Höhlen oder Baumhäuser, leichtere und schwere Gegenstände zum Schieben, Ziehen oder Stapeln. Innen- und Außenräume, die den verschiedenen Bewegungserfordernissen der Kinder auf den unterschiedlichen Stufen ihrer Entwicklung angepasst sind, geben ihnen die Möglichkeit, ihre körperlichen Fähigkeiten selbstständig weiter zu differenzieren und neue Bewegungsformen zu entwickeln.

- *durch Fantasie*
Die Bewegungsmaterialien und -räume regen nicht nur die Bewegungsformen an, sondern auch die Fantasie. Bewegungsabläufe werden eingebettet in dramatisierte Szenen, fiktive Ereignisse, abenteuerliche Unternehmungen. Erzieherinnen beobachten die Kinder und hören ihnen zu, um auf diese Weise zu erfahren, welche szenischen Zusammenhänge für die Kinder

223

von Bedeutung sind. Bewegungsspiele und So-tun-als-ob-Spiele gehen nahtlos ineinander über. Aufgabe der Erzieherinnen ist es, Bewegungsformen und Fantasiegeschichten der Kinder aufzugreifen und Anregungen auszudenken, die sie weiterentwikkeln.

- *durch sprachliches Denken*
  Die Erzieherinnen nutzen die Tatsache, dass für die meisten
  Kinder Bewegungsgelegenheiten auch Redeanlässe sind. Ferner
  sensibilisieren sie sich und die Kinder für die Zusammenhänge
  zwischen Sprache und Bewegung: In unserer Sprache finden
  sich viele Begriffe, die in ihrem Ursprung eine körperliche oder
  räumliche Orientierung oder Handlung bezeichnen, später aber
  als abstrakte Begriffe verwendet werden (»Die Stimmung
  steigt.« »Ich *komme dahinter.*« »*Stell* dir *vor!*«). Wortspiele ver-
  gnügen sich an solchen wörtlichen und übertragenen Mehrfach-
  bedeutungen.

- *durch naturwissenschaftlich-mathematisches Denken*
  Die Erzieherinnen greifen die Anlässe auf, die sich aus den Be-
  wegungsspielen der Kinder ergeben, um sich mit physikalischen
  und anderen naturwissenschaftlichen Phänomenen zu beschäftigen, um beispielsweise mit Hilfe eines Bretts und eines Holz-
  klotzes die Hebelwirkung zu entdecken oder um sich über das
  Zusammenfügen von Teilen und Zerlegen eines Ganzen beim
  Bauen mit den Grundlagen der Mathematik, dem Addieren und
  Subtrahieren, vertraut zu machen.

Soziale Beziehungen und
Beziehungen zur sachlichen Umwelt

Den Kindern werden Materialien und Räume bereitgestellt, mit deren Hilfe sie auch ihre Beziehungen zur sachlichen Umwelt über
ihre Körpersinne intensivieren, vertiefen und ausdehnen können,
zum Beispiel durch Materialien, die immer komplexere Anforderungen an ihre körperlichen Fähigkeiten stellen. Dabei erhalten sie
Freiräume, um die Dinge ihren körperlichen Bedürfnissen gemäß
umzufunktionieren. Über ihr beobachtendes Wahrnehmen der körperlichen Aktivitäten, die Kinder in geeigneten Räumen und Frei-
räumen entfalten, greifen die Erzieherinnen dort entstandene Ideen
und Bewegungsformen auf und entwickeln sie gemeinsam mit den

225

Kindern in Projekten weiter. Die Erzieherinnen bemühen sich, die körper- bzw. handlungsbezogenen nonverbalen Interaktionen der Kinder zu verstehen. Sie erkennen es an, wenn die Kinder sich körpersprachlich verständigen. In Konflikten, in denen Kinder ihre Geschicklichkeit und Körperkraft dosiert einsetzen, greifen sie nicht zu früh, sondern erst dann ein, wenn sie die Situation beobachtet haben.

In ihrem Raum- und Materialangebot berücksichtigen die Erzieherinnen sowohl die Interessen von Jungen als auch von Mädchen. Sie eröffnen den Kindern Wahlmöglichkeiten, damit sie sich ihrem eigenen Rhythmus entsprechend bewegen und zur Ruhe kommen können, sich alleine, paarweise oder in kleinen Gruppen betätigen können, die Dauer ihrer Aktivitäten – im Rahmen der institutionellen Zwänge – und die Art und Weise (Schwierigkeitsgrad, raumgreifend, kleinräumig usw.) selbst bestimmen können.

Umgang mit Komplexität und Lernen in Sinnzusammenhängen

Die Erzieherinnen sollten genau wahrnehmen, welche vielschichtigen und immer wieder neuen Anforderungen an ihre körperliche Geschicklichkeit Kinder im Alltag zu verarbeiten haben. Beim An- und Ausziehen zum Beispiel müssen die Kinder komplexe Bewegungsabläufe steuern und eine subtile Wahrnehmung ihrer Körper- und Bewegungsgrenzen entwickeln. Die Einnahme von Mahlzeiten erfordert nicht nur die Koordination von Auge, Hand und Mund. Es geht auch um das »Balancieren« von Tellern beim Auftragen, die Feinabstimmung der Bewegungen beim Heben oder Schieben von Schüsseln und den dosierten Krafteinsatz beim Schneiden mit Messern. Bei der Körperreinigung und -pflege werden in erster Linie die Empfindungen der Haut angesprochen.

All diese Lernerfahrungen sind komplex: Die Kinder handeln sinnvoll und nehmen dabei ihren Körper wahr. Die Lernerfahrungen wiederholen sich gemäß den Notwendigkeiten des täglichen Lebens. So findet dieses »Üben« stets in einem alltagsbezogenen

Sinnzusammenhang statt. Deshalb ist es wichtig, dass die Erwachsenen die Bedeutung dieser Tätigkeiten in ihren eigenen Handlungen spürbar werden lassen. Denn ob der Sinn dieser Tätigkeiten von den Kindern anerkannt wird, hängt nicht unwesentlich davon ab, wie viel von dieser Bedeutung Erwachsene tagtäglich in ihre tatsächlichen Handlungen einfließen lassen. Das, was Kinder sich von ihnen abschauen, und das, was sie von ihnen zu hören bekommen, sollte nicht im Widerspruch zueinander stehen. Natürlich nehmen sich die Kinder nicht nur die Erwachsenen zum Vorbild. Genauso – und in manchen Zusammenhängen noch viel mehr – beachten und beobachten sie die Handlungs- und Bewegungsformen anderer Kinder. Diese Orientierung an der Gruppe der gleichaltrigen oder älteren Kinder sollte man nicht nur danach beurteilen, ob dabei etwas »Vernünftiges« herauskommt, sondern auch respektieren, dass sich darin Formen des sozialen Miteinanders, der gemeinsamen kindlichen Bewertungen, eines gemeinsamen Lebensgefühls der Kinder ausdrücken.

Erzieherinnen sollten Kindern Zeit geben, diese alltäglichen Bildungsaufgaben zu bewältigen. Die Motivation der Kinder sollte nicht durch Hilfestellungen beeinträchtigt werden, die sie nicht verlangen, aber auch nicht dadurch, dass Kinder mit den Problemen, die ihnen die Ausführung bereitet, alleine gelassen werden.

Forschendes Lernen

Beispiel:
Alltagsmaterialien wie Holzkästen oder Getränkekisten, Böcke, Leitern, Schläuche von Auto- und LKW-Reifen, Kanthölzer, Bretter, Balkenabschnitte oder Drainageröhren sind Bestandteile von Bewegungsbaustellen, die es sowohl drinnen als auch draußen geben kann. Sie bieten unerschöpfliche Kombinations- und Variationsmöglichkeiten. Die Kinder können sich ihre Bewegungsanlässe selbst bauen. Sie nutzen die Materialien je nach ihren Fähigkeiten und steigern, zum Teil rasch, die Schwierigkeitsgrade ihrer Konstruktionen. Um die Bewegungsaufgaben, die sie sich stellen,

sicher zu beherrschen, ist es wichtig, dass die Kinder ihr Tempo selbst bestimmen können. Nicht die Erzieherinnen formulieren also Aufgaben, sondern die Kinder können – alleine oder mit anderen – die Herausforderungen entdecken, die in den Materialien stecken. Die Anwesenheit der Erzieherinnen ist jedoch wichtig, um neuen oder unsicheren Kindern den Rücken zu stärken oder damit sie sich durch Beobachtungen einen Überblick darüber verschaffen, was geregelt werden muss, um dann die Regel mit den Kindern zu besprechen und ihre Gültigkeit hin und wieder zu überprüfen. Schließlich ist die Anwesenheit der Erzieherinnen auf der Bewegungsbaustelle wichtig, um dem Verlangen der Kinder nach so attraktiven Bewegungserlebnissen wie Schaukeln, Rotieren oder Schleudern Rechnung zu tragen. Mit Hilfe einer »Halbtechnologie«, d. h. mit Hilfe von Schlingen, Schlaufen, Gurten, Karabinerhaken und Ösen, die an Balken befestigt werden, entstehen Schaukel- und Karussellvorrichtungen, die von den Erzieherinnen nach den Wünschen der Kinder immer wieder verändert werden können.

Auf der Bewegungsbaustelle kommunizieren die Kinder intensiv miteinander. Das Material fordert ihre Kooperation und das Zusammenwirken der Ideen lässt immer spannendere Werke entstehen.

Der Umgang mit den Gegenständen wirft Fragen auf. Zum Beispiel: Wie funktioniert etwas und wie kann ich es umfunktionieren? Was kann ich miteinander verbinden und welche Kombination verträgt sich gar nicht? Welche der Materialien lassen sich mit Hilfe der Schlaufen oder Gurte zum Schwingen bringen? Wie viele müssen wir sein, um ein Karussell in Schwung zu halten?

Die Materialien regen die Fantasie der Kinder an: Sie erfinden Geschichten und entwickeln neue Ideen. Aufgabe der Erzieherin ist es, aufmerksam zuzusehen und zuzuhören: Was brauchen die Kinder? Neues Material? Welches? Wo kommt es her?

In einer Bewegungsbaustelle vereinigen sich die Erfahrungen von Stabilität, Instabilität, Gleich- oder Ungleichgewicht des bewegten Körpers mit den Erfahrungen von Gewicht, Gleichgewicht oder Gegengewicht, von Druck- und Hebelwirkungen der bewegten und verbauten Materialien. Bei Bewegungsgeräten wirken die Bewegungserfahrungen des Körpers und die Bewegungserfahrungen aus dem Material so zusammen, dass das Gerät gleichsam zu einem Teil des Körpers wird. Die Bewegungserfahrung differenziert also nicht nur den eigenen Körper, sondern liefert eine Vorerfahrung, die zum Verständnis der Bewegung und Mechanik aller bewegten Gegenstände außerhalb des eigenen Körpers eingesetzt werden kann.

4.2.2 Bildungsbereich Spielen und Gestalten, Medien

Bedeutung der Nachahmung

Bevor das Kind spielen kann, ahmt es nach. Nachahmung ist ein wichtiger Baustein der Kommunikation. Mit Hilfe der Imitation weitet das Kind seine Möglichkeiten ständig aus. Die so gespeicherten Erfahrungsmuster setzt es allmählich in neuer und individueller Weise zusammen. Der Wechsel zwischen Nachahmung und Veränderung ermöglicht es dem Kind, aus immer wieder veränderten Blickwinkeln auf das zu sehen, was es erfahren hat. Über die Imitation versetzt es sich in andere Menschen hinein und macht deren Verhaltensmuster und die daran geknüpften Gefühle in sich selbst lebendig. Damit beginnt seine Fähigkeit zur Einfühlung. Indem das Kind im Spiel eine Zeit lang ein anderer als es selbst sein kann, gewinnt es Distanz zu sich selbst und vermag sich selbst auch von außen wahrzunehmen.

Spielen ist ein elementarer, selbstregulierter Bildungsprozess

Zunächst spielen Kinder etwas, was sie kennen. Insofern besteht ihr Spiel aus Bildern, die aus der Wirklichkeit kommen. Zunehmend behandeln sie diese Wirklichkeit so, wie sie ihren Wünschen entspricht. Sie simulieren die Wirklichkeit und tun so, als ob. Spiel bildet einen Zwischenbereich zwischen äußerer und innerer Wirklichkeit: Indem die Kinder sich im Spiel der Wirklichkeit hingeben, erfahren sie einerseits diese Wirklichkeit, ohne ihr gleich realistisch gerecht werden zu müssen. Andererseits tragen sie ihre Wünsche in diese Wirklichkeit hinein und verändern sie danach. Weshalb brauchen Kinder ausreichend Gelegenheit zum *Spiel*?

- Im Spiel lernen Kinder nicht nur etwas über die Welt. Im Spiel nutzen sie die Möglichkeit, ihr Verhältnis zur Welt so einzurichten, dass sich die Notwendigkeiten der Wirklichkeit allmählich mit den persönlichen Bedürfnissen versöhnen lassen. Für diese Versöhnung brauchen Kinder Zeit.
- Die wesentlichen bildenden Momente des Spiels liegen nicht so sehr darin, dass die Kinder ihre körperliche und geistige Geschicklichkeit schulen, sondern in der Art und Weise der Welterfahrung, die Spielen ermöglicht.

- Im Spiel gebrauchen Kinder alle Formen körperlich-sinnlicher Erfahrung, sprachlichen Denkens, bildhafter Vorstellungen und subjektiver Fantasien sowie des sozialen Austauschs und der Verständigung. Sie werden im Spiel in ein integriertes Geschehen verwandelt. Spiel geht also aus der Alltagssituation hervor und spaltet sie nicht in isolierte Funktionsbereiche auf.
- Im Spiel wenden sich die Kinder ihrer Umwelt freiwillig zu. Sie verbinden immer einen Sinn mit dem, was sie spielen. Sie können nicht sinnlos spielen – wohl aber sinnlos und oberflächlich etwas lernen.
- Das Spiel folgt dem Rhythmus des subjektiven Erfahrungsprozesses. Man kann Kinder durch äußere Zeitpläne aus diesem Rhythmus reißen oder sie darin unterstützen, ihn zu finden. Wo er gefunden wird, gestaltet sich Spiel als zeitliche Ordnung mit Anfang und Ende, Höhepunkten und Phasen des Dahingleitens, der Anspannung wie der Entspannung, des Alleinseins oder Zusammentreffens mit anderen. Im Spiel finden Kinder ihre eigenen Zeitgestalten, ihren eigenen Rhythmus.
- Am Spiel können sich Gleichaltrige – zuweilen auch Erwachsene – beteiligen, indem sie eigene Facetten ihrer Wahrnehmungen und Handlungsmöglichkeiten im Rahmen gegenseitiger Verständigung anbieten.
- Für das Spiel brauchen Kinder Räume, die sich als Spielräume eignen.

Gestalten, eine besondere Form des Spielens

Ebenso wie Kinder aus eigenem Antrieb spielen, empfinden sie eine ursprüngliche Lust am *Gestalten.* Spielen und Gestalten sind oft nicht leicht von einander zu trennen. Stärker als beim Spiel muss allerdings beim Gestalten das Material eine Berücksichtigung erfahren. Während sich das Spiel in imaginären Wirklichkeitsbereichen vollziehen kann, muss das Gestalten entlang den Stoffen erfolgen, die man sich gewählt hat. Dabei nutzen Kinder, was sich ihnen gerade anbietet. In der Kindertagesstätte sollten sie deshalb die Gelegenheit erhalten, ausgiebig mit möglichst vielen verschiedenen Materialien für ihre Gestaltungsabsichten zu experimentieren. Darauf aufbauend können sie – in der Regel erst im Schulalter – die Techniken zunehmend selbstständig nutzen, die ihnen die Erwachsenen zeigen.

Ästhetische Bildung hat nichts mit Kunst zu tun, sondern mit der sinnlichen Wahrnehmung und Veränderung von Wirklichkeit

Mit den Begriffen Spielen und Gestalten ist hier der gesamte Bereich der *ästhetischen Bildung* gemeint. Er geht aus von *allen* Formen *sinnlicher Wahrnehmung* und deren Umformungen durch das Spielen und Gestalten. Jeder Sinnesbereich hat eigene Gestaltungs- und Spielformen, das Auge zum Beispiel alle Formen des bildnerischen Gestaltens; das Ohr die Form des Gesangs, der Klänge, Geräusche und des Rhythmus; die Körpersensorik die Form der (rhythmischen) Bewegung und des Tanzes. Emotionale Wahrnehmungen werden szenisch (etwa in Rollenspielen) gestaltet. Sie begleiten aber auch alle anderen sinnlichen Gestaltungsformen.

Alle Gestaltungsformen bedienen sich der *Materialien*, der *Medien*, der *Werkzeuge* und *Instrumente*. Akustische Gestaltungsformen beispielsweise sind auf Instrumente angewiesen, die Geräusche oder Klänge hervorbringen. (Die Stimme ist eines dieser Instrumente.) Visuellen Gestaltungsformen liegt häufig der Gebrauch von grafischen, malerischen oder formenden Werkzeugen, verbunden mit entsprechenden Materialien, zu Grunde. Es gibt darüber hinaus Medien, die sich mit der Bilderwelt und ihrer Gestaltung beschäftigen, wie Bilderbücher, Filme und zum Teil auch Computerprogramme. Medienerziehung ist daher notwendigerweise ein Teil der ästhetischen Erziehung.

Im ästhetischen Bereich begegnen Kinder nicht nur der eigenen Kultur

Im ästhetischen Bereich begegnen Kindern aber nicht nur die Bild-, Hör-, Bewegungs- oder Medienwelten der eigenen Kultur. Sie erleben eine kulturelle Vielfalt in ihrem Alltag, sei es durch ihre eigenen Reisen, sei es durch die Aufnahme unterschiedlicher europäischer und nicht-europäischer Traditionen in die eigene Kultur, sei es durch die Koexistenz verschiedener kultureller Traditionen im sozialen und lokalen Umfeld der Kinder. Diese Vielfalt schärft die Wahrnehmung von Unterschieden und besonderen Ausprägungen. Es gilt, sie als Möglichkeit zu nutzen, eigene und fremde kulturelle Sinnes- und Medienwelten so miteinander in Verbindung zu bringen, dass dies als Erweiterung des eigenen kulturellen Reichtums erlebt werden kann und keine ängstlichen Abgrenzungen notwendig macht.

Selbstbildungs-Potenziale / Bildungsaufgaben

Differenzierung von Wahrnehmungserfahrungen

- *über die Körpersinne*
  Weil *Spiel* das wichtigste Lernfeld der frühen Kindheit ist, stellt die Kindertagesstätte den Kindern dafür täglich ausreichend Zeit zur Verfügung. Hier wird das Wort »Freispiel-Zeit« nicht verwendet, weil es sich um eine begriffliche Verdoppelung handelt. (Aus diesem Grund kann es auch kein »angeleitetes Frei-Spiel« geben.) Von der (Frei-)Spielzeit ist also die Lernzeit nicht zu unterscheiden. Im Gegenteil: Im Vorschulalter lernen Kinder – in der Regel – nur, indem sie spielen, also etwas aus freien Stücken und von sich aus tun. Jede Kindertagesstätte muss so ausgestattet sein, dass Kinder beim Spielen ausgiebig von ihren Körpersinnen Gebrauch machen können. Über die Bewegungsmöglichkeiten (draußen und drinnen) hinaus sollten sie geeignete Spielmaterialien haben, z.B. kleine und große Steine zum Bauen oder leichte und schwere Gegenstände zum Rollenspiel.

Auch die Gestaltung der Räume sollte sich dazu eignen, im Spiel differenzierte Wahrnehmungserfahrungen über den Körper zu machen.

Weder das Üben technischer Verfahren noch die Herstellung schöner Vorzeige- Objekte sollten beim bildnerischen *Gestalten* im Vorschulalter im Vordergrund stehen. Vielmehr ist es der Umgang mit nicht vorgefertigten, insbesondere mit formbaren Materialien wie Ton oder Lehm, Sand und Erde, aber auch Holz in allen Variationen, der eine wichtige Grundlage ästhetischer Bildungsprozesse bietet. Kreative Prozesse, die Freude am zweckfreien Manipulieren und die Erfindung von Formen, entwickeln sich bei kleinen Kindern in erster Linie über die Auseinandersetzung ihrer Körpersinne mit einem Material. Wenn Kinder beispielsweise täglich an einem ungestörten Ort einen großen Tonklumpen zur Verfügung haben, können sie auf vielfältige Art und Weise die Wahrnehmung über ihren Körper differenzieren: Sie können den Ton kraftvoll schlagen, ihn rollen, in ihn hinein bohren oder Stücke aufeinander türmen und dabei stehen, gehen, knien oder hochspringen; sie können sich auch still hinsetzen, den Ton sanft auseinander streichen, zart formen und ihn in unendlichen Variationen aneinander setzen.

- *über die Fernsinne*
  Kindliches *Spielen* unterscheidet keine Sinneskanäle. D.h. alle Wahrnehmungsmöglichkeiten, die einem Kind zur Verfügung stehen und innerhalb eines Spiels Bedeutung gewinnen können, werden tatsächlich eingesetzt, benutzt und damit weitergebildet. Gleichzeitig ermöglichen es Spiele, die verschiedenen Sinnesleistungen in ihrer Spezifik zu steigern. Deshalb sollte in der Kindertagesstätte ebenso viel Wert auf die Anregung des auditiven Sinns wie – herkömmlicher Weise – auf den visuellen Sinn gelegt werden. Dazu eignen sich Spiele, die das Unterscheidungsvermögen der Kinder beim Sehen und Hören stärken ebenso wie Angebote, die ihre Erfahrungen mit Musik und Bildern erweitern. Darüber hinaus sollten Kinder in Räumen spielen können, die akustisch angenehm und überwiegend natürlich

beleuchtet sind.

Beim *Gestalten* hat jedes Sinnesvermögen seine eigenen Gestaltungsformen, bildhafte, plastische, musikalisch-rhythmische, bewegungsmäßige, szenische usw. Mit den verschiedensten Werkzeugen und Materialien ergeben sich daraus die »hundert Sprachen der Kinder«. Es kommt darauf an, den Kindern ein variationsreiches Spektrum an Gestaltungsformen zu ermöglichen.

- **über die Gefühle**
Spielen hängt, wenn man es aus der Sicht der Beziehung zu Erwachsenen sieht, sehr eng mit dem Erleben von Unabhängigkeit (oder deren Einschränkung) zusammen. Um ihre emotionalen Fähigkeiten im Spiel entwickeln zu können, brauchen Kinder Erzieherinnen, die ihre Unabhängigkeitsbestrebungen dadurch unterstützen, dass sie dem zuhören, was Kinder im Spiel (oder davor oder danach) erzählen, die ihre Gefühle, von denen sie in Spielen erzählen, ernst nehmen (selbst wenn sie diese Gefühle nicht nachvollziehen können), sie bei ihren Spielaktivitäten ermutigen, und vielleicht durch eigene Ideen sogar herausfordern. Letzteres muss allerdings behutsam geschehen, um die Ideen und Spielzusammenhänge der Kinder nicht zu »verbessern«.

In *Gestaltungsprozessen* differenzieren Kinder ihre Wahrnehmungserfahrungen über ihre Gefühle. Es kommen vor allem positive Gefühle zum Tragen. Die Skala reicht von verhaltener Freude bis zur überschäumenden Begeisterung, wenn Kinder zum Beispiel tanzen, singen oder mit Farben experimentieren. Aber es entstehen auch Gefühle wie Ekel, beispielsweise beim Umgang mit glitschigem Material, Angst, etwa beim Schatten- oder Figurenspiel, oder Wut, wenn etwas, zum Beispiel beim Werken, nicht wie gewünscht funktioniert.

Wie den Kindern sollte es auch den Erzieherinnen eher um das Erleben und nicht so sehr um das Reflektieren der Gefühle im Gestaltungsprozess gehen. Wichtiger ist, dass die Erzieherinnen bemerken, was den Kindern gefällt, um es ihnen wieder anzubieten; um geduldig abzuwarten, bis die Kinder sich von selbst an etwas heranwagen; um mitzufühlen oder auch tatkräftig mit anzupacken, um eine Schwierigkeit zu überwinden.

Innere Verarbeitung

- **durch Eigenkonstruktion**
  Spiel ist ein zentrales Feld kindlicher Eigenkonstruktion. Sie »konstruieren« spielend soziale Beziehungen, Geschichten, Dinge (z. B. Zeug zum Spielen). Damit diese konstruktiven Leistungen der Kinder zum Zuge kommen, brauchen sie in der Regel nur eine Umgebung, die genügend vielfältige Anregungen und Spielräume für das Spiel allein und mit anderen bietet, sowie Erwachsene, die auf die konstruktiven Leistungen der Kinder vertrauen und sie nicht dadurch stören, dass sie glauben, sie müssten sie verbessern. Kinder verbessern sich selbst, indem sie etwas tun.
  Beim *Gestalten* können Kinder durch Materialien, die ihre Feinmotorik nicht überfordern – wie Kleister, flüssige Farben, Sand und Ton – in ihrem Tempo ihre Fähigkeit zum Malen und Modellieren, ihre Handgeschicklichkeit, Körperkoordination und Farbwahrnehmung, aber auch ihre Fantasie und Experimentierlust individuell entwickeln. Sie greifen von sich aus zu Werkzeug, sobald sie es für sich nutzen können. Dafür ist es hilfreich, dass die Erzieherinnen ihnen den bestimmungsgemäßen Gebrauch zeigen.

- **durch Fantasie**
  Spielen: In Rollenspielen verfügen Kinder – zumeist durch Nachahmung – über bestimmte Handlungsmuster. Sie benutzen sie im Spiel, tun das aber nicht, um die erfahrene Wirklichkeit einfach zu wiederholen, sondern um sie zu verändern. Sie kopieren nicht Vater oder Mutter, sondern bringen neue Mütter und Väter hervor, die sie zum Teil nach ihren Vorbildern, zum Teil nach ihren eigenen Vorstellungen, teilweise nach zufälligen Einflüssen von außen zusammensetzen und ausgestalten. Dazu

brauchen sie ihre Fantasie, zum Ausdenken und Erfinden von neuen Handlungs- und Verhaltensmustern aus den Vorstellungsvorräten, die sie durch ihre tägliche Erfahrung gesammelt haben. Sie handeln nach dem Motto »Was kann ich noch damit machen?« und probieren es spielend aus.

Dieses Neu-Zusammensetzen kennzeichnet nicht nur die Rollenspiele, sondern alle Spiele, in denen Kinder ihre Fantasie gebrauchen (dürfen). Es verlangt eine viel genauere Kenntnis von der Realität, mit der gespielt wird, als die bloße Reproduktion. Deswegen dient hier die Fantasie nicht der Abwendung von der Realität oder gar der Flucht, sondern deren Erforschung. Man lernt etwas dadurch kennen, dass man es simuliert. Fantasie ist also ein notwendiger Aspekt produktiven Denkens und das Spiel gibt dazu den Spielraum.

Das Gleiche gilt für den Gebrauch der Fantasie beim *Gestalten*. Gestalten ist ein Spielen mit Hilfe von Materialien und Werkzeugen. Es ist wichtig, dass Kinder dabei nicht nur die Materialien kennen lernen, mit denen üblicherweise Bilder oder Objekte gestaltet werden. Überhaupt nicht notwendig sind hierzu Materialien, die die Industrie für Kinder produziert. Vielmehr sollten sie erfahren können, dass man aus allem, was man findet und was die körperlichen, sozialen und räumlichen Bedingungen nicht überstrapaziert, etwas gestalten kann. Insbesondere sind das Objekte und »wertlose« Materialien sowie Naturmaterial, das im Lebensumkreis der Kinder gesammelt werden kann. Beim Gestalten tritt deutlicher hervor, was man beim Spiel leicht übersehen kann: Das Produkt hat eine Form – die in den Augen des Kindes mehr oder weniger zureichend gelungen sein kann. Das ästhetische Urteil der Erwachsenen sollte sich dem unterordnen, was Kinder mit ihren Vorstellungen erreichen wollten. Für sie spielt der Gedanke »schön oder nicht schön« dabei oft keine oder eine sehr untergeordnete Rolle. Es reicht, wenn das Gestaltete seinen (kindlichen) Zweck erfüllt. Das Gestalten nach Anweisungen oder Schablonen verhindert in der Regel den Gebrauch der Fantasie im Gestaltungsprozess und ordnet ihn Regeln unter, die dem Kind von anderen vorge-

237

schrieben werden. Aber *Spielen und Gestalten* sind gerade die Bereiche, in denen sich die Kinder – aus freiwillig akzeptierten Regeln – neue Regeln machen.

- *durch naturwissenschaftlich-mathematisches Denken*
Beim *Spielen* im Außengelände machen Kinder wichtige Erfahrungen mit natürlichen Formen: den unterschiedlichsten Tier- und Pflanzenformen, den Formen von Mineralien, Metallen, Hölzern, komplexen Stoffen wie Erde, Sand, Wasser, den Bauten von Tieren, den Gehäusen, Skeletten, Panzern, Häuten usw. Die Erfahrung dieser Vielfalt regt an, darüber nachzudenken, woher diese Formen kommen; wie sie entstanden sind; warum sie so schön, so zart oder gewaltig sind oder wie sich lebende von nicht lebenden Dingen unterscheiden. Viele dieser Materialien können gesammelt werden und eignen sich dafür, als Material in kindliche *Gestaltungen* einbezogen zu werden.
Mathematisches Denken ist ein Denken, das sich von den Gegenständen löst. Die Kinder bewältigen diesen Prozess, wenn es einen sanften Anstieg vom Leichteren zum Schwereren gegeben hat, ein Fortschreiten von konkreten Einzelphänomenen zu abstrakten Allgemeinbegriffen.
Der Kreis ist ein Beispiel, das den Kindern überall begegnet: in der Natur, am Himmel, auf Bildern, im Haushalt und auch dann, wenn sie selbst einen Kreis bilden. Bevor Kinder zur Vorstellung reiner (geometrischer) Formen – wie Kreis oder
Rechteck – kommen, erleben sie die Formen über ihre Sinne. Sie erfahren sie über ihren Tastsinn und ihre Körpersinne, denn sie führen eigene Köperbewegungen aus, wenn sie die Formen abtasten und sie fahren mit ihren Augen der Form nach. Eine Annäherung an die abstrakten Formen geschieht durch sprachlichen Vergleich: »Der Kreis ist wie der Ball. Das Rechteck ist wie der Schrank.« Das Entstehen eines Bewusstseins von geometrischen Formen können die Erzieherinnen zum Beispiel durch kreisförmige und rechteckige Gestaltungsmaterialien fördern.

- *durch sprachliches Denken*

  Wenn man genau hinhört, entdeckt man, dass sich das lustvolle kindliche *Spiel* mit der Sprache in einer bestimmten Sorte von Sprüchen, Reimen und Umdichtungen ausdrückt, die von Kindern an Kinder weitergegeben werden. Zwar entwickelt sich dieser »Kindermund, der Wahrheit kund tut«, nicht unabhängig von der Erwachsenenwelt, aber er trägt doch Merkmale einer eigenen Kinderkultur. Zur Auseinandersetzung mit der herrschenden Kultur gehören die Wortspiele, in denen sich Kinder über Autoritäten lustig machen, die Umdichtungen von Werbesprüchen oder anspielungsreiche Texte, die auf bekannte Melodien gesungen werden. Daneben gibt es die Reime, die Kinder bei Interessenstreitigkeiten unter sich benutzen, die vom »Angsthasen«, der »beleidigten Leberwurst« oder vom »Angeber« handeln. Sie werden benutzt, weil verbalen Streitformen der Vorzug vor körperlicher Auseinandersetzung gegeben wird. Als verbale Provokationen lassen sie sich zwar verbieten, im »Untergrund« existieren sie aber dennoch weiter. Deshalb tun die Erzieherinnen wohl gut daran, in ihnen eine Ausdrucksmöglichkeit zu sehen, die die Kinder in Situationen nutzen, in denen auch die Kindertagesstätte ihnen keine heile Welt bieten kann.

  Kindliche Erzählungen, denen andere Kinder oder Erwachsene zuhören, sind wahrscheinlich der wesentlichste Bereich, in dem Kinder dieses Alters *Sprache* über das Spiel hinausgehend *gestalten*. Weiter gehende Gestaltungsaufgaben im Bereich der Sprache dürften im Kindergartenalter noch zu anspruchsvoll sein. Es sollte aber nicht vergessen werden, dass Gestalten und das Genießen von Gestaltungen, die andere hervorgebracht haben, eng zusammenhängen. So gibt der Bereich sprachlichen Gestaltens reichlich Gelegenheit, sich in erzählte, vorgelesene oder gehörte Geschichten zu vertiefen, sich von Gedichten und Reimen in den Bann ziehen zu lassen oder kindgemäßen Theaterspielen zu folgen. Filme, Videos, Sprechkassetten sind dabei nur dann ein Ersatz für das direkt gesprochene und gehörte Wort, wenn sie ästhetisch gut aufbereitet sind. Besser ist es, wenn die Kinder die Modelle des Gestaltens, die sie dabei auf-

239

nehmen, mit einer Person verbinden können, die sich selbst um diese Gestaltungsformen erzählend, vorlesend oder vorspielend bemüht. Eine Atmosphäre, die mithilft, Kinder in den Bann der Wörter zu ziehen, braucht erwachsene Personen, die sich selbst auf diese Wörter einlassen und denen die Kinder ihr Engagement anmerken können.

Soziale Beziehungen und Beziehungen zur sachlichen Umwelt

Spiel ist das Feld, auf dem Kinder ihre sozialen Beziehungen untereinander organisieren. Die Kindertagesstätte hat die Aufgabe, ihnen sowohl Erfahrungen mit geschlechtlicher, kultureller und sozialer Differenz zu ermöglichen als auch den Umgang mit gleichaltrigen und gleichgeschlechtlichen Kindern. Prozesse der Verständigung, des Aushandelns und der Kooperation, aber auch Konflikte und Abgrenzung finden im Vorschulalter nicht so sehr über das Medium der Sprache, sondern im Umgang mit den Dingen statt. Deshalb brauchen Kinder Wahlmöglichkeiten – im Hinblick auf die Spielpartner, Spielorte, Spielmaterialien und die Dauer der Spielhandlungen. Wenn Kinder selbst bestimmen können, mit wem, wo, was und wie lange sie spielen, hat dies einen doppelten Effekt: Sie erleben sich selbst als wirksam und erfahren einen Zuwachs an Kompetenz und Selbstvertrauen und sie tun dies mit Partnern, mit denen eine Verständigung gelingen kann. Das ist wahrscheinlich der Grund, warum sich über Spielkontakte hinausgehende Spielpartnerschaften eher unter Gleichaltrigen bilden und bei Freundschaftsbeziehungen der Alters- bzw. Entwicklungsunterschied zwischen Kindern in der Regel gering ist.

Damit Kinder intensive emotionale Beziehungen zu anderen Kindern eingehen können, müssen die Gruppen in der Kindertagesstätte so organisiert sein, dass sich genügend Gleichaltrige in einer Gruppe finden. Um ungestört in den selbstgewählten Gruppen – die immer Kleingruppen sind – spielen zu können, brauchen die Kinder differenzierte Räume (»Räume im Raum«, Spielpodestlandschaften, Rückzugsmöglichkeiten usw.).

Aufgabe der Erzieherinnen ist es, aufmerksam wahrzunehmen,

welche Gelegenheiten die Kinder von sich aus nutzen, um mit Andersartigkeit umzugehen. Für intensivere Kontakte zwischen älteren und jüngeren Kindern müssen in der Regel Erwachsene günstige Bedingungen schaffen, zum Beispiel durch gegenseitige Besuche, lockere Zusammenkünfte oder Feste. Dagegen scheinen Kinder die sozialen und kulturellen Unterschiede, die es zwischen ihnen gibt, wenig zu beachten. Es scheint jedoch auch wichtig zu sein, dass die Kinder in der Kindertagesstätte ein Klima vorfinden, in dem diese Unterschiede zumindest akzeptiert werden. Im gemeinsamen Spielen und Gestalten gibt es zahlreiche Anknüpfungspunkte, um die Unterschiede als Bereicherung zu erleben. Dabei kann es sich um Dinge handeln, welche die Kinder von zu Hause mitbringen, um fremde Bräuche, Geschichten und Fotos aus einer »anderen Welt« oder exotische Musik- und Rhythmusinstrumente.

Nicht zuletzt können die Kinder durch die Einbeziehung von Eltern – mit und ohne Migrationshintergrund – ihre Wahrnehmung sozialer Beziehungen differenzieren. Wenn möglich sollten die Eltern nicht nur durch Gegenstände in der Kindertagesstätte präsent sein, sondern auch durch Einblicke in ihre Arbeitswelt, durch die Herstellung von interessanten Kontakten oder auch dadurch, dass sie ihr Expertenwissen zur Verfügung stellen.

Während die sozialen Aspekte im Spiel eine wesentliche Rolle spielen, sind sie für das kindliche *Gestalten* eher von untergeordneter Bedeutung. Schon der Gestaltungsprozess selbst fordert vom Kind eine hochkomplexe Integrationsleistung von äußeren Bedingungen, sachlichen Anforderungen und inneren Vorstellungen, Verarbeitungs- und Denkprozessen und dies mit emotionaler Intensität und hoher Konzentration, so dass man von Kindern in diesem Alter nicht erwarten sollte, dass sie auch noch produktiv die Ausführungen anderer Menschen in sich aufnehmen könnten. Problemlösende Denk- und Gestaltungsprozesse sind anfällig gegenüber Störungen, die von außen kommen. So sehr das soziale Zusammenspiel in der Kindertagesstätte für die Entwicklung der Kinder wesentlich ist, sollte nicht übersehen werden, dass Bildungsprozesse auch eine Fähigkeit erfordern, sich nach außen abzuschirmen, sich auf seine Tätigkeit zu konzentrieren und dem eigenen inneren Rhythmus zu folgen. Etwas zu gestalten ist eine besondere Gelegenheit hierfür. Soziales Miteinander, gegenseitige Abstimmung und kooperatives Zusammenwirken sind im Gestaltungsbereich vor allem da möglich, wo Kinder größere Gestaltungsaufgaben bewältigen. Wo Kinder nicht ihren eigenen Einfällen und Rhythmen folgen, sondern zum Beispiel unter Anleitung musizieren oder Werkstücke produzieren, also den Gestaltungsmodellen anderer folgen, sollte man sich fragen, ob es sich dabei um Bildungsprozesse handelt, die auf der Selbsttätigkeit der Kinder beruhen.

Umgang mit Komplexität und Lernen in Sinnzusammenhängen

Spielen: Verfügt eine Kindertagesstätte über ein Außengelände mit einer Wasserquelle und einem Wasserlauf, ergeben sich hochkomplexe Spielmöglichkeiten: Dem Wasser neue Gräben graben, es aufstauen, schöpfen, mit geeigneten oder ungeeigneten (!) Gefäßen transportieren, das alles erfordert nicht nur körperliche Geschicklichkeit und teilweise sensible motorische Koordination. Die Kinder denken sich auch Möglichkeiten aus, wo das Wasser noch fließen könnte, warum es da nicht fließt, dort verschwindet, zum Stillstand kommt oder wo es sich in einen See verwandeln lässt. Es bieten sich sowohl Gelegenheiten zum Experimentieren mit dem Wasserfluss als auch mit dem Material, das durch die Verbindung von Wasser, Erde, Sand oder Lehm entsteht. Im stehenden Wasser wird gewatet, geplanscht, es wird aber auch untersucht, wie Dinge schwimmen, untergehen, sich vollsaugen oder ihre Hohlräume füllen. Die Gewichte ändern sich im Wasser. Das Licht bricht sich darin. Das Wasser bildet Muster und erzeugt Muster, da wo es fließt.

Die Übergänge zwischen Spiel und *Gestaltung* sind fließend, wenn auf einem solchen Gelände Hütten gebaut oder aus wachsenden Pflanzen herausgeschnitten und als Höhlen, Wohnungen, Rückzugsorte usw. ausgestattet werden.

Theaterspiele oder Schattenspiele bieten ebenfalls einen Anreiz zu komplexen Gestaltungen, besonders wenn musikalische oder rhythmische Elemente mit eingebaut werden können. Stockpuppen können von Kindern selbst hergestellt, bekleidet und bemalt werden. Sie werden von den Kindern geführt und umgehen die Scheu, sich selbst zur Schau zu stellen. Alle Formen des Theaters mit Kindern brauchen eine Ausstattung, die von den Kindern meist selbst übernommen werden kann.

Forschendes Lernen

Beispiel

Wenn man sich mit Schatten auseinander setzt, beschäftigt man sich mit einem Phänomen, das Kindern und Erzieherinnen gleichermaßen vertraut ist. Dennoch besteht ein großer Unterschied. Kinder spielen zwar selbstverständlich mit ihrem Schatten, aber er ist für sie etwas Mysteriöses. Für die meisten Erwachsenen hingegen ist er zu etwas Selbstverständlichem geworden. In der Regel verfügen sie über Wissen über den Schatten.

Es gibt eine lange Tradition des Schattenspiels, die als kunstvolle Theaterform in einigen Gesellschaften immer noch lebendig ist. Im Märchen spielt der Schatten eine Rolle. Schriftsteller befassen sich mit dem Thema des Doppelgängers, also der Verdoppelung durch den Schatten oder durch das Spiegelbild. Metaphern und Redensarten handeln vom Schatten. Wir sagen »ein Ereignis wirft seine Schatten voraus« oder jemand fristet ein »Schattendasein«. Alle frühen Uhren basieren darauf, dass die Richtung und Länge der Schatten gemessen wurde. Es gibt also einen reichhaltigen Fundus an Darstellungsformen, Geschichten und Wissen über den Schatten. Aber was bedeutet der Schatten für Kinder?

In einem Projekt zum Thema Schatten könnten die Erzieherinnen das zusammentragen, was ihnen wichtig ist, und andererseits beobachten, wie die Kinder mit dem Schatten umgehen. Das ergibt eine erste Annäherung an das Phänomen Schatten, in die auch die Perspektive der Kinder einfließt. Um mehr darüber zu erfahren, welche Gefühle und Gedanken die Kinder mit dem Schatten verbinden, müssen die Erzieherinnen den Kindern ihr eigenes Interesse am Schatten zeigen. Wenn Kinder und Erwachsene gleichermaßen Spaß an diesem Spiel haben und gemeinsam staunen, entwickeln sich Fragen. Die Fragen der Kinder können ergänzt werden durch die der Erzieherinnen, die keine Scheu davor haben sollten, auch scheinbar unsinnige Fragen zu stellen wie: »Kannst du dich von deinem Schatten trennen?« Alles, was in den Antworten an Vermutungen steckt, kann ausprobiert werden. Die Erzieherinnen müssen dafür nur die geeigneten Mittel bereitstellen, etwa eine gebündelte Lichtquelle im Raum, mit der die Kinder experimentieren können. Aber auch die Kinder werden Material herbeischaffen und Wege suchen, um ihre Hypothesen zu überprüfen. Das kann der Beginn einer Auseinandersetzung mit den physikalischen Aspekten von Licht und Schatten sein.

Ebenso gut können die Äußerungen der Kinder Anlass sein, ihre Fantasien zu Geschichten zu entwickeln, die – zum Beispiel mit Hilfe einer Leinwand – szenisch umgesetzt werden. Nicht nur das Experimentieren, das Spiel mit dem eigenen Körper oder die Sprache, sondern auch das Zeichnen ist eines der Mittel, mit denen sich Kinder mit dem Phänomen Schatten beschäftigen können. Dazu gehören Schattenrisse, die bei (gebündeltem) künstlichem Licht drinnen entstehen, ebenso wie die Schatten von Menschen und Gegenständen draußen, die auf einem Blatt, das auf den Boden gelegt wird, nachgezeichnet werden können. Wenn die Neugier der Kinder Resonanz bei den Erwachsenen findet, ist ein Thema wie der Schatten fast unerschöpflich. Im Laufe der drei Jahre sollte es die Kindertagesstätte jedem Kind wenigstens einmal ermöglichen, sich mit allen seinen Sinnen und den ihm zur Verfügung stehenden Sprachen mit einem bedeutsamen Teil seiner Wirklichkeit auseinander zu setzen.

Szenische Medien

Für den Bereich der *szenischen Medien (Film, Fernsehen, Computerspiele)* werden hier keine detaillierten Vorschläge gemacht. Es fehlt an Untersuchungen über den Mediengebrauch von Kindern im Vorschulalter und seine Auswirkungen. Es gibt auch keine ausreichende Grundlage für eine generelle Befürwortung oder Verurteilung von Medien für diese Altersgruppe. Deshalb können nur allgemeine und grundsätzliche Überlegungen vor dem Hintergrund der hier zu Grunde gelegten Bildungstheorien angestellt werden.

Die genannten Medien arbeiten in der Regel mit eingeschränkten Sinnesbereichen: Bildern, szenischen Gestaltungsformen (Bilder in einem Handlungsverlauf) und akustisch-rhythmisch-musikalischen. Insbesondere die Körpersensorien sind dabei weitgehend passiv. Um sensorisch eingeschränkte Informationen richtig einordnen und deuten zu können, muss man ausreichende Erfahrungen in wirklichen Situationen gemacht haben. Man muss reiche Erfahrungen von Unabhängigkeit, Selbstständigkeit, vom Akzeptiert- und Anerkanntsein nicht nur in seinen geistigen, sondern auch sozialen, emotionalen und körperlichen Fähigkeiten gemacht haben, um die Einschränkungen und Verletzungen durch Aggression und Gewalt erspüren und nachdenkend ermessen zu können. (In besonderer Weise wird man sensibilisiert – und dies kann man natürlich auch nicht pädagogisch voraussehen oder kalkulierend einbeziehen –, wenn man Aggression in Lebenszusammenhängen (mit)empfunden oder (mit)erlitten hat.) Man muss eine ausreichende Vielfalt, aber auch die Begrenztheit zwischenmenschlicher Beziehungen am eigenen Leib und in erträglichem Ausmaß erfahren haben, um die illusionären Welten, zum Beispiel von Soapoperas nicht für die Wirklichkeit zu halten. Man muss die Möglichkeiten und Begrenzungen des eigenen Körpers kennen und gelernt haben, sie zu bewältigen, um nicht den Allmächtigkeitsversprechungen der Fernsehhelden zu erliegen, deren Körper oft keine menschlichen Grenzen mehr zu kennen scheinen. Zur persönlichen Einschätzung und zum Genuss von szenischen Medien sind also reale

Erlebnisse notwendig. Ein durch reale Erfahrungen ausreichend differenziertes Wahrnehmen, Empfinden und Fühlen kann mediale Inszenierungen genießen, ohne der Fiktion und der Illusion anheim zu fallen. Fiktion, Illusion und Fantasie sind wichtige menschliche Erlebnis- und Verarbeitungsmöglichkeiten auch für Kinder, wenn sie dabei die Bodenhaftung nicht verlieren.

Da Kinder im Vorschulalter in wachsendem Maße den Medien ausgesetzt sind, müssen sie den Umgang mit Medien ebenso erlernen wie das Sprechen oder Gestalten, Lesen, Schreiben und Rechnen. Erziehung zum Gebrauch von szenischen Medien besteht in der Kindertagesstätte in erster Linie in einer anregenden, intensiven sinnlich-ästhetischen Erziehung, und zwar in all ihren Bereichen wie Bewegung, Sinneserfahrung, Gefühle einschließlich Fantasie und Spiel. Die Entwicklung eines angemessen kritischen Mediengebrauchs setzt eine qualitativ weit entwickelte Wahrnehmungs- und Empfindungsfähigkeit voraus.

Wer seine sinnlichen Gestaltungsformen nicht differenziert, entwickelt auch keine ausreichenden ästhetischen Werte, die einen kompetenten Umgang mit Medien ermöglichen.

Erfahrungsgemäß spielen Fernseherfahrungen bei vielen von Kindern selbst inszenierten Spielen eine zentrale Rolle. Untersuchungen legen nahe, dies nicht generell zur Grundlage einer Verurteilung von solchen Spielanleihen zu machen. Kinder spielen mit allem, was ihnen bedeutsam und interessant erscheint. Wenn sie vorwiegend ihre Fernseherfahrungen ausspielen, dann bedeutet dies zunächst einmal, dass es kaum etwas in ihrem Umfeld gibt, was für sie interessanter ist. Das kann man aber nicht allein dem Medium anlasten.

4.2.3 Bildungsbereich Sprache(n)

Sprechen heißt: eigene Gedanken aussprechen

In diesem Bildungsbereich geht es nicht nur um formale Sprach-
kompetenz, sondern darum, dass Kinder in die Lage kommen, ihr
eigenes Denken sinnvoll und differenziert sprachlich auszudrük-
ken. Im Zentrum steht dabei die Muttersprache. Sinnvolles Sprechen bedeutet auch, sich mit den Möglichkeiten und Grenzen der
Sprache zu beschäftigen. Kinder brauchen ein sprachliches Experi-
mentierfeld, auf dem sie das Instrument der Sprache untersuchen
können.

Nach der gesprochenen Sprache rückt zunehmend die geschrie-
bene Sprache ins Interessenfeld der Kinder. Das Hauptaugenmerk
aber liegt im Bereich der Kindertagesstätte nicht auf einer systematischen Einführung in die Schriftsprache. Vielmehr geht es darum,
die Kinder die Welt der Schriftzeichen und ihre (unterschiedliche)
Lesbarkeit entdecken zu lassen. Wenn damit bei einzelnen Kindern
verbunden ist, dass sie lesen und schreiben lernen, sollte das unterstützt werden, soweit es vom Interesse und der Initiative der Kinder
getragen wird.

Eine zweite Sprache sprechen

Zwar stimmt es, dass Kinder nie mehr eine fremde Sprache so gut
sprechen lernen wie in den ersten zehn Lebensjahren. Das allein
sollte aber kein Grund für die systematische Einführung einer
Zweitsprache sein. Voraussetzung für einen sinnvollen frühen Erwerb einer zweiten Sprache ist, dass die Kinder sich in ihrer Muttersprache altersgemäß differenziert verständigen können. Für die
Einführung einer zweiten Sprache gilt ferner, dass dies nicht in einer Art des (vielleicht »spielerischen«) Fachunterrichts gemacht
wird. Bisherige Erfahrungen sprechen dafür, dass auch die zweite
Sprache – in der gleichen Weise wie die Muttersprache – ohne
eigentlichen Unterricht eingeführt wird. Das bedeutet, dass das

Sprechen in einer zweiten Sprache eng an den alltäglichen Umgang gebunden ist, und dass es zusammen mit einem Erwachsenen geschieht, der sich im Alltag mit den Kindern in dieser Sprache verständigt. Das ist mehr als ein bloßes »Sprachbad«, andererseits kein schulischer Fremdsprachenerwerb, sondern der Versuch, eine zweite sprachliche Kommunikationsform aus dem alltäglichen Zusammenleben und seinen Zusammenhängen zu entwickeln. Das funktioniert nicht mit einer oder zwei Stunden in der Woche, sondern bedarf des täglichen Gebrauchs dieser Sprache. Deshalb müssen Kinder, die eine andere Sprache lernen wollen, täglich viel Zeit ihres Kindergartenalltags mit einer Erzieherin verbringen, die eine andere Muttersprache spricht.

Sprachliche Förderung von Migrantenkindern

Die sprachliche Förderung von Migrantenkindern muss auf der gleichen Basis erfolgen. Zunächst muss gesichert werden, dass sie sich in ihrer Muttersprache gut und altersgemäß ausdrücken können. Dazu ist es möglicherweise erforderlich, dass es Erzieherinnen gibt, die diese Muttersprache selbst sprechen. Erst dann kann die Förderung in der deutschen Sprache – als Fremdsprache – nach dem gleichen Prinzip der Kontinuität und der Einbettung in die Alltagszusammenhänge einsetzen. Erfahrungen in Ländern, in denen zwei oder mehrere Sprachen gesprochen werden, geben Anlass, die vorzeitige Einführung (bisheriger) schulischer Methoden des Fremdsprachenerwerbs – speziell auch bei Migrantenkindern – zu kritisieren, weil sie den Bildungsprozess der Kinder eher behindern.

Was hat dass Sprechenlernen mit der Wahrnehmung zu tun?

Auch das Sprechenlernen beginnt mit einer Bildung der Wahrnehmung. Kinder müssen lernen, Laute zu unterscheiden sowie Wörter und Sätze als Einheiten zu begreifen. Sie müssen die spezifischen Klänge, Rhythmen, Satzmelodien und Intonationsformen der Sprache erkennen, in die sie hinein geboren wurden. Das Eintauchen in die Welt der Sprache ist also sowohl ein individueller wie auch ein dialogischer und sozialer Bildungsprozess. Wer spricht, braucht jemanden, der ihm zuhört.

Gesprochen wird immer in einem Handlungszusammenhang. Über diesen szenischen Zusammenhang erfährt das Kind die Bedeutung dessen, was gesprochen wird.

Die Sprache und unser alltägliches Denken werden in wichtigen Teilen durch Bilder strukturiert, die ihren Ursprung in handelndem Tun haben und auf den szenischen Zusammenhang verweisen. Diese Bilder (zum Beispiel: »Die Dinge laufen gut.«) gebrauchen Erfahrungen aus dem alltäglichen Umgang, etwa aus dem Bereich der räumlichen Orientierung des Körpers, um damit abstrakte Gedanken auszudrücken. Es gibt eine enge Verbindung zwischen dem körperlichen Handeln eines Kindes in einer gegebenen Umgebung sowie den inneren Mustern (Bildern) und deren Versprachlichung, die über die Alltagserfahrung gebildet werden. Sie sind die Grundlage für abstraktes Denken. Da Kinder die Dinge nicht für sich, sondern in einem Handlungszusammenhang wahrnehmen, kann sich ihre Sprache – bis hin zum begrifflichen Denken – umso differenzierter entwickeln, je differenzierter sie ihre Handlungswelt konkret erfahren.

Sprechen heißt: miteinander sprechen

Es sind die frühen Lebensjahre, in denen Kinder von den Denkmustern der sie umgebenden Kultur geprägt werden. Deshalb sollten sie sich sowohl am differenzierten muttersprachlichen Vorbild von Erzieherinnen, die sich ihrer eigenen Kultur bewusst sind, als auch an Personen, die fremdsprachliche Kompetenzen haben, orientieren können – und dies auf der Basis verlässlicher Beziehungen. Ebenso wichtig ist es, die Kommunikation der Kinder untereinander zu unterstützen. Sie kann durch eine Gestaltung der Innen- und Außenräume intensiviert werden, die die selbstständige Bildung von kleinen Gruppen erlaubt.

In der Kindertagesstätte sollten Kinder die Chance haben, mit den Medien umzugehen, die gesellschaftlich zur Verfügung stehen – und zwar in einer Weise, die ihren entwicklungsspezifischen Bedürfnissen und Interessen Rechnung trägt.

Oft werden die vielfältigen Anlässe des Alltags zu wenig genutzt, um mit den Kindern zu sprechen. Kinder brauchen Erzieherinnen, die ihnen zuhören, wenn sie ihnen etwas mitteilen wollen, und die sich darum bemühen, ihre individuelle Art der Mitteilung zu verstehen. Die Erzieherinnen können die Sprechfreude der Kinder unterstützen, indem sie ihr Handeln sprachlich begleiten und ihnen solche Materialien und Räume anbieten, die sie zum Wahrnehmen, Handeln und Sprechen einladen.

Die Zweisprachigkeit von Kindern sollte anerkannt und dadurch geschätzt werden, dass sich Themen aus der Lebenswelt der zugewanderten Familien in den Aktivitäten, Materialien und der Raumgestaltung der Kindertagesstätte wiederfinden.

Begegnung mit Sprache(n) ist Begegnung mit Kultur(en)

Die Begegnung mit Sprache bedeutet auch Begegnung mit den sprachlichen Zeugnissen einer Kultur in mündlichen und schriftlichen Traditionen. In einem Land, in dem unterschiedliche kulturelle Traditionen nebeneinander leben, heißt das auch, wahrzunehmen und produktiv zu nutzen, was Kindern an anderen Sprach- und Schriftkulturen begegnet. Das gilt gleichermaßen für die innereuropäischen Unterschiede und Besonderheiten wie für diejenigen, die durch kulturelle Globalisierungsprozesse oder durch Migration in unseren kulturellen Raum einfließen. Kindern sollte daher ein selbstverständlicher und selbstbewusster Umgang mit fremden Sprachen und Kulturen ermöglicht werden, unabhängig davon, welche Muttersprache sie sprechen.

Selbstbildungspotenziale / Bildungsaufgaben

Differenzierung von Wahrnehmungserfahrungen

- **über die Körpersinne**
  Kinder erhalten im Alltag die Möglichkeit, ihren Körper in vielfältiger Weise in Beziehung zum Raum zu erfahren. Innen- und Außenräume werden so gestaltet, dass Kinder diese Umwelt handelnd begreifen können – indem sie zum Beispiel oben und unten, neben und zwischen oder gerade, gebogene und geschlossene Linien körperlich wahrnehmen. Daraus erwächst ein sprachliches Begreifen, das umso genauer ist, je differenzierter das handelnde Begreifen war. Für ihre Sprachentwicklung brauchen sie nicht nur ihre Sprechwerkzeuge, sondern viele unterschiedliche Gelegenheiten zur Anspannung der Muskeln des ganzen Körpers (Tonusregulation), zum Beispiel im Außengelände oder beim Bauen mit Großbaumaterialien. Durch rhythmisch-musikalische Bewegungsangebote werden Atmung, Sprechmotorik und Bewegungskoordination aktiviert.

- **über die Fernsinne**
  Durch das sprachliche Vorbild der Erzieherinnen und ihr interessiertes Zuhören werden die Kinder zum Hören und Sprechen angeregt, aber auch durch den alltäglichen Umgang mit Medien wie Liedern, Reimen, Erzählungen, vorgelesenen Geschichten, Handpuppen, Bilderbüchern, Tonkassetten sowie anderen Medien. Die Räume sollten so sein, dass sie die sprachlich-akustischen Verarbeitungsprozesse nicht behindern, sondern fördern; unter Umständen müssen bauliche und andere Maßnahmen zur Absenkung zu hoher Schallpegel in Innenräumen ergriffen werden.

- **über die Gefühle**

  Die Erzieherinnen beobachten die Art und Weise, in der Kinder ihre Gefühle, Intentionen und Wünsche zum Ausdruck bringen: Hierfür bieten neben der gesprochenen Sprache ihre Mimik, Gestik und Intonation Anhaltspunkte. Über die Wahrnehmung kindlicher Gefühle hinaus kann die Erzieherin den Versuch machen, die Gefühle des Kindes in Sprache zu fassen und/oder sich ihm dabei körperlich zuwenden.

Innere Verarbeitung

- **durch Eigenkonstruktion**

  Kinder entwickeln ihre Sprache aus elementaren Strukturen. (Beispiel: Von Ein-Wort- und Zwei-Wort-Äußerungen zu Mehr-Wort-Sätzen, Nebensätzen, Pluralbildungen usw.) Man kann den Kindern das Sprechen also nicht beibringen, man kann sie nur darin unterstützen, ihre Eigenkonstruktionen nach ihren Hörerfahrungen auszuformen. Denn aus dem, was sie dabei aufnehmen, erfassen sie die Prinzipien ihrer Muttersprache bzw. der Sprache, die um sie herum gesprochen wird, und konstruieren aus diesen Prinzipien neue Sätze. Deshalb ist es wichtig, dass die Erzieherinnen die Leistung des Kindes anerkennen, im ständigen Dialog mit der Umwelt zu einem immer differenzierteren Gebrauch der Sprache zu kommen.

  Die Erzieherinnen sollten in der Lage sein, an bestimmten Merkmalen zu erkennen, dass die Kinder fähig sind, die wesentlichen Regeln des Aufbaus der Sprache für sich zu erschließen, beispielsweise wenn unregelmäßige Verben analog zu regelmäßigen Formen falsch gebildet werden (»getrinkt« statt »getrunken«) oder wenn Pluralbildung und Steigerung nach dem Prinzip bekannter Formen vorgenommen werden wie »Knall/ Knälle« analog zu »Ball/Bälle« und »gut/güter« analog zu »groß/größer«. Eine Regel erkannt zu haben und sie zunächst allgemein zu übertragen ist eine beachtliche Erkenntnisleistung des Kindes. Die damit einher gehenden »Fehler« sind ein wesentlicher Schritt der Kinder auf dem mühevollen Weg, den sie zurücklegen müssen, um die grammatikalischen Grundstrukturen ihrer Muttersprache oder einer Zweit- oder Fremdsprache zu erfassen.

- *durch Fantasie*
  Die Erzieherinnen nehmen die Wort- und Grammatikerfindungen der Kinder, ihre Sprachbilder und andere individuelle Ausdrucksweisen wahr und greifen sie auf, zum Beispiel in Sprachspielen. Sie lassen selbst ihre Fantasie spielen und stellen den Kindern Fragen (»Was wäre, wenn…«) oder erfinden Geschichten, in denen beispielsweise die Gegenstände belebt sind.

- *durch naturwissenschaftlich-mathematisches Denken*
  Kinder stellen Gleichheits- und Ordnungsbeziehungen von sich aus her. (»Das ist so wie…«; »Das gehört dazu…«) Sie beschäftigen sich zum Beispiel mit Größenverhältnissen (klein, kleiner, viel, mehr usw.) im Alltag, beim Bauen, Gestalten oder Experimentieren mit Mengen. Erzieherinnen sollten die Begriffsbildung der Kinder bei der genauen Versprachlichung alltäglichen Geschehens unterstützen. Das Aufräumen bietet Gelegenheit zum gemeinsamen Ordnen, Klassifizieren und Benennen von Gegenständen, die gleiche Merkmale (wie Farbe, Form, Größe, Oberflächenbeschaffenheit usw.) tragen. Auf jeden Fall sollten die Kinder dazu ermutigt werden, Mengen und Zahlen zu erfassen und sprachlich damit umzugehen.

- *durch sprachliches Denken*
  Kinder erfassen im Verlauf ihres Spracherwerbs, dass soziale Ordnungen sprachlich geregelt sind. Sie lernen, wie sich Beziehungen zwischen Menschen, Dingen und Handlungen sprachlich ausdrücken lassen. Sie beginnen zu unterscheiden, wie man zu Hause und in der Kindertagesstätte, mit Erwachsenen oder mit anderen Kindern spricht, durch welche sprachliche Form man seine Absichten in welchem Umfeld ausdrücken kann. Vor allem lernen sie, worüber sie sprechen dürfen und worüber sie

253

schweigen müssen, d.h. sie verstehen die Normen, die das Miteinander-Sprechen regeln, und gebrauchen sie. Neben der sozialen Logik der Sprache erfassen sie auch die Logik, die in der Sprache und den Wörtern selbst herrscht. Vor allem entdecken Kinder, dass es in der Sprache immer nur ein Nacheinander und keine Gleichzeitigkeit gibt (»und dann...«). Das ist anders als in Bildern. Sie erfahren, dass sich sprachliche Gegensätze meistens ausschließen. (Man kann ein Ja nicht mit einem Nein verwechseln.) Die Sinnbezüge der Wörter können nicht beliebig ausgedehnt werden. Für viele Sinnuancen gibt es unterschiedliche Wörter. Es gibt einen aktiven und einen passiven Gebrauch der Wörter usw.

Diese Fähigkeiten können die Kinder am besten entwickeln, wenn die Erzieherinnen sich ihnen intensiv sprachlich zuwenden. Es ist keinesfalls hilfreich, wenn sie ständig verbessert werden, da die Gefahr besteht, dass Kinder dadurch ihre Sprechfreude und ihre sprachliche Experimentierlust verlieren. Statt dessen brauchen sie das differenzierte sprachliche Vorbild der Erzieherinnen, die mit ihnen Gespräche führen, ihnen zuhören, Geschichten erzählen und die Verständigung der Kinder fördern.

Soziale Beziehungen und Beziehungen zur sachlichen Umwelt

Die Erzieherinnen ermutigen die Kinder, ihre Gedanken auszudrücken und Meinungen zu entwickeln. Es sollten regelmäßige – tägliche – Gesprächsrunden stattfinden, in denen u.a. gemeinsam Regeln besprochen und überprüft werden. Eine solche Runde kann auch dazu genutzt werden, nicht nur mit den Kindern zu besprechen, was die Erzieherinnen ihnen anbieten können, sondern auch, was die Kinder an diesem Tag tun wollen. Dabei sollten jedoch auch die Dauer und der Zeitpunkt der Gesprächsrunden bedacht werden. Kinder mit wenig oder keinen Deutschkenntnissen schalten bei längeren Gesprächen eher ab. Manche beginnen, sich verständlicherweise mit anderen Dingen zu beschäftigen, weil sie dem Gespräch nicht mehr folgen können. Statt sie beständig zurecht zu weisen, sollten Erzieherinnen diese Signale ernst nehmen und sich über geeignetere Formen von Gruppenerfahrungen Gedanken machen, zum Beispiel im Rahmen einer kleineren Gruppe. Die Erzieherinnen sollten wissen, dass die Kinder sich in ihrer Kommunikation daran orientieren, wie Erwachsene ihre sozialen Beziehungen mit den Kindern, untereinander und mit den Eltern gestalten. Das gilt auch für die Art und Weise, in der Konflikte zur Sprache kommen können.

Umgang mit Komplexität und Lernen in Sinnzusammenhängen

Die Erzieherinnen beachten die Entwicklung der sprachlichen Fähigkeiten der Kinder in möglichst vielen Alltagssituationen. Sie stellen sich auf das Sprachvermögen der Kinder ein, sprechen aber in der Regel etwas oberhalb des erreichten Sprachniveaus der Kinder, also zum Beispiel in vollständigen Sätzen. Indem sie den Kindern zuhören, regen die Erzieherinnen die Kinder dazu an, ihre Bedürfnisse, Absichten und Meinungen zu verbalisieren.

Sie nehmen die verbalen Verständigungsbemühungen und Aushandlungsprozesse der Kinder untereinander wahr. Spielpartnerschaften und Freundschaften zwischen Kindern gleichen Alters – häufig auch gleichen Geschlechts – zu denen oft ausdauernde verbale Streitereien gehören, ermöglichen Kindern, ihre Sprache mit den Interessen der Gleichaltrigengruppe zu verknüpfen. Bei größeren Altersunterschieden zwischen den Kindern müssen die Erzieherinnen darauf achten, dass jüngere Kinder nicht vereinnahmt und verbal manipuliert werden.

Gleichberechtigt mit der verbalen Sprache sollten die Erzieherinnen aber auch alle anderen Ausdrucksmöglichkeiten der Kinder fördern, indem sie zum Beispiel das Angebot machen, Geschichten pantomimisch, tänzerisch oder im Schattenspiel zu erzählen, in Bildern Geschichten zu gestalten und mit Geräuschen rhythmisch zu begleiten.

Forschendes Lernen

Beispiel

Kinder haben ein großes Mitteilungsbedürfnis. Sie wollen mit der Welt kommunizieren und nehmen aufmerksam wahr, dass es in der Erwachsenenwelt zu diesem Zweck Zeichen und Symbole gibt. In der Regel interessieren sie sich für Buchstaben und Wörter, die sie in ihrer Umwelt vorfinden, etwa Autokennzeichen, Werbeschriftzüge und Produktnamen. Die Erzieherinnen nehmen dies auf oder regen die Kinder dazu an und begeben sich gemeinsam mit den Kindern auf die Suche nach Buchstaben und Wörtern. Sie machen ihnen Mut, lassen ihnen Zeit und stellen Gestaltungsmaterial (Sand, Kleister, Farben, Pinsel, Stifte usw.) zur Verfügung. So können die Kinder ihre Schriftkenntnisse ausdrücken, wann immer sie wollen. Oft wollen die Kinder zum ersten Mal schreiben, um ihre Bilder mit ihrem Namen zu versehen. Darin sollten die Erzieherinnen sie darin unbedingt unterstützen. Ein Interesse der Kinder daran, ihre Kommunikation untereinander auch auf einer symbolischen Erwachsenenebene zu führen, kann geweckt werden, wenn sie sich gegenseitig Botschaften senden können. Dafür sollten sie beispielsweise im Atelier geeignetes Material wie Briefumschläge und fotokopierte Briefmarken vorfinden. Kleine Briefkästen, möglichst für jedes Kind einen, bestärken sie in ihrem Tun ebenso wie die Einbeziehung der Eltern, die auf einem Elternabend informiert und dazu angeregt werden könnten, sich mit dem Thema auseinander zu setzen.

Um als »Gedächtnis der Kinder« zu fungieren, dokumentieren die Erzieherinnen die gemeinsamen Entdeckungsreisen durch Fotos, Videoaufnahmen, Protokolle von Kinderäußerungen und die Sammlung der Werke, die in diesem Zusammenhang entstanden sind.

4.2.4 Bildungsbereich Natur und kulturelle Umwelt(en)

Das alltägliche Lebensumfeld wird vom Kind nicht getrennt nach Natur und Kultur erlebt

Gemeinsamer Ausgangspunkt für *beide Bereiche* ist, dass das alltägliche Umfeld der Raum ist, der für das kleine Kind zunächst die Welt bedeutet. Wenn es wissen will, welche Möglichkeiten diese Welt für sein eigenes Leben bereithält, muss es dieses Umfeld kennen lernen. Kinder sind von Anfang an darauf aus, ihr Umfeld zu erkunden.

Die Beziehungen zur Natur umfassen alle Formen des Umgangs mit und in Umwelten, in den Bereichen des Landes, des Wassers, der Luft und des Weltalls. Die Beziehungen zur *kulturellen Umwelt* beschäftigen sich mit allen Bereichen des menschlichen Lebens, die aus unseren kulturellen Entwicklungen hervorgegangen sind: Verkehr und gebautes Umfeld wie Häuser, Plätze, Anlagen, Denkmäler und öffentliche Einrichtungen sind solche Bereiche einer Umwelt, mit der Kinder unmittelbar in Berührung kommen. Die Unterscheidung von natürlicher und kultureller Umwelt ist dabei nicht immer trennscharf. Sie macht aber auf die beiden Pole aufmerksam, nach denen wir unsere Erfahrungen von Wirklichkeit üblicherweise einteilen. Die Frage, warum der Mond nicht herunterfällt, verlangt nach unserem Verständnis eine andere Erklärungsweise als die Frage, warum es Häuser gibt. Es sind die Antworten auf die Fragen nach dem Wie, Wozu, Warum in beiden Bereichen, die den Kindern die Unterschiede im Nachdenken über Natur und Kultur deutlich machen. Wir sollten also die kulturelle Trennung der beiden Bereiche nicht von vornherein unterstellen, sondern sich aus dem Nachdenken der Kinder entwickeln lassen.

Gefahren und Risiken sind in der Regel
kein geeigneter Ausgangspunkt für die Erfahrungen
von Kindern in Natur und Kultur

Gefahren und Risiken des kindlichen Lebens (Krankheit, Umwelt-
probleme, Gefahren des Verkehrs u. a.) müssen sicherlich – am besten anlässlich aktueller Ereignisse – besprochen werden. Es sind
aber Formen nicht voraussehbarer Bildungsprozesse, da die damit
verbundenen emotionalen Erfahrungen sich pädagogischer Planung entziehen. Sie taugen daher nicht als genereller Ausgangspunkt für kindliches Bildungsgeschehen. Man überlege zudem,
welches Weltbild bei Kindern entstehen muss, die hauptsächlich
anhand von Problemen oder Gefährdungen in ihre kulturelle Umwelt eingeführt werden. Dauerhafte Neugierde, die zum Kennenlernen, Hinterfragen und zu produktivem Denken anregt, ist so in
der Regel nicht zu erwarten.

Auch Erfahrungen von Natur und Kultur beginnen mit dem, was Kinder wahrnehmen

Kinder treten in den Bildungsbereich Natur und kulturelle Umwelt über ihre Sinneserfahrungen ein, aber sie trennen ihre Wahrnehmungen nicht nach Sinnessystemen. Vielmehr arbeiten im Gehirn beim Wahrnehmen die verschiedensten Sinnesfunktionen intensiv zusammen. Was man aus vielen Quellen weiß, weiß man besser, als wenn man es nur aus einer Quelle weiß. Die Informationen ergänzen sich gegenseitig und werden dadurch genauer. Darüber hinaus sind unsere sinnlichen Wahrnehmungssysteme unmittelbar mit unseren emotionalen Verarbeitungsweisen verbunden. Ohne ihre Beteiligung kann nichts ausgewählt oder entschieden werden.

In der frühen Kindheit ist die Natur der Bereich, der den kindlichen Sinnen die reichhaltigsten, komplexesten und differenziertesten Wahrnehmungsmöglichkeiten bietet. Aus diesem Grund muss jede Einrichtung über ein Außengelände verfügen, das naturnah gestaltet ist. Bei Renovierungen, Um- und Neubauten sowie bei der Einrichtung der Innenräume sollte Wert auf die Verwendung natürlicher Materialien gelegt werden und dies nicht nur aus ökologischen Gründen, sondern weil natürliche Materialien eine vielfältigere und differenziertere Struktur haben als industriell gefertigte. Neben industriell gefertigtem Spielzeug sollte es in jeder Kindertagesstätte Naturmaterialien für Bewegung und Rollenspiel sowie zum Bauen, Konstruieren, Experimentieren und Gestalten geben. Schließlich müssten Erzieherinnen die Möglichkeit haben, mit den Kindern die Naturräume aufzusuchen, die vom jeweiligen Standort der Kindertagesstätte ohne unverhältnismäßigen Aufwand zu erreichen sind. Auf diese Weise wird Natur in ihren Zusammenhängen erfahren, den Kindern sinnlich und emotional nahe gebracht und der Grundstein für forschende Neugierde gelegt. Wo Natur nicht als Lebensraum erschlossen werden kann, kann sich auch kein spezifisches Interesse für einzelne Teilbereiche entwickeln.

Kennen lernen kommt vor Erklären

Der Bildungsbereich Natur erschließt sich über folgende Wege: Umgang mit den »Elementen« Erde, Luft, Wasser und – faszinierend, aber nicht in der Eigenregie der Kinder – Feuer. Dann zeigt sich die Natur als lebendige Natur in Gestalt von Pflanzen und Tieren. Schließlich stößt die Aufmerksamkeit auf auffallende (wenn auch nur selten einfach zu erklärende) Phänomene der physikalischen, astronomischen und chemischen Welt. Der Zugang zur Natur und ihrer (Er-)Kenntnis erfolgt also zunächst nicht auf analytisch-erklärendem Weg, sondern auf der Ebene des Sammelns, Betrachtens, Umgehens, Ausprobierens; bei Pflanzen und Tieren kommt die Pflege dazu. Erst wenn auf diese Weise eine elementare Beziehung zu den vielfältigen Formen der Natur geschaffen ist, wenn ein Kind in und mit dieser Naturwelt lebt, kommen die Fragen nach dem Wie und dem Warum. Dann kommt auch der Zeitpunkt, Kenntnisse und Verfahren zu Hilfe zu nehmen, die aus der Tradition der Naturwissenschaften stammen.

Viele Antworten, die Kinder auf Fragen finden, waren, auch wenn sie aus heutiger Sicht nicht stimmen, der Ausgangspunkt für die Problemstellungen, die den naturwissenschaftlichen Fortschritt gebracht haben. Die Antworten, die Kinder finden, sind daher nicht in erster Linie nach ihrer heutigen (naturwissenschaftlichen) Richtigkeit und Unrichtigkeit zu bewerten, sondern nach dem Erklärungswert, den sie im Weltverständnis der Kinder haben, und danach, welche Möglichkeiten des Weiterfragens sie eröffnen.

(1) Zum Kennenlernen und Finden von Fragen müssen sich Kinder zuerst in einem Umfeld bewegen, in dem sie die Natur in ihren Zusammenhängen erleben und untersuchen können. Wo dies nicht natürlich gegeben ist, müssen solche Gelände geschaffen werden.

(2) Zum Zweiten brauchen sie Anregung und Gelegenheit, die Vielfältigkeit und Besonderheiten von Phänomenen zu entdecken und, wenn möglich, zu sammeln oder wenigstens in vielfältigen Dokumenten und Eindrücken festzuhalten.

(3) Drittens brauchen Kinder Gelegenheit, einzelnen Fragen nachzugehen, die bei der Betrachtung und dem Sammeln von Naturerfahrungen entstehen; sie brauchen ein interessiertes Umfeld, das ihre Neugierde teilt; Material, mit dem sie etwas
ausprobieren können; Zeit, um die verschiedensten Hypothesen und Antworten ausprobieren zu können; Verständnis, das
ihnen erlaubt, Weltbilder aus diesen Erkenntnissen zu entwerfen, die sich mit ihren Interessen verbinden und nicht unbedingt das Interesse der Kultur oder ihrer wissenschaftlichen
Vertreter widerspiegelt. Kindliche Warum-Fragen erwarten
keine wissenschaftlich korrekte Erklärung. Vielmehr geht es
oft darum, herauszufinden, wozu etwas gut ist und wie es funktioniert. Die Wie-Fragen scheinen im Vorschulalter wichtiger
als die Warum-Fragen zu sein.

Je nach Alter bzw. Entwicklungsstand erweitern Kinder ihren Aktionsradius: Sei es der Weg zwischen ihrem Zuhause und der Kindertagesstätte, die unmittelbare Umgebung der Einrichtung, das
Dorf oder der Stadtteil, in dem sie leben. Aufgabe der Erzieherinnen ist es, sich selbst in diesem Umfeld kundig zu machen und die
Kinder bei ihren Erkundungen zu begleiten, damit sie weiß, welche
Gegebenheiten in diesem Umfeld die Kinder auf welche Weise ansprechen.

Kulturelle Welten sind ebenfalls Teil der Umwelt des Kindes

Über die natürliche Umwelt hinaus erregen auch die Phänomene
der kulturellen Umwelt die Neugierde der Kinder. Dazu gehören
der Verkehr ebenso wie die Einkaufsmöglichkeiten, aber auch
wichtige Plätze, markante Gebäude, Grünanlagen oder Brunnen,
Denkmäler sowie Kunst im öffentlichen Raum. Sie werden, genau
wie die natürliche Umwelt, in die Bildungsprozesse der Kinder einbezogen. Welche Aspekte dabei aufgegriffen werden, hängt stark
von den lokalen Bedingungen ab.

Kulturelle Differenz belebt den Forschergeist der Kinder

Da Kinder heute in vielen Lebensbereichen nicht mehr in einem kulturell homogenen Milieu leben, ist es wichtig, andere kulturelle Einflüsse, denen sie in ihrem Alltagsleben begegnen, in die Arbeit der Kindertagesstätte aufzunehmen. Dabei geht es darum, die kulturellen Differenzerfahrungen nicht nur zu tolerieren, sondern als Möglichkeit dafür zu nutzen, dass man Dinge auch anders sehen, anders mit ihnen umgehen, sie anders bewerten kann, als es in der vertrauten kulturellen Umgebung üblich ist. Diese unterschiedlichen Sichtweisen gilt es zu nutzen, um ein Bewusstsein für die eigenen kulturellen Traditionen zu entwickeln, aber auch, um daraus Fragen an die eigene und an die fremde(n) Kultur(en) zu stellen. Kulturelle Differenz belebt den Forschergeist der Kinder, wenn sie – in Alltagszusammenhänge eingebettet – erfahren wird.

Selbstbildungs-Potenziale / Bildungsaufgaben

Differenzierung von Wahrnehmungserfahrungen

- **über die Körpersinne und die Fernsinne**
  Die Kinder haben täglich im Außengelände ihrer Kindertagesstätte die Möglichkeit, Wahrnehmungserfahrungen über ihren Körper (taktile, kinästhetische, vestibuläre usw.) und ihre Fernsinne zu machen. Zu diesem Zweck ist das Außengelände sinnlich anregend, vielfältig und veränderbar. Die Bepflanzung dient in erster Linie dem Spiel der Kinder (Keine Ziergärten!). Es sind nur wenige Spielgeräte nötig. (Bewährt: Schaukeln, in Hügel eingebaute Rutschen, Wasserzapfstellen.) In erster Linie sollte das vorhandene Gelände durch Strukturen angereichert werden, die Anregungen für alle Sinne bieten, zum Beispiel durch Formenvielfalt, Vermeidung rechter Winkel, Höhen- unterschiede, unterschiedliche Bodenstrukturen, differenzierte Temperaturen sowie den Wechsel von lichten Zonen und geheim- nisvollem Dunkel. Kinder brauchen vielseitige Materialien.

- *über die Gefühle*
  Die Begegnung mit der Natur intensiviert die Gefühle der Kinder: Sie empfinden Lust, Angst, Mut oder Neugier, aber niemals Langeweile. Wasser, Erde, Feuer und Luft ziehen sie magisch an. Insbesondere im Umgang mit tonhaltiger Erde und Wasser erfahren sie unmittelbare Befriedigung. Sie werden zum Matschen, Gestalten, Bauen und zu physikalischen Experimenten angeregt. Deshalb sollte jede Kindertagesstätte nach Wegen suchen, Kindern diese intensiven Erlebnisse zu ermöglichen.

- *durch Eigenkonstruktion*
Kinder bringen die Fähigkeit zu »vielsinnlicher« Wahrnehmung mit. Die Natur bietet ihnen die beste Möglichkeit, diese Fähigkeit weiter zu differenzieren. In natürlichen bzw. naturnah gestalteten Räumen können die Kinder sowohl visuelle als auch akustische, körperliche, atmosphärische und emotionale Informationen gleichzeitig aufnehmen und verarbeiten.

- *durch Fantasie*
Kleine Kinder sammeln mit jedem Tag neue Bilder und verleiben diese Bilder ihrer Vorstellungswelt ein. Je größer der Vorrat an Vorstellungsmöglichkeiten ist, desto mehr können sie aus diesen Vorstellungen neue Bilder zusammenstellen und sie spielerisch ausprobieren. Die lebendige Erfahrungswelt der Natur gibt ihrer Fantasie ständig neue Nahrung: Sie kommen Geheimnisvollem auf die Spur; sie werden dazu angeregt, Zeichen und Symbole zu hinterlassen; sie können mit Unfertigem hantieren. Sie brauchen dazu keine pädagogische Anleitung. Die Kindertagesstätte muss ihnen nur die entsprechenden Möglichkeiten zur Verfügung stellen.

- *durch sprachliches Denken*
Wenn die Kinder sprechen können, bestehen die inneren Bilder nicht mehr nur aus dem, was sie in der Wirklichkeit erfahren haben. Durch die Sprache als geteiltes System von Symbolen können die Kinder über ihre eigenen Erfahrungen hinausgehen. Deshalb ist es wichtig, dass die Erzieherinnen im Alltag mit den Kindern Gespräche über ihre Erfahrungen mit der Natur und in ihrer Umwelt führen. Nur durch Gespräche können die Kinder differenzierte Begriffe von natürlichen und sozialen Phänomenen bilden.

- *durch naturwissenschaftlich-mathematisches Denken*
  Um Kinder im Vorschulalter zur Auseinandersetzung mit biologischen, physikalischen und anderen naturwissenschaftlichen Themen anzuregen, sollten sich Erzieherinnen den Phänomenen zuwenden, die offen vor ihnen liegen. Besser als von Erwachsenen veranstaltete Experimente führen Staunen und gemeinsame Expeditionen ins Unbekannte dazu, dass Kinder in diesem Alter etwas verstehen. »Wie kommt es?«, »Woher kommt es?«, »Woran liegt es?« sind Fragen, bei deren Beantwortung Kinder an ihren Erfahrungen und Fantasien anknüpfen können. Im Fremden entdecken sie unter Umständen etwas Bekanntes wieder. Jede neue Einsicht muss angeeignet, wiederholt und ausprobiert werden. Es kann nicht darum gehen, die kindlichen Theorien als »falsch« auszuschließen, sondern nur darum, ihnen neue Einsichten anzugliedern und überzuordnen – sie verwandelt zu bewahren.

Umgang mit Komplexität und Lernen in Sinnzusammenhängen

Eine naturnahe Gestaltung des Außengeländes, in der heimische Pflanzen eine wichtige Rolle spielen, bietet auch vielen Tieren Lebensraum, so dass die Kinder diese Tiere beobachten können.

In der Regel sind Kinder an allen Tieren interessiert. Nur durch das Verhalten Erwachsener werden sie manchmal in ihrer Vorurteilslosigkeit behindert.

Wenn sich Kinder und Erzieherinnen mit Tieren in ihrer natürlichen Umgebung beschäftigen, ist dieses Lernen komplex und findet in einem Sinnzusammenhang statt. Die Erwachsenen müssen dann beispielsweise nicht über Tierschutz reden. Sie können davon ausgehen, dass die Kinder in dem Maße Respekt vor Tieren entwickeln, indem sie vielfältige Erfahrungen mit ihnen gesammelt haben und sich an erwachsenen Vorbildern orientieren können, die Tieren mit Respekt begegnen. Dadurch, dass die Tiere in Freiheit sind, erfahren die Kinder zum Beispiel die Wirkung ihres Verhal-

265

tens auf Tiere, können die Lebensbedingungen unterschiedlicher Tiere untersuchen, ihr Verhalten studieren und sich mit dem Nachwuchs, dem Tod oder der Krankheit von Tieren beschäftigen.

Forschendes Lernen

Beispiel
In jedem Stadtteil und jedem Ort gibt es einen oder mehrere öffentliche Plätze, meist verbunden mit Einkaufsmöglichkeiten, die die Kinder kennen, weil sie schon mit ihren Eltern dort waren. Durch Fragen können die Erzieherinnen herausfinden, um welchen Platz es sich handelt und was den Kindern an diesem Ort wichtig ist. Damit sich alle Beteiligten eine möglichst genaue Vorstellung von dem machen können, worüber sie reden, bitten die Erzieherinnen die Kinder, Bilder von dem anzufertigen, woran sie sich erinnern.

Danach wird dieser Platz aufgesucht. Die Erzieherinnen haben Material im Gepäck, um die Eindrücke festzuhalten: Papier, Stifte, einen Fotoapparat, eventuell eine Sofortbild-Kamera. Zeichnungen der Kinder und Fotos stellen eine Art visualisiertes Gedächtnis dar. Zurück in der Kindertagesstätte ist dieses Material Grundlage für Gespräche, Vergleiche und gegenseitige Ergänzungen. Kinder und Erwachsene reden über das, was sie erlebt haben; erfahren, was die anderen gesehen haben und entdecken auf den Fotos eventuell etwas, was alle noch nicht bemerkt hatten.

Um sich in das Thema zu vertiefen, brauchen die Kinder Zeit. Erzieherinnen und Kinder suchen deshalb den Platz erneut auf. Vorher haben sich die Erzieherinnen Fragen überlegt, zum Beispiel: »Was mögt ihr hier am liebsten?« oder »Wen habt ihr hier schon getroffen?« Die Kinder machen erneut Zeichnungen und die Erzieherinnen legen diesmal einen Diafilm in die Kamera. Denn Dias haben den Vorteil, dass man in ihre Projektion »hineingehen« kann. Dadurch wird nicht nur das Interesse der Kinder und ihre Erinnerung an die Exkursion lebendig erhalten, sondern sie können ihre visuellen Eindrücke, ihre Erinnerungen und Gefühle beim »Hineingehen« in die Dias miteinander verbinden.

Dias und Fotos haben noch eine andere wichtige Funktion. Die Kinder können sie mit den Zeichnungen vergleichen, die sie angefertigt haben, und sehen dann selbst, was an ihren Bildern mit der Wirklichkeit übereinstimmt. Durch kleine methodische Hilfestellungen können die Erzieherinnen den Weg bereiten, damit die Kinder sich genauer mit der Anlage des Platzes, mit markanten Gebäuden und Einzelheiten beschäftigen: indem sie die Zeichnungen der Kinder kopieren und wiederkehrende Elemente auf einem Blatt zusammenstellen usw. Die Kinder können auf diese Weise ihre Zeichnungen wie Material behandeln, mit dem sich frei hantieren lässt. Sie können es ausschneiden und anmalen. In der Erinnerung daran, dass sie sich auf dem Platz bewegt haben, können sie von der zweidimensionalen Zeichnung zum dreidimensionalen Modell kommen. Dann muss nur noch das Problem gelöst werden, wie die ausgeschnittenen Häuser, Bäume usw. in die Senkrechte zu bringen sind. Vielleicht kommt ein Kind auf die Idee, ansonsten gibt die Erzieherin den Hinweis, dass das Papier am unteren Rand abgeknickt und angeklebt werden kann.

Wenn sie sich der realen Gestalt des Platzes annähern wollen, müssen sich die Kinder entscheiden, was wohin kommt, und miteinander diskutieren, welche Gründe es für diese oder jene Entscheidung gibt. Handelnd und redend eignen sie sich also einen für sie bedeutsamen Teil ihrer kulturellen Umwelt an. Da sie in einem solchen Prozess all ihre Sinne einsetzen können, ihre körperlichen Fähigkeiten und ihre gestalterischen Interessen, ist das Lernen vergnüglich. Nachdem die Arbeit zu einem für die Kinder zufrieden stellenden Ende gekommen ist, kann ein Fest gefeiert werden, an dem sich vielleicht auch Eltern beteiligen, die durch die Aktivitäten ihrer Kinder möglicherweise eine Schärfung ihres Blicks für ihre Umwelt erfahren.

4.2.5 Bemerkungen zum »sozialen Lernen«

Das soziale Lernen bildet keinen eigenen Bildungsbereich, denn es kann nicht getrennt von den konkreten Sozial- und Sachbezügen inszeniert werden. Der vorliegende Vorschlag trägt dem dadurch Rechnung, dass er die Möglichkeiten sozialer Bildungsprozesse im Kontext der einzelnen sachbezogenen Bildungsaufgaben erläutert. Dennoch scheinen einige allgemeine Hinweise zu diesem Thema angebracht, vor allem weil die soziale Erziehung in den vergangenen Jahrzehnten in den fortschrittlicheren Konzepten von Kindertagesstätten eine dominante Rolle spielte. Diese Anmerkungen gehen von inzwischen selbstverständlich gewordenen Positionen aus. Es war zum Beispiel der Situationsansatz, der den Bezug zur Lebenssituation, das soziale Lernen in realen Alltagszusammenhängen, eine Vorliebe für die altersgemischte Gruppe, den Bezug zum Gemeinwesen und die Mitwirkung der Eltern vorherrschend gemacht hat.

Diese Positionen seien zum Ausgangspunkt einiger Gedanken über Grundzüge der sozialen Erziehung in Kindertagesstätten gemacht.

• Soziale Erziehung findet innerhalb der Beziehungen statt, zu gleichaltrigen Kindern, größeren oder kleineren, wie auch zu den Erwachsenen, sei es in der Familie, der Kindertagesstätte oder im weiteren sozialen Umfeld. Da viele dieser Beziehungen auch in Sachbezüge eingebettet sind, lassen diese sich nicht ausklammern. Ein Kind verhält sich zu einem anderen Kind nicht in erster Linie kooperativ, weil es eine Fähigkeit zur Kooperation hat, sondern weil es dieses Kind auf eine bestimmte Weise mag. Es mag dieses Kind möglicherweise gerade deswegen, weil es besondere sachliche, geistige oder sonstige Fähigkeiten hat. Kooperationsfähigkeit ohne Ansehen der Person, ohne Rücksicht auf die dabei verwirklichten Sachbezüge verlangt ein Maß an Abstraktion und innerem Abstand zur sozialen Realität, den Kindergartenkinder kaum – es sei denn durch eine Art Dressur oder Training – aufbringen können. Sie müssen erst in

ausreichendem Maße erlebt haben, dass Kooperation etwas ist,
was mit ausreichend sympathischen Menschen und interessanten Tätigkeiten verknüpft ist. Wer das vielfach erlebt hat, kann
im Einzelfall von solchen günstigen Bedingungen wohl absehen
und im Laufe seines Erwachsenwerdens sogar ein abstraktes, soziales Ethos entwickeln. Für kleine Kinder ist dieses Verhalten
jedoch an konkrete Beziehungen gebunden.

- Soziale Erziehung – so gesehen als eine implizite Erziehung –
  steht daher in einem engen Bezug zur Lebenssituation der Kinder. Sie spiegelt deren Schicksal der eigenen Beziehungserfahrungen wider. Daher kann Sozialverhalten im frühen Kindesalter kaum über den Kopf gesteuert werden, wenn die Kinder
  selbst ungute soziale Erfahrungen gemacht haben. Andere, bessere Beziehungserfahrungen sind hilfreicher als Einsichten über
  das, was man macht oder nicht macht. Das wissen Kinder oft
  und müssen aus inneren Gründen doch anders handeln.

- Man braucht wohl keine spezifischen Möglichkeiten zum sozialen Lernen zu schaffen. Sie ergeben sich im Alltag der Kindertagesstätte, im Rahmen des gemeinsamen Spielens, Gestaltens,
  Lernens. Sie umfassen die Beziehungen zu Erwachsenen, zu
  Gleichaltrigen wie älteren und jüngeren Kindern. Dabei stellt
  der Altersunterschied zwischen Kindern andere soziale Aufgaben als das Zurechtkommen mit der Peer-Group, wieder andere
  Aufgaben müssen im Umgang mit Jugendlichen oder Erwachsenen bewältigt werden. Es gibt hier kein Besser oder Schlechter
  für die Belange der sozialen Erziehung. Kinder in Kindertagesstätten brauchen also Gelegenheit zu unterschiedlichen sozialen
  Beziehungen. Auch unter dem Gesichtspunkt von sachbezogenen Bildungsprozessen scheint eine alleinige Bevorzugung von
  altersgemischten Gruppen nicht günstig zu sein: Wenn Kinder
  mit anderen Kindern zusammen Probleme lösen oder spielen,
  dann tun sie das erfolgreich zumeist mit anderen Kindern, die
  ungefähr ihr eigenes Alter und damit ähnliche Interessen und
  ähnliche Denkvoraussetzungen haben. Wenn auch im sozialen
  Bereich von den Selbstbildungsbewegungen der Kinder ausgegangen wird, dann sollte das eigenständige Zusammenfinden

der Kinder in (ungefähr) altersgleichen Gruppen als ihre eigene Leistung geschätzt werden.

- Zwar ist das unmittelbare, persönliche soziale Umfeld sicherlich der wichtigste Bereich sozialer Erziehung im Kindergartenalter, dennoch dürfen die Bezüge zum weiteren Gemeinwesen nicht ignoriert werden: Angehörige von Berufsgruppen, denen die Kinder häufig begegnen, Personen, die öffentliche Aufgaben wahrnehmen, bestimmte öffentliche Feste und Feiern oder überhaupt das Erleben von erwachsenen oder nicht erwachsenen Menschen in der Öffentlichkeit machen den Kindern ihre eigene Einbindung in einen größeren sozialen Zusammenhang klar. Aber auch diese öffentlichen Bezüge sind in der Regel an Ereignisse oder Handlungen gebunden. Es ist diese Bindung an den Zusammenhang sozialer Aufgaben des Gemeinwesens, die Kindern das damit verbundene soziale Verhalten erst verständlich macht.

- Ein weiterer Punkt scheint jedoch in der Diskussion weniger geläufig zu sein: Soziale Erziehung ist nichts, was die Kinder alleine betrifft. Auch Erwachsene sind nicht in jeder Hinsicht sozial kompetent und damit in der Position, Kindern zu sagen, wo es »langgeht«. Kinder in ihren Anliegen, auch in ihren sozialen Anliegen, zu verstehen – das ist ein sozial angestoßener Lernprozess auf der Seite der Erwachsenen und eine Voraussetzung für deren soziale Kompetenz im Umgang mit Kindern. Wird diese prinzipielle Gegenseitigkeit zu Gunsten einer Dominanz der Erwachsenen verlassen, wird der Grundstein für allenfalls oberflächliche Anpassung gelegt, der dem hier vertretenen Bildungsdenken nicht entspricht. Deshalb sind demokratische Formen der Beteiligung der Kinder an den Entscheidungsprozessen – so weit sie möglich sind – wünschenswert und ein wichtiger Beitrag zu einer sozialen Erziehung in Gegenseitigkeit.

- In allen sozialen Bezügen spielen die Eltern eine wichtige vermittelnde Rolle. Sie sind der Hintergrund, vor dem sich die Unterschiede im Verhalten und den Ansichten der anderen Erwachsenen abheben. Zwar ist aus diesen Gründen ein kooperatives Verhältnis zwischen Erzieherinnen und Eltern besonders bedeutsam. Das muss aber nicht heißen, dass auch die Auffassungen nahtlos ineinander übergehen. Gerade ein gutes Verhältnis lässt Unterschiede zu, und Unterschiede zu erfahren und zu erkennen ist ein wichtiges Mittel, die Nachdenklichkeit der Kinder über Beziehungen anzuregen und eigene Positionen zu beziehen.

Literatur

Die Literaturangaben sind nach den Kapiteln des Buches geordnet.

Teil 1
Was ist frühkindliche Bildung?

- *1.1 Abgrenzungen*

  – *Gisbert, Kristin:*
  Wie Kinder das Lernen lernen. In: Fthenakis, W. (Hrsg.): Elementarpädagogik nach PISA. Freiburg 2003.
  Lernen lernen. Weinheim, Basel 2004.
  – *Reggio Children:*
  Schuh und Meter. Berlin, Düsseldorf, Mannheim 2002.

- *1.2 Das (neue) Bild vom Kind*

  – *Bateson, Gregory:*
  Ökologie des Geistes. Frankfurt Main 1981.
  Geist und Natur – Eine notwendige Einheit. Frankfurt, Main 1982.
  – *Dahlberg, Gunilla/Moss, Peter/Pence, Alan:*
  Beyond Quality in Early Childhood Education and Care – Postmodern Perspectives. London, Philadelphia, 1999.

– Der Bayerische Bildungs- und Erziehungsplan für Kinder in Tageseinrichtungen bis zur Einschulung. Berlin, Düsseldorf, Mannheim 2005.

– *Fthenakis, Wassilios E.:*
Zur Neukonzeptualisierung von Bildung in der frühen Kindheit. In: ders., (Hrsg.): Elementarpädagogik nach PISA, Freiburg 2003.
Viel Lärm um nichts. In: klein und groß, 2001/2, S. 6–14 und 32–36.

– *Gisbert, Kristin:*
Wie Kinder das Lernen lernen. In Fthenakis W. (Hrsg.): Elementarpädagogik nach PISA. Freiburg 2003.
Lernen lernen. Berlin, Düsseldorf, Mannheim 2004.

– *Gopnik, Alison/Kuhl, Paatricia/Meltzoff, Andrew:*
Forschergeist in Windeln. München, 2003.

– *Gopnik, Alison/Meltzoff, Andrew:*
Words, Thoughts, and Theories. Cambridge 1997.

– *Kautter, Hansjörg/Klein, Gerhard/Laupheimer, Werner/ Wiegand, Hans-Siegfried:*
Das Kind als Akteur seiner Entwicklung, Heidelberg 1992.

– *Maturana, Humberto R./Varela, Francisco J.:*
Der Baum der Erkenntnis. Bern, München, Wien 1987.

– *Nelson, Kathrine:*
Language in Cognitive Development. Cambridge University Press 1996.

– *Rinaldi, Carla:*
Infanttoddler Centers and Preschools as Places of Culture. In: Reggio Children: Making Learning Visible. Children as individual and group learners. Reggio 2001.

– *Schachter, D. L.:*
Wir sind Erinnerung.. Reinbek bei Hamburg, 2001.

– *Spitzer, M.:*
Lernen. Heidelberg, Berlin 2002.

– *Welzer, H.:*
Das kommunikative Gedächtnis. München 2002.

– *Schäfer, Gerd E.:*
Selbst-Bildung in der frühen Kindheit als Verkörperung von
Erkenntnistheorie. In: Uhlendorf, H., Oswald, H. (Hg.): Wege
zum Selbst. Soziale Herausforderungen für Kinder und Ju-
gendliche. Stuttgart 2002
Sinnliche Erfahrung bei Kindern. In: Lepenies, A., Nunner-
Winkler, G.,Schäfer, G. E., Walper, S.: Kindliche Entwik-
klungspotentiale – Normalität, Abweichung und ihre Ursa-
chen. Materialien zum 10. Kinder- und Jugendbericht, Bd. 1
Deutsches Jugend Institut, Opladen 1999
Selbstbildung als Verkörperung präreflexiver Erkenntnistheo-
rie. In: Datler, W., Eggert-Schmid Noerr, Winterhager-Schmid,
L. (Hg.). Das selbständige Kind. Jahrbuch für Psychoanalyti-
sche Pädagogik, Nr. 12. Gießen 2002, S. 120–150
Spiel, Spielraum und Verständigung. Weinheim 1985
– *Schumacher, Ute:*
Montessoripädagogik als Konzeptionsansatz für Kindertages-
stätten im Kontext aktueller Grundlagen zur frühkindlichen
Bildung; Universität zu Köln 2004, unveröff. Diplomarbeit
– *Welsch, Wolfgang:*
Unsere postmoderne Moderne, Freiburg 1987
Ästhetisches Denken, Stuttgart 1993.

• *1.3 Fünfzehn Thesen zur frühkindlichen Bildung*

– *Gopnik, Alison, Meltzoff, Andrew, N., Kuhl, Patricia, K.:*
Forschergeist in Windeln – Wie ihr Kind die Welt begreift;
Kreuzlingen, München 2000.

Teil 2
Aufgaben frühkindlicher Bildung

- *2.1 Bildung der sinnlichen Wahrnehmung*

  – *Lepenies, Anette, Nunner-Winkler, Gertrud*
  – *Schäfer, Gerd E, Walper, Sabine:*
  Kindliche Entwicklungspotenziale – Normalität, Abweichung
  und ihre Ursachen. Bd. 1. Materialien zum 10. Kinder- und
  Jugendienst.; Opladen 1999.

- *2.2 Bildung der Körpersinne*

  – *Ratey, John, J.:*
  Das menschliche Gehirn – Eine Gebrauchsanweisung;
  Düsseldorf, Zürich, 2001.

  – *Calvin, William, H.:*
  Die Symphonie des Denkens – Wie aus Neuronen Bewusstsein
  entsteht; München, Wien 1993.

  – *Lakoff, George, Johnson, Mark:*
  Leben in Metaphern – Konstruktion und Gebrauch
  von Sprachbildern; Heidelberg 1998.

  – *Werner, Heinz:*
  Einführung in die Entwicklungspsychologie;
  München 1959, 4. Aufl.

  – *Muchow, Martha, Muchow, Hans Heinrich:*
  Der Lebensraum des Großstadtkindes; (1935)
  Nachdruck Bensheim 1978.

  – *Tustin, Frances:*
  Autistische Zustände bei Kindern; Stuttgart 1989.

- **2.3 Bildung der Körpersinne**

  – *Damasio, Antonio, R.:*
  Descartes' Irrtum – Fühlen, denken und das menschliche Gehirn; München, Leipzig 1994.

  – *Greenspan, Stanley, I.:*
  Die bedrohte Intelligenz; München 2001.

  – *Goleman, Daniel:*
  Emotionale Intelligenz; München, Wien 1995.

  – *Stern, Daniel:*
  Die Lebenserfahrung des Säuglings; Stuttgart 1992.

- **2.5 Spielen als Bildungsprozess**

  – *Flitner, Andreas:*
  Spielen-Lernen; München 1996, 10. Aufl.

  – *Groos, Karl:*
  Die Spiele der Tiere; Jena 1896; ders.:
  Die Spiele der Menschen; Jena 1899.

  – *Hassenstein, Bernhard:*
  Instinkt, Lernen, Spielen, Einsicht; München 1980.

  – *Heckhausen, Heinz:*
  Entwurf einer Psychologie des Spielens; in:
  Psychologische Forschung, 27. Jg. 1964.

  – *Scheuerl, Hans:*
  Spiel: Untersuchungen über sein Wesen, seine pädagogischen Möglichkeiten und Grenzen; Weinheim, Basel 1990.

  – *Winnicott, Donald, W.:*
  Vom Spiel zur Kreativität; Stuttgart 1973.

  – *Meltzoff, Andrew, Moore, Mary :*
  Newborn infants imitate adult facial gestures; in:
  Child Development 54; 1983.

– *Brazelton, T. B., Cramer, B., G.:*
Die frühe Bindung; Stuttgart 1991.

– *Greenspan, Stanley, I.:*
Die bedrohte Intelligenz; München 2001.

• *2.7 Anfänge musikalischer Bildung*

– *Damasio, Antonio R.:*
Descartes' Irrtum. Fühlen, Denken und das menschliche
Gehirn. München, Leipzig 1995.
– *Nelson, Katherine:*
Language in Cognitive Development. Cambridge University
Press, 1996.
– *Spitzer, Manfred:*
Musik im Kopf. Hören, Musizieren, Verstehen und Erleben im
neuronalen Netzwerk. Stuttgart, New York, 2002.
– *Wilson, Frank, R.:*
Die Hand – Geniestreich der Evolution. Ihr Einfluß auf Gehirn,
Sprache und Kultur des Menschen. Stuttgart 2000.

• *2.8 Bildung des sprachlichen Denkens*

– *Gopnik, Alison, Meltzoff, Andrew, N., Kuhl, Patricia, K.:*
Forschergeist in Windeln – Wie ihr Kind die Welt begreift;
Kreuzlingen, München 2000.

– *Bruner, Jerome:*
Wie das Kind sprechen lernt; Bern, Stuttgart, Toronto 1987.

– *Greenspan, Stanley, I.:*
Übergang vom Aktionsmodus des Seins zum symbolischen
Seinsmodus; Reading Manlow Park New York etc. 2001.

– *Gardner, Howard:*
Der ungeschulte Kopf; Stuttgart 1993.

- **2.9 Grundlegende Bildung im Bereich Natur**

– *Chet Raymo;*
Mein täglicher Spaziergang durch das Universum. Frankfurt/Main, 2004.
– *Dürr, Hans-Peter:*
Das Netz des Physikers – Naturwissenschaftliche Erkenntnis in der Verantwortung. Neuausgabe, München 2000.
– *Reggio Children:*
Alles hat einen Schatten, außer den Ameisen. Berlin, Düsseldorf, Mannheim 2002.
Springbrunnen. Neuwied, Kriftel, Berlin., 1998
Schuh und Meter. Berlin, Düsseldorf, Mannheim 2002.
– *Wagenschein, Martin:*
Verstehen lehren – genetisch, sokratisch, exemplarisch. (5. erw. Aufl.) Weinheim, Basel 1975.

- **2.10 Frühe Wege zur Mathematik**

– *Beutelspacher, Albrecht:*
Der äußere und der innere Blick auf die Welt. TPS (Theorie und Praxis der Sozialpädagogik), 10/2003, S.4–8
– *Flammer, August:*
Entwicklungstheorien. Psychologische Theorien der modernen Entwicklung, 2. vollst. überarb. Aufl., Bern 1996, S. 121–131.
– *Hülswitt, Kerensa Lee:*
Material als Denkwerkzeug. TPS (Theorie und Praxis der Sozialpädagogik), 10/2003, S. 24–27.
– *Krajewski, Kristin:*
Vorhersage von Rechenschwäche in der Grundschule; Schriftenreihe Studien zur Kindheits- und Jugendforschung, Bd. 29, Verlag Kovag, Hamburg 2003.
– *Stern, Elsbeth:*
Die Entwicklung schulbezogener Kompetenzen, in: Weinert, Franz E.: Entwicklung im Kindesalter, Psychologie Verlag Union, Weinheim 1998, S. 95 ff.

Notizen